HERMES

在古希腊神话中,赫耳墨斯是宙斯和迈亚的儿子,奥林波斯神们的信使,道路与边界之神,睡眠与梦想之神,亡灵的引导者,演说者、商人、小偷、旅者和牧人的保护神……

西方传统 经典与解释 **HERMES**
Classici et Commentarii
政治史学丛编
Library of Political History
刘小枫◎主编

胡克与英国保守主义
Richard Hooker and English Conservatism

姚啸宇 | 编

姚啸宇 刘亦凡 | 译

华夏出版社

古典教育基金·"传德"资助项目

"政治史学丛编"出版说明

古老的文明共同体都有自己的史书,但史书不等于如今的"史学"——无论《史记》《史通》还是《文史通义》,都不是现代意义上的史学。严格来讲,史学是现代学科,即基于现代西方实证知识原则的考据性学科。现代的史学分工很细,甚至人文-社会科学的种种主题都可以形成自己的专门史,所谓的各类通史,实际上也是一种专门史。

不过,现代史学的奠基人兰克并非以考索史实或考订文献为尚,反倒认为,"史学根本不能提供任何人都不会怀疑其真实性的可靠处方"。史学固然需要探究史实、考订史料,但这仅仅是史学的基础。史学的目的是通过探究历史事件的起因和前提、形成过程和演变方向、各种人世力量与事件过程的复杂交织,以及事件的结果和影响,像探究自然界奥秘的自然科学一样,去"寻求生命最深层、最秘密的涌动"。根本而言,兰克的史学观还带有古典色彩,即认为史学是一种政治科学,或者说,政治科学应该基于史学,因为,"没有对过去时代所发生的事情的认知",政治科学就不可能。亚里士多德已经说过,"涉及人的行为的纪事""对于了解政治事务"有益(《修辞术》1360a36)。正如施特劳斯在谈到古代史书时所说：

> 政治史学的主题是重大的公众性主题。政治史学要求这一重大的公众性主题唤起一种重大的公众性回应。政治史学属于一种许多人参与其中的政治生活。它属于一种共和式政治生活，属于城邦。（施特劳斯，《修昔底德：政治史的意义》）

兰克开创的现代史学本质上仍然是政治史学，其品质与专门化史学截然不同，后者乃19世纪后期以来受实证主义思想以及人类学、社会学等学科影响而形成。在古代，史书向来与国家的政治生活维系在一起，现代史学主流虽然是实证式的，但政治史学的脉动并未止息，其基本品格是关切人世生活中的各种重大政治问题——无论这些问题出现在古代还是现代。

本丛编聚焦于16世纪以来的西方政治史学传统，译介20世纪以来的研究成果与迻译近代以来的历代原典并重，为我国学界深入认识西方尽绵薄之力。

刘小枫
2017年春
古典文明研究工作坊

目 录

编者前言 …………………………………… 姚啸宇　1

胡克的论战意图 …………………………… 奥尔马希　1

胡克《教会政治体法则》的一贯性 ………… 麦克格雷德　36

胡克论《圣经》、理性与"传统" ……………… 尼　兰　69

"超自然社会": 胡克笔下的想象共同体 ……… 舒　格　100

胡克论至高王权 …………………………… 埃普利　137

看得见的庄严
　　——莎士比亚与胡克笔下的仪式和秩序 ……… 柯　恩　182

霍布斯与胡克、政治与宗教
　　——对《利维坦》结构的一个评注 ………… 斯塔特　207

胡克与英国保守主义 ……………………… 沃　林　235

编者前言

1517年10月31日,路德将《九十五条论纲》张贴在维滕堡大教堂的大门上,"宗教改革"的序幕由此拉开。五百年过去了,这场改革运动的影响早已越出了纯粹的宗教范畴,越出了欧洲的边界。在进步主义的文明史论述中,宗教改革无疑是一起具有世界历史意义的事件。在黑格尔看来,宗教改革是

> 聚集各个民族最后的新口号,是自由的旗帜、真正的精神的旗帜。这是新时代的精神……到我们目前为止的时代,没有什么其他的苦劳和功劳,无非就是把这个原则塑造为现实,从而使这个原则获得自由的形式和普遍性的形式。①

无论是黑格尔,还是其进步史观的当代传人,都会将宗教改革视作西方文明兴起的一个标志。这是因为,宗教改革是"现代"的开端,是启蒙运动的前奏,它为现代自由民主国家的出现创造了条件,假如没有宗教改革,人类有可能仍然生活在黑暗的

---

① 黑格尔,《世界史哲学演讲录:1822—1823》,刘立群、沈真、张东辉、姚燕译,北京:商务印书馆,2016年,页432。

中世纪。①

可在思想史家沃格林（Eric Voegelin）眼里，宗教改革却是一场彻彻底底的"大混乱"（The Great Confusion）。根据沃格林对宗教改革的描述，路德、加尔文等改革家的事业与人类的"解放"毫无干系，相反，他们的出现恰恰是基督教文明衰微的表现，是他们进一步加深了西方世界面临的政治和精神危机。在这场大混乱中，各种特殊化的力量纷纷崛起，打破了基督教欧洲从前普遍的精神和智识秩序。这其中的每一种力量都要求精神和政治上的统治权，试图将自己的生活方式强加给其他人，但它们未能建立起一个新的普遍秩序，反而造成了巨大的分裂和无序。②在黑格尔看到人类自由之曙光的地方，沃格林却诊断出了西方文明内在的痼疾，并且他认为，人类直到今天，仍然在这场危机的后遗症中苦苦挣扎。沃格林的判断并非无源之水，无本之木，他对宗教改革的观察，很大程度上得益于16世纪英国的神学家和政治思想家理查德·胡克（Richard Hooker）③的启发。

胡克何许人也？沃格林从他那里又获得了怎样的教益？

---

① 麦克尼尔，《西方的兴起：人类共同体史》，孙岳、陈志坚、于展、郭方译，北京：中信出版社，2015 年，页 614 – 628；凯利，《自由的崛起：16—18 世纪加尔文主义和五个政府的形成》，王怡、李玉臻译，南昌：江西人民出版社，2008 年。

② 沃格林，《政治观念史稿（卷五）：宗教与现代性的兴起》，霍伟岸译，上海：华东师范大学出版社，2009 年，页 104。另见氏著，《政治观念史稿（卷四）：文艺复兴与宗教改革》，孔新峰译，上海：华东师范大学出版社，2016 年，页 251 – 340。

③ 沃格林，《没有约束的现代性》（*Modernity Without Restraint*, Columbia and London, 2000），页 196 – 219；另见氏著《政治观念史稿（卷五）：宗教与现代性的兴起》，前揭，页 103 – 105。

一 胡克其人

1554年,胡克降生在英国德文郡艾克赛特郊区的一个小村庄。这一年,英格兰仍处于玛丽女王的天主教复辟统治之下。玛丽的举动之所以被称作"复辟",是因为在都铎王朝第二位君主亨利八世的时代,英国教会已经脱离罗马教廷,建立起了以英国国王为首脑的独立教会——英国国教。亨利八世之子爱德华六世尽管坚决维护并贯彻先王的宗教改革理念,但他体弱多病,只当了六年的国王(去世时年仅十六岁)。为了防止英国再次落入天主教之手,爱德华在去世之前任命自己的表姐简·格雷为王位继承人,而把同父异母的姐姐玛丽和伊丽莎白都排除在外。可即便爱德华六世苦心经营,也终是天不遂人愿,简·格雷登基不过九天就遭玛丽一世废黜。玛丽是一个虔诚的天主教徒,她在登基之后,立即在英格兰恢复罗马天主教,并大肆迫害新教徒——"血腥玛丽"的称号就由此而来。

玛丽女王在位时间也不算长,胡克出生后没几年,她就驾崩了。继任的伊丽莎白女王1558年即位,次年便颁布了新的《至尊法案》《划一法》以及《公祷书》,重新巩固了国王在英国教会中的至尊地位,统一了国教的礼仪,后来颁布的《三十九条信纲》则使国教的教义和制度得到进一步修正和确立。胡克从小在新教的家庭氛围里成长,八岁进入当地的文法学校读书,学校的校长对谦逊沉稳、聪敏好学的胡克极为赏识,鼓励他继续深造。于是,胡克被他富有且颇具名望的叔叔,引荐给了索尔兹伯里主教朱厄尔(John Jewel)。朱厄尔是重要的国教理论家,当时已经出版了《为英格兰教会一辩》（An Apology of the Church of England, 1562），以应对天主教徒对国教会的攻讦。在见到胡克之后，他认为孺子可教，决定资助和指导胡克的学业。1569年的秋天，胡克进入牛津大学的圣体学院（Corpus Christi College）学习。

朱厄尔在1571年逝世，代替他成为胡克的保护人的，是约克大主教桑迪斯（Edwin Sandys）。与此同时，胡克也成为大主教之子小桑迪斯①的老师。与小桑迪斯一起投入其门下的，还有乔治·克兰默（George Cranmer）——大名鼎鼎的托马斯·克兰默（Thomas Cranmer）②的侄子。他们二人不仅是胡克的学生，也是胡克终生的挚友，在以后的岁月中，他们将成为胡克事业的重要支持者。1577年，胡克在圣体学院获得了一份教授希伯来语的教职，但他的教书生涯没有持续多久，其间还被牛津大学短暂驱逐过，因为他与之前的导师——持清教主张的雷诺兹（John Rainolds）一起，反对新的学院院长任命。

1581年，胡克被授予圣职，成了一名教士。从他流传下来的布道词中可以看出，胡克此时已然确立了自己的国教立场，他一方面反击天主教对国教会的抨击，另一方面又与加尔文宗的观点保持距离，这种温和节制的态度为他赢得了不少支持者。他人生

---

① 此人与胡克思想的联系，可参见本书的《"超自然社会"：胡克笔下的想象共同体》一文。

② 托马斯·克兰默，1533年被亨利八世任命为国教的第一任坎特伯雷大主教。之后，他正式宣布废除亨利八世与阿拉贡的凯瑟琳的旧婚约，承认安妮·博琳为第二任王后。克兰默是英国宗教改革前期最重要的改革家之一，为英国国教的建立做出了巨大贡献。1549年，克兰默编著了国教会的《公祷书》，七年后，他被天主教徒玛丽一世下令用火刑处死。

中的另一个转折点出现在 1585 年，这一年，胡克接受女王的任命，执掌圣殿教堂（the Temple Church）。据说胡克更加向往远离喧嚣的乡村生活，对这个炙手可热的职位并不热衷，在约克大主教的极力劝说下，他才回心转意。但事实上，胡克获得这一职位的过程也颇为坎坷。出入圣殿教堂的，多是英国的上层人士，担任教堂牧师，意味着拥有巨大的社会影响力。当时还存在另外两个竞争者，其中之一，就是胡克后来主要的论战对手特拉弗斯（Walter Travers）。

特拉弗斯是一名狂热的清教长老派分子，曾到访日内瓦，接受了加尔文宗的教义，反对国教会的主教制度，主张在英格兰推行长老制。由于获得了伯利勋爵塞西尔（William Cecil）这位朝廷重臣的支持，特拉弗斯在竞争圣殿教堂牧师一职时也呼声颇高，但伊丽莎白女王最终还是没有对特拉弗斯青眼相看。另外一位候选人邦德（Nicholas Bond）博士是女王身边的专职牧师，尽管他获得了坎特伯雷大主教惠特吉弗特（John Whitgift）的推荐，可女王也并未因此向他递出橄榄枝，而是钦点了胡克主持圣殿教堂。这其中深意，的确值得琢磨。

胡克能在这三人中脱颖而出，不可否认，这其中有各方势力妥协的因素。但更重要的，是因为胡克的立场与女王处理宗教问题的思路不谋而合。胡克坚持的中道（via media）路线正符合伊丽莎白的治国理念，那就是平息宗教争端，营造一种既和平包容，又能凝聚大多数人共识的宗教氛围。其实，这也是英国国教自身的精神所在。16 世纪，德意志因为新教诸侯和天主教诸侯的冲突而陷入不可逆转的分裂，法国也经历了长达三十余年的惨烈内战。英格兰的和平，尽管同样面临着天主教和清教势力的威胁，而且事实上发生了玛丽女王执政期间的天主教复辟。但是，英国没有遭受大规模的内乱，并成功抵御了西班牙"无敌舰队"的入侵，这与英国宗教改革运动自身的特质有关：首先，英国教会的改革是自上而下、由君主主导和把控的，英国教会的首脑是必须以政治家标准自律的君王（"血腥玛丽"显然不符合这一要求），而不是将神学主张和教派诉求放在第一位的教士；国教虽然与罗马教廷断绝了关系，而且在神学教义方面大量借鉴了欧陆新教的学说，但其圣礼仪轨仍保留了不少天主教的元素，照顾到了英国人长久以来的宗教习俗，缓解了因与罗马教廷决裂而产生的抵触情绪；天主教的主教制度和教阶体系也被保留了下来，这对维持教会的统一至关重要。

特拉弗斯尽管没能主掌圣殿教堂，但他也获得了一个副牧师的职位。这样一来，圣殿教堂的布道坛就成了胡克与特拉弗斯、国教和清教公开辩论的战场，用富勒（Thomas Fuller）的话说："讲道坛上午还说着纯正的坎特伯雷语言，下午就回荡起日内瓦的声音。"① 特拉弗斯是个严厉的加尔文主义者，他指责胡克在信仰问题上过于宽容，因为后者甚至承认服从罗马教宗权威的天主教徒也能够得救。在那个天主教强国西班牙对英格兰虎视眈眈的时期，胡克的观点，别说清教徒无法认同，就连信奉国教的英国人恐怕也难以接受。但胡克无法放弃对"有形教会"秩序的关切，假如想让英格兰现实存在的不同教派，和睦生活在同一个政治和宗教共同体当中，就必须做出折衷和妥协。

---

① Lee W. Gibbs,《胡克生平》（"Life of Hooker"），见 *A Companion to Richard Hooker*, Leiden & Boston, 2008，页11。

和特拉弗斯的公开交锋持续了一年,这段经历让胡克认清了自己的对手,也促使他开始构思那部将使他名留青史的著作,并为写作积累材料。但胡克真正着手撰写《论教会政治体的法则》(*Of the Laws of Ecclesiastical Polity*)是在1591年之后。此时,惠特吉弗特大主教需要胡克的著作,以回应清教神学家卡特莱特(Thomas Cartwright)对国教的攻讦,[①] 胡克也亟需一个清静的环境进行思考和写作。在大主教的帮助下,胡克离开伦敦,搬到威尔特郡的乡间。在担任索尔兹伯里教堂牧师的同时,胡克写出了《法则》的"序言"和前四卷,于1593年出版。两年之后,胡克来到肯特郡的圣玛丽教区担任牧师,并在1597年出版了《法则》的第五卷。[②] 在生命的最后一段时光里,胡克结识了一位与他志同道合的国教神学家萨拉维亚(Hadrian Saravia),但这段珍贵的友谊在1600年戛然而止。11月2日,胡克在病痛折磨中离开了人世,终年四十六岁。《法则》的最后三卷在他生前未能付梓,直到1648年,第八卷才得以出版,在这卷为英国君主制辩护的作品面世之后的第二年,英国人就斩落了查理一世的头颅。

二 《论教会政治体的法则》与国教政制

胡克是一个虔敬的基督徒、一位尽责的牧师。但是,真正使

[①] 胡克如何帮助惠特吉弗特与卡特莱特展开论战,参看本书《胡克的论战意图》一文。

[②] 胡克之前的学生小埃德温为该书前五卷的出版提供了资助,并且向他提出了自己的修改意见。

胡克的名字载入史册的，还是他那部为英国国教奠定理论基础的煌煌巨著《论教会政治体的法则》。该书共分八卷，第一到第四卷讨论普遍的哲学和神学问题；第五卷篇幅最长，是对《公祷书》的辩护，论述教会事务的具体细节；第六到第八卷讨论英格兰的政教制度，重点是教会与国家关系的问题。《法则》篇幅浩大，关注的议题极为庞杂，涉及教义、仪典、制度三个层面，因此想要抓住胡克的核心关切并不容易。好在胡克在全书的正文之前，还亲自撰写了一篇长达九章的"序言"，以点明当下时局的要害。对这篇序言略作考察之后，我们会发现，胡克是从对英格兰、乃至对基督教文明的深切忧虑出发，来写作这部卷帙浩繁的理论著作的。

在胡克写作之时，欧洲大陆陷入分裂和仇杀，甚至已经开始威胁英格兰这个政治共同体的和平与统一。和欧洲一样，英格兰的政教秩序也已经陷入危机之中。危机的根源究竟在何处呢？胡克在"序言"中坦率地指出，是一种奇妙的热情（zeal and fervour）在鼓动着清教徒反抗英格兰现有的教会秩序，促使他们用自己心目中的"神法"，来对抗和改造英格兰政制中的属人之法。"神法"来自上帝的启示，上帝的启示则被记载于《圣经》当中，于是《圣经》在清教徒那里就变成了唯一的权威，乃至成为评判教会和国家制度的尺度："你们想用以下的理由来劝服我们：只有《圣经》才是规范我们行为的标准，同样得到充分证明的是，《圣经》也是决断我们所有政治争端的独一法则。"于是他们自然地得出结论，"直到耶稣基督的律法成为为人所接纳的唯一法则的那一天，改革的工作才算完成"（《法则》，序言，章

8，节4）。① 换言之，除非教会使自己恢复到使徒时代的状态，将天主教色彩的仪轨、主教和国王统统清除出去，否则就是对上帝意旨的违背。

与《圣经》相比，人的自然理性就成了异教的标志，成了多余之物，依靠理性就意味着背离上帝，因为只有圣灵的力量才能让人认识到真理。但胡克发现，清教徒将《圣经》奉为独一权威的做法并不能使人们在观点上达成一致，反而令观念上的分裂与混乱愈加严重，每个人都想要借着《圣经》和上帝的名义，把自己的私人意见强加给整个共同体。当长老派声称自己才是"主的戒律"（Lord's Discipline）的践行者之时，更加激进的"布朗派"又出现了，结果使教会的分裂、教派的纷争愈演愈烈。在胡克看来，清教运动之所以会导致这种混乱的后果，是因为他们忽视了一个最基本的道理。清教徒想当然地相信，每个人都能够平等地理解《圣经》中传达出的上帝之言，即便最愚拙的人也能理解上帝启示给人类的知识。可是，《圣经》文字的含义也不是一目了然的，所有想要阅读《圣经》的人都首先要面对如何解释《圣经》的问题。清教徒看似只认可《圣经》的权威，但事实并非如此，"当他们单独面对《圣经》的时候，无论什么时候进入他们脑海的虚幻观点，都会被当成是圣灵的教导"（《法则》，序言，章8，节7）。加尔文也难以免除这一问题，胡克认为，加尔文也只是在根据他所设计的宗教体制（Institutions）来阐释《圣经》。然而，加尔文的"六经注我"和普通信徒的随意曲解《圣经》又

---

① 译文据基布尔（John Keble）版《胡克著作集》（Clarendon Press, 1888），凡此不再一一注明。

不可混为一谈,普通清教徒按照自己的私意来理解《圣经》,加剧了基督教世界的观念分裂和碎片化,而加尔文恰恰是要阻止这一趋势的蔓延。他要用《基督教要义》构建出自己对《圣经》的"权威"解释,使其成为"所有神的儿女正确理解圣经之门的一把钥匙"。用沃格林的话说,加尔文创造出了一部自己的"可兰经"。①

清教徒号称是加尔文的传人,但胡克似乎觉得他们远不如加尔文"智慧"。因为,加尔文明白,"假如愚众的喜好拥有改变它自己所听到的任何事物的权力,那么把整个教会的产业都系于这条纤弱的绳索之上是多么危险"(《法则》,序言,章 2,节 1)。他的智慧恰恰体现在,他认识到现实中的教会绝非一个圣徒的团体,而是一个良莠混杂的政治体(polity),这当中既有麦子,也有稗子。它也像政治社会一样,需要建立起统治与被统治的秩序。胡克想要说明的是,为教会创立制度,也就是在为一个政治共同体立法。时过境迁,《圣经》也无法为一时一地的教会改革提供具体的指导。为教会共同体立法,需要的不是狂热的信念,而是运用理性,将符合自然法则的秩序,落实到具体历史情势之中的德性。这种德性,亚里士多德称之为"审慎"(phronesis;《尼各马可伦理学》,1140a25 – 30)。

如果说胡克以及他背后的天主教自然法传统,允许人们运用自身的理性能力,发现宇宙万物的自然秩序,对符合自然的政治秩序进行沉思性的探究,对具体的政治决策进行审慎的拿捏。那么在清教徒那里,上帝律法的施行就没有给理性的审慎留下任何

---

① 沃格林,《没有约束的现代性》,前揭,页 201。

的空间，尽管属人的理性能力和审慎品质千差万别，但他们却固执地相信，只要依照自己的心意行事，就能"净化这尘世当中一切的邪恶"，创造出一个唯有义人才能立足的"新天新地"（a new world；《法则》，序言，章8，节6）。在英国的清教徒那里，这种"圣经狂热主义"的恶果得到了充分的展现。在胡克看来，制度危机的源头乃是精神的失序，对学问和知识的尊重让位于普罗大众的狂热和盲从，意识形态的宣传取代了理性的思考和辩论，而这些恶果归根到底都是以路德、加尔文为代表的宗教改革者种下的。

胡克面对的，是宗教改革的后果。半个世纪之后，它才会在英国以更加暴烈的方式，展现出其巨大的破坏力。但胡克似乎已经预见到了这一天，为此他忧心如焚。他迫切地希望自己的读者能够明白，一旦宗教改革突破了合理的限度，当启示彻底取代了理性，当传统和习俗被弃若敝屣，当人们不再听从明智之人的教导，而完全凭借自己的"热情和恐惧"来执行上帝的诫命时，会给文明的品质、给政治共同体的根基，造成怎样灾难性的影响。正是出于拯救基督教文明的目的，胡克开始了他对"理性—圣经—制度"这三者关系的思考，开始了他对英国君主制的辩护。胡克的解决之道，是重新引入理性和哲学，以阿奎那的自然法学说改造清教的神学理论，因为在胡克心目中，只有和理性相结合，信仰才能超越纯粹个人化的体验、超越由激情所驱使的迷信，才能冷静公允地对现实的国家和教会制度进行评价。

胡克并不天真，他清楚地认识到，理性的品质，尤其是审慎的德性，在政治共同体当中是多么罕见。哲学和理性的讨论只有在少数人当中才能进行，多数人必须依照礼法和习俗生活。① 但是，这种秩序在宗教改革之后的基督教世界已经不可能实现，对理论问题的争论遍及整个社会，在这种情形下，指望由少数人解决高深的理论问题，进而平息相关的政治对抗实属不可能。所以，在胡克身处的时代，想要终结"争执与分裂"，想要驯服基督教破坏共同体团结与统一的倾向，最终还是要依靠政治的权威（《法则》，序言，章6，节1－6），② 在英格兰，这一权威就是"议会中的国王"。

三　胡克与政教问题

为至高王权（Royal Supremacy）辩护的第八卷在胡克生前未能出版，尘封了将近半个世纪。胡克身后的崇高名望首先要归功于以劳德（William Laud）大主教为首的"高教会派"（High Church），他们将"明智的胡克"（judicious Hooker）奉为安立甘宗（Anglicanism）的圣徒和最重要的理论权威（这一地位，至今未曾动摇）。可是，曾保管胡克遗稿的劳德大主教，却始终没有出版胡克著作的最后三卷。这不免令人生疑，在最后三卷中，胡克究竟写了什么，以致劳德不愿公之于众？

我们或许能从后来发生的事件中找到答案。在"排除危机"（Exclusion Crisis）时期，著名的共和派政治理论家西德尼（Algernon Sidney）曾援用胡克的权威攻击菲尔默（Robert Filmer）

---

① 《胡克著作集》，前揭，第一册，页 cxix。
② 沃格林，《没有约束的现代性》，前揭，页 204。

《父权制》（*Patriarcha*）中的观点。更令人耳熟能详的，是洛克在《政府论下篇》中对胡克的多次引用。洛克利用胡克的权威，为自己的社会契约和有限政府理论张目。胡克原本写来捍卫英国君主制的作品，何以反倒被西德尼、洛克用来攻击君主制？这岂不矛盾？这或许是因为，胡克为君主制辩护的思路和劳德、菲尔默都不相同，胡克没有采用流行的"君权神授"（divine right）说，而是把君主的权威奠定在被统治者同意（consent）的基础之上。而且，胡克心目中的理想君主，也绝不是詹姆士一世和查理一世梦想成为的绝对君王，而是处于英格兰法律之下的、议会中的国王。胡克对洛克笔下的自然状态、自然权利一无所知，也并非洛克意义上的社会契约论者。他之所以回避"君权神授"论，其原因可能在于，这种论证思路无法说服清教徒服从国王对教会的统治。胡克力图表明，英国国王不是某一个教派的国王，而是所有英国人共同的君主，国教也不是某个教派的教会，而是所有英国基督徒的教会。国王对英国人的统治建立在共同体"同意"的基础之上，共同体作为一个完整的政治身体，超越于有死的个人之上，"乃是不朽之物，我们活在我们的先辈当中，而他们也在他们的继承者当中继续保持着生命"（《法则》，卷1，章10，节9），国王则是这身体的首脑（Head）。清教徒和天主教徒应当服从国王对教会的领导，因为他们都是英国的臣民，是这个基督奥体（Christian corpus mysticum）的一部分。国王之所以有统治教会的责任，是由于在所有英国人都是基督徒的时代，国家（Commonwealth）本身就是教会（Church），而只有一位基督教国王才能公正无偏地关照整体的善好，体现英国教会整体的共识，遏止精神的内战，保卫国家和教会的和平。

随着洛克在政治思想史上取得无与伦比的地位与威望，人们逐渐只能借助这位自由民主先知的眼睛来理解胡克的政治理论——胡克变成了"辉格党的胡克"。① 但人们或许遗忘了胡克与洛克之间的一个根本性分歧：同样是面对宗教改革引发的教派纷争，胡克选择为政教合一的国教政制辩护，洛克则把以政教分离为前提的宗教宽容作为解决问题的药方。政教分离如今已经成为现代国家构建的基本原则，但沃格林认为，这种观念是无法被实现的，"人不可能从社会中消除精神生活，正如人同样不可能消除其生物性的构造"。简单地将精神从政治生活中排除出去，并不能真正解决精神失序问题，相反，政治生活会被一种扭曲败坏的新宗教——意识形态所占据。② 其实，洛克自己也或多或少地认识到了这一点，他的宗教宽容并非没有限度，无神论者并不在被宽容的范围之内。③ 这是因为，他设计的有限政府，依然需要一个道德的基础，这个基础，只能由基督教来提供。④

重启胡克与洛克的争论并不容易。首先，汉语学界尚未有《论教会政治体的法则》的完整译本，⑤ 优质的二手文献也少之又少，这无疑为我们进一步理解胡克的学说设置了障碍。为了给读

---

① Diarmaid MacCulloch，《胡克的声名》（"Richard Hooker's Reputation"），见 The English Historical Review，473，2002，页 800。
② 沃格林，《政治观念史稿（卷五）：宗教与现代性的兴起》，前揭，页 21-22。
③ 洛克，《论宗教宽容》，吴云贵译，北京：商务印书馆，1982 年，页 41。
④ 沃尔德伦，《上帝、洛克与平等——洛克政治思想的基督教基础》，郭威、赵雪纲等译，北京：华夏出版社，2015 年，页 124-134。
⑤ 目前只有《安立甘宗思想家文选》（谢扶雅、胡簪云译，北京：宗教文化出版社，2012 年）选译了《法则》中的一小部分内容。

者提供一张进入胡克思想的路线图,本书选编了八篇西方学者研究胡克的论文,力图在展示胡克思想全貌的同时,体现其理论思考的深度(本书由笔者和刘亦凡博士合作翻译,并互相校对了译稿)。

另一重障碍或许在于,我们很难按照胡克自己的问题意识来进行思考。胡克拥有比现代人更为整全的视野,他看到的,是宗教改革表征的、基督教文明整体性的失序。而洛克教导的观念,在某种意义上,已经成为我们时代的意识形态,其真理性似乎不言自明。我们无法在洛克塑造的视野(他本人并不受此拘束)之外,理解政治的问题——政治的概念,就是对世俗国家的观念、结构和运作进行探究。[①] 在此视野之外的精神失序的问题,已经难以引起政治研究者的关注。其实,这种状况也不过持续了一百来年,直到19世纪,英国大诗人柯勒律治(Samuel Taylor Coleridge)还在胡克的启发之下,写作《论教会与国家的宪制》(*On the Constitution of Church and State*, 1830),讨论教会和国家关系的应然状态。[②] 而同时代的政治家——曾四次出任英国首相的格莱斯顿(William Ewart Gladstone)也在其早年的著作《国家和教会的关系》(*The State in the Relations with the Church*, 1838)中,以胡克为典范,捍卫国教的正统地位,反对将国家视作一个纯粹的世俗机构。胡克关注的,看似只是16世纪英格兰的政教制度,其实不然。透过胡克的著作,我们能发现,他沉思的,其实是政

[①] 沃格林,《政治观念史稿(卷五):宗教与现代性的兴起》,前揭,页23。

[②] 见卡莱欧,《柯勒律治与现代国家理念》,吴安新、杨颖译,华东师范大学出版社,2015年。

治与教化的关系这一政治哲学关心的永恒问题。永恒的问题并不会随着历史的变迁而消失，在一个文化对抗和精神失落的时代，它会显得愈发紧迫。而且，只要我们中国人不要忘记，自己的身后还有一个悠久厚重的儒家政教文明；只要我们记得，被胡克万分推崇的亚里士多德曾经说过："如果说灵魂之为动物的一部分比身体更加重要，那么，凡有关城邦精神的部分就应该比供应城邦以物质需要的部分更为重要。"（《政治学》，1291a23 – 25；另见《法则》，卷8，章1，节4）胡克与洛克之间的这场隐匿的争论，就仍然是非未定。

2018 年 2 月
于中国人民大学品园

胡克的论战意图

奥尔马希（Rudolph Almasy） 著

姚啸宇 译

我们常常见到对胡克的盛赞之词，称他为安立甘宗之"父"。比如，波拉德（Alfred Pollard）就说胡克的里程碑式著作《论教会政治体的法则》（*Of the Laws of Ecclesiastical Polity*，1594）"超越了对教会权力和《圣经》解释争论不休的世界，进入了永恒真理的庄严国度"。① 认为胡克克服了争论纷纭的16世纪的论战氛围，这并不是什么新颖的论点。可遗憾的是，诸如此类的赞誉实际上曲解了这位辩护者的意图。但是，胡克的确切意图仍然是有待发现的，② 在对《法则》的指向发表宏论之前，我们首先应当搞清楚胡克关心的问题是什么。

在细致考察了胡克论述的观点，并对涵括其中的伊丽莎白时代的论战素材详加审查之后，我们发现胡克的论著并未以庄严的

---

① Alfred Pollard，《理查德·胡克》（*Richard Hooker*，London，1966），页15。

② 朝着这个方向，希尔（Speed Hill）做出了最新的，也是最出色的尝试。参见《胡克〈教会政治体法则〉的演变》（"The Evolution of Hooker's *Laws of Ecclesiastical Polity*"），见《理查德·胡克研究》（*Studies in Richard Hooker*，ed. Speed Hill，Cleveland，1972），页117-158。

姿态超然于教会争论之上,而是完全扎根于唇枪舌战和对争论各方的公开臧否之中。不仅如此,胡克的辞锋,并不像一些学者主张的那样①是针对着特拉弗斯(Walter Travers),而是指向卡特莱特(Thomas Cartwright)。② 穷其可能,胡克针对卡特莱特在《第一篇答复》(First Reply)和《第二篇答复》(Second Reply)中的论述,尽力考察了英格兰教会机构中的"或然真理"。而在考察《法则》较早的几卷时,我们发现:正是卡特莱特的《第二篇答复》,特别是其中戏谑惠特吉弗特(John Whitgift)③在《圣经》之外诉诸权威的几段文字,构成了胡克写作其论著的真正缘起。

与其同时代人相比,胡克自然具备出类拔萃的文采、辩才,他也拥有远比前人深廓的远见卓识。然而,他仍然作为伊丽莎白协议④的一名忠实辩护者,和惠特吉弗特、布里奇斯(Bridges)、

---

① 希尔(页146)与克雷格(Hardin Craig)在《胡克的〈教会政治体法则〉:最初形态》("Hooker's Laws of Ecclesiastical Polity: First Form",见 *Journal of the History of Ideas*,1944,Vol.5,页91–104)中都相信特拉弗斯是胡克最初的对手。

② [译注] 特拉弗斯与卡特莱特均为16世纪英国清教"长老派"的代表人物。

③ [译注] 惠特吉弗特于1583—1604年担任坎特伯雷大主教,在任期间协助伊丽莎白女王维护国教会和镇压清教运动。他干预了特拉弗斯和胡克的论战,下令禁止前者进行布道,并对胡克的创作给予了支持。

④ [译注] 本文中的"协议"均指"伊丽莎白协议"(Elizabethan Settlement)。1559年,英格兰教会的职权、礼拜仪式和教义信条都被法定下来,即众所周知的伊丽莎白时代的宗教和解。这使当时的君主伊丽莎白及其后继者成为英格兰教会的最高首领,教义信条和礼拜仪式都将由政府决定。和解协议基于亨利八世和爱德华六世统治时期所制定的一系列法律惯例和法规。可以认为它是英格兰国教与"至尊法案"的结合,声称世俗的统治者具有基督教的裁判权。统一法案规定统一的祈祷书是唯一合法的礼拜仪式。和解协议在1559年6月24日公布。

库珀（Copper）、萨克里夫（Sutcliffe）站在同一战线。他将1590年发现的真理忠实地记录下来，针对长老派，给出了一项比过去更能服众的回应。在胡克心目中，《法则》是对长老派挑战的众多回应当中最新的一个，它试图再次将教会困境的根源揭示出来，并使冲突得到解决。沿着《法则》的思路前进，我们将看到，卡特莱特是如何以一种逆向的方式激发了这部伟大著作的灵感的。从一开始，胡克就试图通过论战——这项攻击和反驳对手观点与方法的系统程序——说服长老派（Presbyterians），① 让他们相信，在良心上，英格兰的政体是可以被接纳的。在胡克具备的若干种可能意图中，我们看到：胡克似乎努力使自己既助益和平、又勇于论战，正如他一方面为自己的大主教辩护，而又同时力求完善教会的立场。这样看来，胡克也许从未设法将自己的论点提升至"抽象性与普遍性可能企及的最高限度。"②

显然，胡克论著早先的几卷是对教会事务中理性的适当性（the appropriateness of reason）的论述。尽管学者们令人信服地指出了胡克的观点与亚里士多德、西塞罗和阿奎那的联系，但他们未能就此表明，具体是什么促使胡克起而捍卫人的理性和人的见证。如果对照惠特吉弗特与卡特莱特两人的交锋阅读《法则》，我们就会发现胡克深受鼓动的原因所在。怀抱着一种着眼于实际的目标，胡克为理性和人类的见解提供了一场迫在眉睫的辩护，

---

① ［译注］长老派是英国清教运动中清教徒的一派。它反对英国国教的主教制度，提出以选举产生的长老来取代国王任命的主教，由长老组成宗教会议，管理教会，故被称为"长老派"。

② Hill，《胡克〈教会政治体法则〉的演变》，前揭，页149。

通过这种方式,他得以不断纠正、补充和捍卫惠特吉弗特最初为伊丽莎白协议做出的申辩。

那么,胡克究竟在多大程度上受益于惠特吉弗特,卡特莱特作为《法则》所纠弹的对象,又具备多少显见性?要充分地理解这些问题,就需要对卷2的进展进行一番系统的分析。我将表明,卷2中所采用的论证模式,将在《法则》的其他章节中得到延续。我想通过这种分析构建出胡克著作中的原初概念。在构建起他的意图之后,我们将发现一条路径,顺着它走下去,我们就可以解答那些从胡克未曾实现的宏图中势必引出的问题。

首先请注意卷2的标题:"关于那些极力主张在英格兰教会中实行改革的人士的首要立场:即《圣经》是人的此世生活中万事万物的唯一准则"。我承认,在惠特吉弗特那里不存在如此"普遍"的议题,他总是关注务实的问题和《圣经》的字面内容。① 不难理解,许多人倾向于认为,胡克是在一个比惠特吉弗特更高的层次上从事普遍化的论述,他们称颂胡克拓宽了论争的视野、拔高了论战的层次。然而,胡克对论争的拓展,并非是出于一种使人摆脱琐屑纷争的、富有哲学性的欲望,而仅仅是在回应卡特莱特的《第一篇答复》,在这篇文章中,胡克发现了"《圣经》是人的此世生活中万事万物的唯一准则"这类观点的清晰表达。惠特吉弗特虽然转述了这些段落(第2册,章1,节4),却完全忽视了其中的含义,毫无疑问,这令胡克感到苦恼。卡特莱

---

① 国教徒小册子通常的出发点(惠特吉弗特也包括在内)是《圣经》与无关紧要事务中教会权威的关系。

特在回应惠特吉弗特《回答》(Answer)① 的某一部分时，采用了典型的宗教改革式激进修辞，主张在教会事务中只能运用《圣经》这一权威。卡特莱特写道，

> 可是直到最后，你的这篇讲辞似乎都在削减《圣经》的武器，若不是你这样做，那原本会是一件又长又大的利器。而我要说，上帝之言包含了与教会相关的万事万物的方向，囊括了属人生活中的一切事物。（卡特莱特引自《著作集》，第1册，页190）

惠特吉弗特的目标仅在于捍卫教会在无关紧要之事上的自由，在《辩护》(Defence) 中，他从根本上忽略了这类评论，因为他的责任就是回应一种观点的挑战，这种观点认为英格兰教会需要进一步的改革。惠特吉弗特无意扩大论战的范围。尽管没有多做解释，他还是谈到自己并不否认"在教会或人们的生活中，任何违背上帝之言，或者与其真实意图和含义不符的事情都不该做"。但他最主要的回应也仅仅是一句否定而已（《著作集》，第1册，页191）。

这样的回答并不足以让1574年的长老派们噤声，哪怕是再三得到重申，这一回答依旧是不充分的。首先，它没能看到：自己的对手是全然服膺于上帝之言的，而神圣的权威，并没有为那

---

① 参见《对告诫的回答》(An Answer to the Admonition, 1572)，本文作为《为对告诫的回答进行辩护》(The Defence of the Answer to the Admonition, 1574) 付印，收入《惠特吉弗特著作集》(The Works of John Whitgift, ed. John Ayre, Cambridge, 1851)，第1册，页190。后文的引用将采用文中夹注的形式，简称为《著作集》。

些不完全"违背上帝之言"的行为给予必要的裁准。更重要的是,惠特吉弗特并没有努力阐明,人们应当如何确立《圣经》的"真实意图与含义"。胡克必然研究过惠特吉弗特的《辩护》,在研究这本著作时,他想必是明白,自己的前辈在某些方面做得还远远不够,以至于无法进一步提出如下主张:即上帝还通过《圣经》之外的方式言说,并且《圣经》也不像卡特莱特所说的那样"又长又大"。确实,正是在分析惠特吉弗特与卡特莱特之间的主要差异时,胡克认识到,自己的目标只能是基于《圣经》与政治体的关系,明确、着重地澄清《圣经》的"真实目的和含义"是什么。既然《圣经》已经俘获了长老派的良心,那么仅仅说不应该做任何违背《圣经》的事就是不够的。必须得到阐明的是,胡克希望传授给我们的东西既是一种认识,也是一种确信:如果一个人追随《圣经》之外的额外权威,他并不会因此而犯下罪孽。

不仅如此,在超越其他辩护者乏力成就的同时,胡克还认识到,仅靠反复警告长老派、指出他们不过是追逐着自己的个人幻象,并不会产生作用。他不把长老派的释经全然贬斥为任性的或是荒诞不经的,而是把长老派《圣经》解释当中的障碍揭露出来。通过论证,他指出这一障碍的根源是对上帝如何在宇宙中行动的一种片面、虚妄的见解——在卷1中,胡克就已经得出了这一著名的结论。长老派既无力理解上帝如何通过自然法向早期教会言说,也未能认识到,依托于人类永恒之声的英格兰教会如何遵从了自然的指令。而无论是自然还是《圣经》,二者都提供了一种介于内心之中的担保,那就是上帝的道(God's ways)得到了遵行。

卷2的序言反映了胡克这番陈述的性质。尽管他比惠特吉弗特更加深思熟虑、小心谨慎,在态度上也更温和,但是在解释这一问题的时候,他所花费的笔墨却丝毫不少于自己的前辈。胡克直截了当地限制了论题的范围,"只讨论统治我们的教会法",并且,这位辩护人只会坚持"真理和理性必将首肯"的观点(卷2,章1,节1)。和惠特吉弗特一样,胡克并不希望超出论辩涉及的直接问题,也无意为伊丽莎白协议的功绩歌功颂德。

采用伊丽莎白时代教士的惯常方式,胡克将长老派描绘成教会政治体不遗余力的颠覆者:

> 只不过,他们想要建立的替代品是一种更加糟糕的体制;仅仅凭借一种强烈的错谬幻想,他们就将这种体制奠定在神圣的权威之上。(卷2,章1,节1)

为了证明他们的谬误,胡克只考察了几条原则,因为,"那些我们首先检验的东西就像种子一样,正是从那里,长出了其余的部分。"胡克的意图在于一劳永逸地解决这场论战。① 他借助"最有助于发现真理的明智方法"推动自己他的方案(卷2,章1,节3),这种方法同样可以揭示长老派纲领的"根基与基础""微薄的可靠性"。在考察这一纲领时,胡克如同所有的辩护者那样,坚持认为"有必要掂量关于那些问题的论证"。随后,胡克还为之加上了论战的修辞:"不论它们[即这些论证]的分量够还是不够,都不应由我们来判定;在这里,困难仅仅在于那些仍

---

① 胡克写道:"我不知道为什么这些论争的数量和延续的长度竟让我们丧失了希望,不再指望各方的一致与爱能将论争终结。"(卷2,章1,节1)

令我们无法赞同的问题,在我们得到更进一步的、并且是更好的答复之前,我希望他们当中没有心存轻蔑、拒绝倾听的麻木不仁之辈。"(卷2,章1,节3)① 在澄清了《辩护》提出的问题,并根据《第二篇答复》的要求拓展其意义之后,胡克的工作就与惠特吉弗特曾经的努力彼此一致,因为他们回应的对手都是卡特莱特。事实上,卡特莱特正是整个卷2针对的唯一目标。

为了说明卡特莱特这位论敌在胡克心目中的极端重要性,我想展示一下,如何从胡克的著作出发,将其中包含的特定材料追溯到卡特莱特与惠特吉弗特。我们可以把卷2所考察的论证划为两个部分,分别对二者进行分析。在第一部分,也就是从章1.4到章6中,胡克遵从惠特吉弗特的次序,捍卫并扩展了后者的论点,这也为阅读此卷第二部分中更重要的讨论做好了准备。构成第二部分的是章7和章8,这一部分是胡克为人的理性和见证做出的辩护。

从章1.4到章6,胡克的目标是针对他自己就卡特莱特《第二篇答复》提出的问题,给出一个否定的答案。这个问题就是:"是否不经《圣经》指导所做的一切都是罪孽?"(卷2,章6,节3)回想一下,惠特吉弗特并没有确切地回答这一问题,因为他只关心教会事务。是卡特莱特对论战的扩大导致了胡克的回应。虽然在这一部分的各个章节中,胡克都在忙于处理各式各样的问题,但他的主要目的就是为惠特吉弗特张目、扩展其论点的意涵,从而回答惠特吉弗特未能成功应对的宽泛问题。我们立刻就

---

① 可是对长老派来说,与圣灵的见证相比,证据乃是不相干的。胡克没能注意到这一点的事实进一步表明,他对卡特莱特的论战性回应是多么严格地支配着自己。

能发现，胡克依循了惠特吉弗特曾经使用的论证次序：首先是指出《圣经》中的证据，其次是来自教父的证据，之后是《圣经》中的否定性论点。在这些章节中，胡克和惠特吉弗特之间并不存在什么分歧。胡克接受了惠特吉弗特的论点与经释，但他在此基础上使后者得到了某种完善，这是因为，胡克是在一个扩大的论辩领域里回应论敌，这使他得以为"智慧教导人们的多样方式"申辩（卷2，章1，节4）。

章1.4到章4谴责了卡特莱特援引的《圣经》中的证据，后者声称，"上帝的经卷是人类行为的某种规则，我们所做的任何事情，如果没有受到它的指导，就是一种罪孽"。① 惠特吉弗特在《辩护》的第2册，章1，第4节中也对这些经文进行了答复。② 他与胡克在这些经文的解释上彼此一致，不过，胡克之所以将经文解释纳入自己的论述，是因为这些经文使他得以谴责长老派对《圣经》排他性的依赖，同时支持了胡克自己的信念：即上帝允许人们通过《圣经》之外的方式来获得知识。胡克的关切并不像一些学者所说的那样，仅仅是希望在最高的层次上从事普遍化的论述，而是要拓宽读者对基督徒体验的理解和认识，是为这样一种观念进行申辩：基督徒的体验不应被《圣经》所限制，并且只有在圣典（Holy Writ）处于适当状态的时候，体验才能受到《圣经》的指导。

章5与惠特吉弗特著作第2册，章2-5遥相呼应。两位辩护

---

① 相应经文参见：《箴言》2:9；《哥林多前书》10:31；《提摩太前书》4:5；《罗马书》14:23。
② 在这一部分，《圣经》从教会向"人的生活"的扩张问题被首次提了出来。

者考察了卡特莱特从教父们——尤其是德尔图良（Tertullian）那里援引的证据。他们共同的结论是："《圣经》在许多事情上既没有命令也不曾禁止，而是报以沉默。"（卷2，章5，节7）与之前的章节不同，章5涉及的《圣经》段落与惠特吉弗特考察的经文并不完全一致。胡克似乎认为，惠特吉弗特对卡特莱特的斥责已经足够充分，况且他也没有理由完全照搬惠特吉弗特考察的经文。相反他感到，自己不得不就卡特莱特的《第二篇答复》做出回应，因为这恰恰是惠特吉弗特没能应对的。

通过对章5的细致考察，我们可以发现：为什么即便惠特吉弗特已经基于权威（ab auctoritate）驳倒了长老派的否定性论点，胡克仍然感到有义务对《第二篇答复》做出回应。这种考察，同样也清楚地揭示了胡克在选取辩论材料时的考量，以及完善惠特吉弗特答复的关切。胡克笔下最长的一个段落，也就是节5到节7，处理的是德尔图良的引文，惠特吉弗特在他的《回答》中首次引用了这段文字，并且在之后的《辩护》中对它进行了详尽的阐释。卡特莱特在《第二篇答复》中纠正了惠特吉弗特对德尔图良的解读，并如此总结道：

> 如果说他从德尔图良的训诫中引出的命题果真包含什么价值，那便是他使德尔图良的训诫反过来驳斥了他自己。①

---

① 《托马斯·卡特莱特的第二篇答复：驳斥迈斯特尔·多克托·惠特吉弗特的第二篇回答，涉及教会戒律的问题》（*The Second Replie of Thomas Cartwright: agaynst Maister Doctor Whitgiftes second answer, touching the Church Discipline*，n. p.，1575），页81。后文的引用将采用文中夹注的形式，简称为《第二篇答复》。

卡特莱特在其《第二篇答复》中对教父们的文字广泛征引，进而提出了如下主张：

> 我们不能给自己这样一种自由，它会允许我们引入属于一己之意的东西：正如使徒是我们的作者，他们从不抱持任何属于自身意志的观念，而只为我们带来他们从基督那里得来的戒律。

但他尤其意味深长地使用了德尔图良的观点，以此反对人在教会事务中的自由。卡特莱特相信，自己已经通过德尔图良，证明了"《圣经》的论点不仅在否定的意义上把握了教义和教会的戒律，甚至在那些主观和可变的事务上，它也借助教会的建议进行了掌控"（《第二篇答复》，页81）。贯穿这些段落，卡特莱特再三强调了那个最令他倾心的主题：教会的戒律"不可系于凡人意志之上"（《第二篇答复》，页81）。

怀揣着一项明确的意图，胡克以论战的姿态回到了关于德尔图良文字含义的争论当中。之所以要涉及对他的分析，至少有两个原因。首先，胡克必须紧跟双方的争论点，从而证明惠特吉弗特最初追溯到德尔图良的正当性。和惠特吉弗特的许多追随者一样，胡克也是通过纠正长老派的解释来为他的前辈辩护的。他将卡特莱特在学识与解读上的谬误暴露在中立的读者面前，并为惠特吉弗特对属人见证（testimony of men）的使用做了辩护。胡克的目标是为伊丽莎白协议建立一种权威，对这个目标而言，更重要的是胡克挑战了卡特莱特的某些立场，后者力求削减人在教会事务中的自由与判断，基于《圣经》中上帝严苛的必然意志，在反差中隐含了对人的意志的谴责。胡克引用德尔图良的文字，是为了强调这样一种观点：在《圣经》之外，还存在着其他为人谋益的源泉，不仅如此，人的种种求索发现，是可以与上帝的意志彼此协调的。胡克与惠特吉弗特得出了一致结论："坦承自己不该做《圣经》禁止我做的事情，并不意味着我应就此承认，凡是《圣经》没有命令我做的事情，我都不能去做。"（卷2，章5，节7）尽管《圣经》禁止了某些行为，但并不是所有的行为都必须得到《圣经》的许可。

章6的论证紧循章5的模式。胡克又一次依循惠特吉弗特的次序，首先处理来自教父们的否定性论点（章2－5），之后直接应对《圣经》中的否定性论点（第Ⅱ册，章6）。两位辩护者也都抨击了"唯有上帝的指令可以用于教会"这类见解。我们再次看到，与自己前辈得出同一结论的胡克，是如何回应卡特莱特《第二篇答复》中的主张，从而谨慎地捍卫惠特吉弗特本人的。

胡克以这种方式行文，至少有三个原因。首先，他一定已经感觉到，大主教（［译注］指惠特吉弗特）及其辩护的意义足够重大，值得自己拥护。如果惠特吉弗特没有在1604年去世，他将仍在大主教任上，正是他为胡克安排了圣殿教堂（Temple Church）的职位，而胡克的整个教士生涯，也都建立在对伊丽莎白协议的信任之上。通过声援惠特吉弗特，胡克可以在一定程度上将《回答》和《辩护》用作辩论的先例。其次，胡克尽心尽力地反驳了惠特吉弗特在16世纪70到80年代受到的攻讦，回应了《第二篇答复》，这篇文字，正如长老派不断提醒教会注意的那样，尚未被人驳倒。正是在这个意义上，胡克直接介入了论战，他再一次开启了对争议文本与经释的详尽考察，拒绝让那些重要的长老派论点继续处于无人应答的状态，并力求将对方阵营代言人写就的最具破坏性、尚未被驳倒的文字纳入自己的著作之中。第三，胡克对惠特吉弗特和卡特莱特的回归是一种尝试，他试图完善惠特吉弗特最初对另一篇答复（而胡克希望这是最后一篇）做出的回应。胡克知道，惠特吉弗特本人的论争已经涉及了理性与人的见解（the opinions of man）的必要性。只要他能够提供一套关于理性与自然的定义和辩护，并论证英格兰教会所诉诸权威的合理性，惠特吉弗特的论证就差不多大功告成了。换句话说，即使是迟到了二十年，这些论证的说服力也丝毫不会因此衰减。

在澄清《圣经》中的一道否定性指令的效力时，惠特吉弗特主张："它所管束的，只是属于拯救和永罚的事务：这不单单是我的观点，也是那些最优秀的释经者们的见解。"（《著作集》，第1册，页179）针对《告诫》（Admonition）从《申命记》中引用的经文，惠特吉弗特已经做出了充分的驳斥。这样看来，胡克没有对这段经文加以考察就是可以理解的了。他转而着力于解释《历代志上》17:4–5，因为在《第二篇答复》中，卡特莱特正是引用了这几节经文来回应惠特吉弗特的结论。① 胡克不允许这种诉诸《圣经》的辩难仍然处于无人应答的境地。②

在解释《历代志上》第17章③中一个看似否定性的命令时，胡克的主要目标是要探究一个问题，即应该如何阅读《圣经》。

---

① 卡特莱特反驳说，否定性的结论确实可以被用在"并非拯救和永罚本质的事务之上"（页48）。

② 在答复卡特莱特的《第二篇答复》（页50）时，胡克也对朱厄尔（John Jewel）进行了一番评论，而卡特莱特则用朱厄尔的观点来反对惠特吉弗特。这进一步说明了胡克对自己论战责任的感受是多么强烈。

③ "你去对我的仆人大卫说：'耶和华这样说：你不可建殿给我居住。'"

这次探寻提出了一个根本性的难题，我们还记得，这个难题从一开始就是论战的一部分：如何确立上帝之言的"真实意图和含义"。但对胡克而言，此处他要提出的最相关的问题，并不是上帝是否对某件事下了命令、或没有对另一件事下过命令，而是一旦弄清了《圣经》的特定语境，我们应当如何解释上帝的命令。无论是卡特莱特还是惠特吉弗特，都把这一问题给忽略掉了。然而在胡克笔下，这一有关阐释的问题却又引出了关于属人见证的争论，这是因为胡克解决这一争议的主要做法就是论证：我们最终不可能将《圣经》和解释《圣经》的人分离开来。

由于胡克也只遵从特定的《圣经》命令或禁律，并且相信，对于很多的行为，《圣经》对于许多行为都保持沉默，因而，他力图做成一件惠特吉弗特从未尝试过的工作：定义教会在解释《圣经》特定段落上的权威，及其在《圣经》沉默时指导人们行为的权威。在论证《圣经》不是上帝法则的唯一来源之时，胡克回应说，对于教会而言，自然与理性都是可用的。一些原则，比如某些《圣经》禁令不能扩展到所有的行为，或者《圣经》对某些事情保持沉默——一旦教会确立了它们，人们就可以、也必须转向理性的权威。而且，他们不必担忧是否会因此犯下罪孽。胡克对人类理性能力的信心是卷2所要传递的核心信息，以一段直指长老派思想症结的陈述开头，他在章7直接转向了理性的权威："仅由一部《圣经》来决定所有的事情——这股热望，已经使我们在废除人类尊严与荣誉的同时，遭受了许多痛苦。"（卷2，章7，节1）

在章7中，胡克为人类的理性提出了辩护，回应了卡特莱特对惠特吉弗特的贬斥——在考察这些内容之前，让我们总结一下胡克到目前为止采取的步骤。不难看到的是，在胡克的回应背后，处处矗立着卡特莱特的身影，而这些回应，又都指向了惠特吉弗特的《辩护》。胡克遵循惠特吉弗特的论证次序，这两位英国国教徒在本质上没有分歧。在一些回答中，胡克重复了惠特吉弗特的观点。而在其他的部分，他则扩充了惠特吉弗特的立场，并由此回答《第二篇答复》提出的更为根本性的问题。对于这类问题，惠特吉弗特或者是不曾回应，或者只是部分地做出了答复。另外，惠特吉弗特在维护教会对无关紧要之事的权威时，曾忽视了一些问题，对于这些问题，乃至一些新的、尚未得到反驳的《圣经》证据，胡克也同样进行了处理。无一例外，胡克抨击的所有论点都是从卡特莱特那里引申出来的，尽管其中有一部分出现在《第一篇答复》之中，但大多数论点仍然出自《第二篇答复》。《第一篇答复》引证的经文为胡克开辟了一条道路，使他得以一方面谴责长老派对《圣经》的过度依赖，一方面声援理性与自然的权威。在针对《第二篇答复》引证经文的考察中，胡克延续了这一谴责。作为一名论辩者，胡克必须从《第二篇答复》中选取几段既重要、又尚未得到回应的文字，以此揭露卡特莱特一直以来的谬误和误判（所有不服从国教者的著作中都潜藏着这些错误），并对惠特吉弗特诉诸属人见证的行为加以声援。卷2的这些起始章节，为我们阅读胡克在章7和章8中更加完整的表述做好了准备。我将简要地概述这个有名的主张，之后我们就能发现，为什么胡克要对人类理性的力量详加说明。

在英格兰长老派看来，《圣经》提供的是一种特定的教会戒律。国教徒驳斥长老派的方式，则是论证对手如何错误地阅读了圣书，但这类回应也只能停留在原地而已。虽然惠特吉弗特已经暗示，教会遵从自然，但正是胡克理清了这场争论的困境所在，并且明确地建立起英格兰教会权威的基础。胡克认为，既然《圣经》没有为教会提供一种固定不变的戒律模式，那么任何戒律都部分地是人类心灵的产物。一个特定的民族教会从过往的声音、古老的智慧和祖先的传统之中发现适当的戒律。当教会根据自己所处的情势和需求争论什么是最合适自己的制度时，它就遵从了上帝的声音，这种声音是通过《圣经》之外的自然（Nature）和理性权威表达出来的。胡克相信，既然它是上帝的声音，那么这一权威就能为基督徒提供担保。

在回应卡特莱特对《圣经》的绝对依赖，及其在神法和属人法之间做出的截然区分时，胡克假定人所具有的相对价值。与其论敌的极端主义针锋相对，胡克主张，存在一个属于人力可为（human endeavor）的领域，人类有能力在其中做出决定、发现真理。既然这尘世的、可见的教会处于人力可为的领域之中，那么人的权威就能够成为教会政治体的基础。数百年来，人类一直在运用理性并缓慢地发现上帝的意志。因此，人们可以"使他们的心灵倾向于……那庄严、明智、博学［之人］的判决"。但更重要的是，上帝的创造——其原则正如卷 1 已经勾勒出来的那样——本身就要求属人权威的力量。正是根据上帝的意旨，自然与《圣经》彼此补充、相互成全。不仅如此，胡克还告诉他的论敌，关于《圣经》的知识依赖于人类理性的权威：

> 假如注意到这一点，我们就会发现，人类的权威是打开通向《圣经》知识大门的钥匙。只有信任那些一字一句教给

我们《圣经》意旨的人，《圣经》才会带给我们关于上帝之事的教诲。所以，尽管人类在某些方面是软弱的，但属人的权威仍然能令人顺从。（卷2，章7，节3）①

尽管长老派可以在表面上彻底否认人的权威，但当他们从《圣经》中读出他们的戒律时，同样是凭靠着属人的见证。

不过，在认可属人见证权威的同时，基督徒们仍然可能叫喊道："没错，但究竟什么是上帝的意志，我们还是心存疑惑。"（卷2，章7，节6）人们怎能保证自己已经发现了上帝的意志呢？胡克知道，人类的生活中存在着不同程度的确定性，为了说服他们将英格兰的政治体当作上帝的意志接受下来，他首先识别出了四种确证的样式（modes of assurance），它们是"清晰的面貌和直观的把握""有力且无法推翻的论证""最大的可信性"（the greatest probabilities）和《圣经》。正如卷1所论证的，教会政治体只能建立在具备"最大可信性"的确证之上。根据胡克，既然长老派的政治体同样基于属人的权威，②那么我们就可以质疑它是否是一种属于"最大可信性"的戒律。而胡克给出的答案是否

---

① 胡克写道："《圣经》是没有缺陷的，但人们……的自然理解力之光都是如此完善，以至于它能够与《圣经》相互辉映，使我们在上帝亲自要求的善业中，不缺少任何必要的指导……因此，指出这一点就够了：自然和《圣经》发挥的作用是如此充分，它们结合在一起、而非各自达到这般完善的地步，在有关永恒至福的问题上，我们不需要任何超出它们两者之外的知识，仅凭它们，就足以从各方面滋养我们的心灵了。"（卷1，章14，节5）

② "或者是他们自己可能的揣测，或者是像他们一样对待《圣经》的外人所作的判断，在最通常的情况下，他们最牢靠的根据不就是这二者之一吗？"胡克在卷2，章7，节9中这般问道。

定的。①

另一方面，同时立足于《圣经》与自然的英格兰政治体，反映了是何种理性引导着人们发现了英格兰国家教会的特殊需求。②虽然《圣经》没有对英格兰的政治体做出具体说明，但它仍旧获得了上帝的许可。人的权威和理性的确提供了担保，从而，以它们为基础、并由它们建立起的一套教会戒律就能够顺应上帝的意志。奇迹和上帝创造的复杂性使胡克深信，"单纯的《圣经》命令"不可能成为"决定凡人行为善恶的唯一规则"（卷2，章8，节5）。正是《圣经》与自然法的彼此谐睦，共同为教会的政治体奠基。

将自然与理性提升为教会多重权威的来源，使胡克广受称颂。他对论战文学的贡献是独一无二的，人们将它视作是对文艺复兴思想的一种持久促进，使之得到了恰当的研究。不过，当学者们盛赞胡克对理性与自然的运用，并将他的思想同阿奎那与亚里士多德勾连起来的时候，他们却忽视了那个非常实际的问题：为什么胡克要将这些学说发展到如此宽泛、普遍的程度？在试着澄清胡克作品的原初概念的同时，我们应该、也能够注意到胡克

---

① 对于长老派戒律，最正面的说法是："他们坚持的一些东西，同一些人可能揣测到的一样，的确似乎已经超出了《圣经》不加妄言之事。"（卷2，章7，节9）在胡克看来，这并不足以保证人们安心地信靠不服从国教者的戒律。

② 胡克写道："我们处理了同那个问题密切相关的事宜——那个问题便是：理性之光是否如此有害，以至于在为教会设计法律之时，人们不应该借助它来寻找适当而便利的安排。因此之故，我们必须努力澄清，为什么理性从其本性上不会为我们设置障碍，为什么那揭示了上帝在其法则中规定之物的同一圣灵，能够襄助和指导人们通过理性之光，在《圣经》之外发现适宜于指导其教会的法律。"（卷3，章8，节18）

为理性做出长篇辩护的种种具体动机。他不是在写作一本自成体系或是纯理论性质的论著,这类作品的目的就在于上升到哲学问题的普遍层次。但如果这的确是胡克的意图,想必他会更加清楚地意识到自己为自然神学(natural theology)带来的转变:托马斯主义者的关切,是用哲学来补充启示,而到了胡克这里,其立场变成了通过依靠自然与人类理性来捍卫教会政治体。同样毋庸置疑的是,在关于人类真实状态的论战中,他更直接地介入了与路德和加尔文的交锋。从他的行文步骤中,我们也看不出他为解决具体问题而写作的动机是自己的私人利益。① 在苦思冥想、努力解答他关于伊丽莎白协议的个人困惑时,胡克也从未设法回避那焦灼的论战场面。毋宁说,他是始终思虑着那个根本问题,深刻地卷入了唇枪舌剑的战斗,最终为卡特莱特送上了一份来自国教会的答复。

到目前为止,胡克只是在卷 2 中谨慎地主张:那些可贵但有限的属人能力理应得到承认。通过考察特定的引文,他不断限制《圣经》的使用,并努力扩充人类理性的功能,从而表明,人类是如何在教会的事工中同时对二者加以运用的。有了这些准备,胡克就可以摆脱人们在通常情况下的合理怀疑,进而确立这样一种观点:在设计最具可能性的教会政治体的时候,必须把人的意见纳入考虑之中。当我们追溯胡克关于人类在教会事务中权威的主张,并将其归于《第二篇答复》和惠特吉弗特,我们就能辨识出胡克论争"战场"的有限范围,即便是在卷 2 的后几章中(许

---

① 希尔问道:"难道胡克主动回到内心世界、从事写作,真的不可能是一种释疑解惑的悦己之道吗?"见《胡克〈法则〉的演变》,前揭,页130。

多人认为胡克这几章的论述最具普遍性，也最为温和），这种限度也依旧存在。

不出所料，卡特莱特在他的《第一篇答复》中拒斥了人的权威。[①] 胡克并非不知道，英格兰试图为自己的教会协定找到一个《圣经》之外的权威，而卡特莱特对人类才能的贬低恰恰击中了这一努力的要害，尤其是当教会与国家权威已经如此紧密地联系在一起、分享着共同的自然根基之时，卡特莱特的打击就更显严厉。对此，惠特吉弗特并没有做出充分回应，这也必然令胡克感到失望。尽管惠特吉弗特的论证步骤暗含了一种对属人权威的拥护，但他却回避了卡特莱特对这一权威提出的尖锐质疑，而只是如此答复道：

> 你宣称，"当涉及人的权威的问题时，它既不加以肯定，也不加以否定"，这就暴露了你在这个问题上还不够纯熟。在你反对我的书中，这种无知也常常表现出来：不仅在亚里士多德的问题上……甚至在所有被你称为"一文不值的逻辑"问题上，都是如此……关于这一问题的立场，已经基于权威（ab auctoritate）得到了说明，从中引申出来的诸论点的立场，也都是肯定性立场，已经基于权威（ab auctoritate）。（《惠特吉福特著作集》，第1册，页178）

一如既往，惠特吉弗特的反驳仍旧是一些狭隘不实的虚文。

[①] "当问题涉及一个人的权威之时，事实上其立场既不能是肯定的，也不能是否定的……"卡特莱特语，引自惠特吉弗特《著作集》，第1册，页176。

他没有用自己的分析回应对手,而是搬出学术上的权威来证明:自己从权威那里求来的帮助是可靠的。

胡克认识到,这种回应是不充分的,因此他没有别的选择,只能同样将卡特莱特的某些文字囊括到自己的答复之中。但胡克做到了惠特吉弗特没能做到的事:他读出了卡特莱特字里行间的言外之意,并以此反对卡特莱特对人的可靠性的暗中贬抑。胡克认为,既然人的信誉可以作为真理的根基,那它就同样能成为"意见与判断"的坚实基础,在博学之士中尤其如此。胡克总结道:

> 如果我们承认,在有关事实的事情上,属人的见证具备一定的可靠性(credibility),但又认为它在有关意见和判断的事情上毫无信用可言;我们就应当看到,相反的观点不仅为人们所公认,也在全世界得到了普遍的实践。明智、老练之人的裁断,总是受到人们的高度敬重。(卷2,章7,节2)

不过,胡克不仅帮助惠特吉弗特修补了其回应中的缺陷,他也回应了《第二篇答复》对属人判断展开的贬斥。

卡特莱特认为,基于属人权威的观点"不过是从那种权威里引出一些好恶,而完全不具备使人服从的力量"(《第二篇答复》,页47)。但胡克的立场恰恰在于,在教会事务中,属人的权威确实且必须拥有使每个成员赞同、服从的权力。卡特莱特拒绝承认博学之士的一致见解所具有的价值,并敌视人对信仰内容所做的判断(《第二篇答复》,页47)。胡克则明白,惠特吉弗特与其他人的作品,甚至包括他自己的辩护在内,无不仰仗博学之士的智慧与基于其一致见解之上的权威的合理性。他希望说服长老派,使他们相信这种智慧具备上帝命定的有效性。确实,正如胡克所言,"这场论战本身就体现了这些人判断的分量"。对胡克而言,卡特莱特将人的判断和信仰的内容对立起来,实际上是创造了一个虚假的困境。他的对手不仅夸大了《圣经》的武器,还扩充了信仰的地盘,其代价则是牺牲人类认识能力(epistemological faculty)的可能性。针对卡特莱特的极端化倾向,胡克指出:斗争并不存在于信仰和理性之间,真正的问题毋宁说是,人的判断具有多大的有效性。胡克并不认为所有的教会事务都是信仰事务,根据他的论证,意见是政治体的基础,最明智的意见则创造了具有最大可信性的戒律。而最明智的判断则存在于过去的声音之中:

> 但是那些被上帝赋予了渴求知识的重要天赋的人,他们的操持、劳作和神圣的学识是如此被上帝眷顾,以至于整个世界都对他们伟大殊罕的本领报以非凡的敬慕。我们能将他们的判断当成是全然无足轻重的东西,然后就这样抛弃掉吗?就我而言,我是绝不敢如此轻率地估价教会,如此轻率地估价教会最重要的支柱的。(卷2,章7,节4)

可卡特莱特甚至连这些"最重要的支柱"都看不上,在《第二篇答复》中,他着力强调了信仰与人的意见之间水火不容的关系,无论后者有多么"合理"。对这一点的强调,是围绕他对《罗马书》14:23的解释展开的。在对这段经文并不充分的回应中,惠特吉弗特未能抓住卡特莱特关于信仰和罪的论点,直到胡克提笔写作之时,卡特莱特在《第二篇答复》中的辩护才得到了答复。在《第一篇答复》中,卡特莱特用三段论的方式论证道：

> 在《罗马书》第 14 章论及所谓无关紧要（indifferent）之事的地方，圣保罗说得再清楚不过了，他最后总结说，"凡不出于信心的，都是罪"：然而，唯有和上帝之言有关的，才是信仰；因此，凡不出自上帝之言的行为就都是罪。①

惠特吉弗特只是通过批判卡特莱特的逻辑，复述了他那套谴责对手的言辞（《著作集》，第 1 册，页 194）。由于仅仅将长老派视作任性的乱纪者，他无法意识到：出于良心层面的问题，长老派是不可能顺服的。

而另一方面，尽管胡克相信长老派是受到了蒙骗，但他承认，他们是真诚的。胡克理解长老派的困境，通过调整标准的论战程序，他向清教徒的良心说话，希望他们相信，在上帝眼中，顺从国教是可以接受的。毫无疑问，卡特莱特《第二篇答复》在回应惠特吉弗特时表明的观点对胡克的努力有所助益，这一观点认为：良心只能听从《圣经》的指引，所有其他样式的确证不仅不可接受，还真正会将人们引向黑暗（《第二篇答复》，页 59）。但就理解胡克的阐述而言，更重要的是卡特莱特在《圣经》与理性之间制造的对立，及其在充盈着上帝圣灵的基督徒和"仅仅被赋予了理性"的异教徒之间制造的对立（《第二篇答复》，页 60）。在卡特莱特眼中，基督徒和异教徒截然不同、泾渭分明，因为基督徒必须通过《圣经》知晓善恶对错。在《第二篇答复》的这一段落中，卡特莱特用大段篇幅对比异教徒和基督徒，

---

① 卡特莱特语，引自惠特吉弗特《著作集》，第 1 册，页 190。

并在《圣经》力量的对照下,重申了理性的脆弱。与其通常的做法一样,卡特莱特斩钉截铁地划分出两个极点:《圣经》与理性、基督徒与异教徒。基督徒和异教徒最主要的区别在于,后者"让人们通过理性之光来了解善与恶的差别……而使徒则令人们在上帝之言中接受基督的教导,只有通过信仰,人们才能从上帝之言那里获得行事的信心与坚毅"(《第二篇答复》,页60)。

胡克的回应是:"只凭这种言,是绝无可能得到证实的。"①胡克对惠特吉弗特论证的改进,及其对卡特莱特极端二分法的解构分析,体现出他对惠特吉弗特的答复与卡特莱特的回应所做的大量研究。他是多么热切地加入这场半途而废的争论,又是多么渴望对良心的问题发表看法!显而易见,卡特莱特对理性的敌意催生了胡克对理性的辩护。他一边坚定地反驳对手的二分法,一边谨慎地走向自己较为中庸的区分。同惠特吉弗特和大多数宗教改革派一样,胡克认为,存在着 adiaphora [无关宏旨之事]。而卡特莱特本人在谈及《圣经》的总体原则时,似乎也接受了无关紧要之事(indifference)的概念。② 如果长老派在辩论中能"悬置他们的判断",承认 adiaphora 的存在,那么胡克就能消解他们的疑虑。他接着谈道:

> 在那些上帝并无命令、但由于为上帝所允许而合法的事

---

① [译注]原文的意思显得有些含混,根据上下文,胡克这一句话可以意译为:"只凭圣言,是无法证实圣言本身的。"也就是说,只有借助理性,才能正确地理解《圣经》。

② 卡特莱特语,引自惠特吉弗特《著作集》,第1册,页195。

物中，问题就在于，哪一种光能让我们看见一件事相对于另一件事的更大便利。(卷2，章4，节5)

对胡克而言，这样的光就是自然理性之光，它不会被《圣经》之光"淹没"，而是能让《圣经》得到补充。理性法(Law of Reason)"囊括了所有这类事物，借助自身的自然理解力之光，人们就会明白地知道、或至少能够知道做这些事是合适还是不当，是德行还是邪佞，是善还是恶"(卷1，章8，节9)。《圣经》需要人的理性："我们的自然能力和判断，必然只能帮助我们正确理解《圣经》所教导的东西。"(卷2，章4，节7)

长老派坚持认为，《圣经》只能作为上帝之声存在，圣灵的工作揭示了它的真理，在太阳之下，所有其他的光照都与烛光一样微弱。但再洗礼派① 和分离派② 这类先例使胡克相信，长老派的这一态度十分危险地为混乱铺平了道路。因为，被清教徒错误地当成圣灵的东西很有可能仅仅是想象而已。不同个体的种种幻象，或许可以通过个体自身的理性信念(individual rational per-

---

① [译注] 再洗礼派(Anabaptists)是欧洲中世纪基督教的一个派别，16世纪欧洲宗教改革运动中出现在德国、瑞士、荷兰等地。参加者主要是农民和城市平民。该派主张原来教会的洗礼因为没有信心和圣灵的降临，因此信徒需要成年后重新接受洗礼，故得此名。再洗礼派的主要信条还包括：认为教会和国家之间应该划清界限；反对教会等级制度，认为信徒皆祭司职分；拒绝立下誓言，反对死刑且拒绝服兵役；主张救恩唯独靠着恩典因着信心的观念，《圣经》是最高的权威，应该根据新约的传承重建教会等。

② [译注] 分离派(Separatists)亦称"布朗派"，是英国16世纪80年代开始活跃起来的教派。他们接受了清教徒的主张，但与"长老派"的不同之处在于，后者要求在国教会内部进行改革，而分离派则从国教会中分离出来并单独组成教会，因此受到政府的严厉镇压。罗伯特·布朗(Robert Browne)是该派的主要领导人。

suasions）来纠正，但如果有人对此无能为力，就只能通过与教会的集体智慧（corporate wisdom）保持一致来纠正，后者揭示了理性法，并在教会事务中遵从它的指导。但恰恰是这套理性法，遭到了《第二篇答复》彻底的贬斥。卡特莱特嘲笑惠特吉弗特，后者相信：

> 存在某种星辰或理性之光，或学识，或其他有益之物——凭借着它们，一些行为就能做成，并为上帝所接纳，在它们之中，上帝之言遭到了排除，也无人吁求上帝的劝诫：它们或者是不能，或者是无需从上帝那里得到任何指导。（《第二篇答复》，页 56）

胡克知道，惠特吉弗特没能对理性之"光"进行详细阐释，他也从未回应《第二篇答复》的批评。

惠特吉弗特只是宣称，"在教会或人们的生活中，任何违背"《圣经》"真实意图和含义的事情都不该做"（《著作集》，第 1 册，页 191）。卡特莱特则发掘了这些话的潜在含义，坚定不移地维持着"违背圣言而做"的事和"依据圣言而做"的事的区别（《第二篇答复》，页 56），而惠特吉弗特却从未提及任何关于"事"的区别。另一方面，卡特莱特也意识到，如果事情是"依据圣言而做"的，那么《圣经》就必须是唯一的向导，但倘若教会允许"不违背圣言"之事存在，那么教会就一定会利用其他的向导。那种向导，如果不是传统，也必定是博学之士的意见，或是教会的权威，又或是理性。然而，卡特莱特声称，这些向导都是异教徒（和教皇论者）的工具，不仅不宜于基督徒，更贬损着上帝的权力。在宗教改革关于福音和信仰力量的崭新意识中，这些向导，正是它曾急不可耐地弃若敝屣的权威。

卡特莱特写道，由于惠特吉弗特相信，"不违背圣言"之事是可以接受的。"他用这种方式给出了一种理解，认为存在某种星辰或理性之光，或学识，或其他有益之物——凭借着它们，一些行为就能做成，并为上帝所接纳，在它们之中，上帝之言遭到了排除，也无人吁求上帝的劝诫。"此时，我们开始意识到《圣经》在清教徒心中，那种压倒一切的独占地位。我们可以理解，为什么长老派再三坚持，唯有一种对《圣经》的严格持守，才能保证行动蒙受上帝的悦纳。他们看到了必不可少之事（things essential）与无关紧要之事的差别、依据圣言而做之事与违背圣言而做之事的差别、在《圣经》中得到明示之事与《圣经》所包含之事的差别、在《圣经》中得到命令之事与在《圣经》中有所依据之事的差别——这些差别，隐含了新教徒在上帝的庄严与人类的堕落之间所做的根本区分；或者正如卡特莱特所强调的，意味着信仰与人的意见彼此冲突。在教义问题之外，那些辩护者从未着重指出必不可少与无关紧要、被明示与被包含、被命令与有所依据之间的区别。他们指责清教徒夸大了那个由宗教体验所证实的基本教义。但一旦对唯有《圣经》"必须得到遵守"这一信念摇摆不定，他们就会削弱上帝的威严，允许堕落的人类在基督的教会中发出声音、拥有权威。

胡克理解长老派在这一点上的固执己见，他也没有将其仅仅视作一种好辩的态度而不予理睬，而是直面对手的挑战。怀着耐心与力量，胡克提醒读者，接受卡特莱特对信仰和理性的绝对二分将令人误入歧途，并且他相信：允许人类拥有有限的尊严与权威，不会损碍上帝的威严。① 当然，人的权威是卷2，尤其是章7的核心议题。但重要的是，胡克的辩护是特别围绕卡特莱特《第二篇答复》的页17 - 23展开的。② 凭着一种敏锐的感觉，胡克意识到自己必须对卡特莱特书中这一至关重要的章节加以驳斥。

卡特莱特直接抛出了争论的根本问题：教会是应当遵循《圣经》的字面内容，"使这些受圣灵启发之物成为牧师遵循的唯一规则……并以此确立或推翻教会中一切可能陷入疑问的事物"，还是将"释经者基于属人权威的论证……[视作]神学论争中最好的理由"？（《第二篇答复》，页18）像惠特吉弗特那样追随后者，就无异于步趋罗马教会，企图使人与《圣经》获得同等的地位。但更为重要的是，卡特莱特坚信，属人权威是与信仰背道而驰的：

> 我们看到，神学论争中论证的终点是信仰可以从心灵中产生出来，而它只能立足于上帝之言：系于属人权威的信仰是多么可悲，又是多么可憎可恶啊；这些人从来就没有那样博学过，他们（由于他们是人）是说谎者，像这样蒙骗别人，同时也受到欺骗。（《第二篇答复》，页18 - 19）

卡特莱特的毁灭性言辞指向惠特吉弗特著作第2册中的一篇文章《论牧师的选举》。这篇文章值得全文引述，因为它凸显了

---

① 胡克写道："有很多人认为，如果在神圣的事物上，他们竟将任何力量归给人的理性，那么他们就不可能以应有的方式来崇拜上帝之言的大能和权威了。"（卷2，章8，节4 - 5）

② 这一段提出了驳斥惠特吉弗特的根本论点，而且，它还有可能是特别针对《辩护》开首章节的内容所做的回应。

惠特吉弗特与胡克的基本差异。接续惠特吉弗特的答复，胡克下面就应当表明：他本人的回应是如何比照着惠特吉弗特—卡特莱特之争构思出来的。

卡特莱特贬责惠特吉弗特，后者将他"整本书中的"一切证据都奠基在"属人的权威（亚里士多德称之为ἀτέχυς πειδεις［原文如此］，'不巧妙的证据'）之上"。① 惠特吉弗特回答说，他"总是非常敬重博学之士的判断和意见"，而且乐于将自己的学问交给他人的高见来评判。他继续写道：

> 作为异教哲人，亚里士多德是这么评说那些渎神的学问（profane sciences）的：它们的基础不是权威，而是自然与人的理性。然而，我们信奉的知识具有另外一种性质，因为它奠基于权威，无论存在什么与之相悖的理由［理性］，我们都因权威的缘故而相信它……因此，在此问题上言简意赅地回答你：我认为在关乎神圣事物的那些问题上，"权威"是最好的理由，无论它是来自《圣经》本身，还是属于那些为《圣经》提供了正确解释的博学之士。（《著作集》，第1册，页435）

惠特吉弗特将人的理性从教会事务中排除了出去，转而信奉解释《圣经》的博学之士的权威。他对权威的盲目信仰和对权威合理性的不闻不问，使他遭到了卡特莱特进一步的贬斥。尽管胡克未曾表示他并不赞成惠特吉弗特的退让，但在回应卡特莱特时，胡克对权威合理性的强调，表明他已经意识到了惠特吉弗特

---

① 卡特莱特语，引自惠特吉弗特《著作集》，第1册，页427。

的不足之处。

惠特吉弗特在第3册中的章节为卡特莱特带来了极大的困扰，以至于后者对依托于博学之士权威的一切确证发起了更加咄咄逼人的攻击。而卡特莱特在《第二篇答复》中的滔滔雄辩也促使胡克在卷2，章7中做出回应。卡特莱特确信，人的理性在上帝的事务中只具备微不足道的力量，在《圣经》之外，不存在任何权威，即便是那些被恰当声张的"在多数情况下仅由权威和人的信誉高举着的东西……也不能给基督徒的良知带来任何倚靠"（《第二篇答复》，页20）。卡特莱特准确地指出，惠特吉弗特"给一两个人的权威赋予了如此重大的分量，以至于他认为这是他能提供的最佳证明，并将摧毁他对手的抗辩"（《第二篇答复》，页22），这种诉诸权威的方式，恰恰是惠特吉福特乃至胡克之外的其他辩护者偏爱的方式。不出意外，卡特莱特在贬责惠特吉弗特时回到了《圣经》权威的问题："他应该理解，［《圣经》］解释的正确性并不取决于人的权威，也不依赖对它做出这番解释的虔敬博学之人，而在于解释本身要与经文整体彼此吻合。"（《第二篇答复》，页22）

正如我所表明的，章7直接立足于《第二篇答复》较前章节中卡特莱特驳斥惠特吉弗特的论点。卡特莱特谈到，自己更喜欢那些依据理性、而不是仰仗权威的论证："没有权威的理性是好的，没有理性的权威一文不值——正如此话所言，那些依据理性的论证要胜过仰仗权威的观点。"（《第二篇答复》，页20）我们可以较有把握地坚持说：正是卡特莱特，为胡克指明了回应长老派的方向。卡特莱特暗示，他可以接受依据理性的论证，同时他也拒绝和英格兰教会决裂——这也许导致胡克抛弃了诉诸权威的经典方式，并尽量避免单纯引用博学之士的观点。无论如何，胡克的确致力于权威这一根本问题，自惠特吉弗特的著述以来，这个难题始终没能得到解决。之所以卡特莱特直接从《圣经》着手的解决方案始终没有受到质疑，是因为惠特吉弗特的追随者们（尤其是布里奇斯［John Bridges］）仍旧以大量征引博学之士的方式"证明"自己的观点。

胡克对卡特莱特的回应十分冗长，请允许我仅撷取其要点着重说明。既然就设计政治体而言，上帝之言并没有给人们带来任何绝对可靠的证据，那么或然性的信念就必须作为政治体的基础，同时，具有理性的人们应当将它视作神圣许可的确证接受下来。卡特莱特主张，自足的《圣经》不依赖于属人的权威或见证，因此《圣经》和释经者可以分离开来，但胡克绝不可能分离二者。在卷1考察圣书的目的时，胡克就强调：为了建立一个政治体，《圣经》必须始终得到解释。而卡特莱特和特拉弗斯这类释经者从《圣经》中推演出长老派的戒律，恰恰证明，相比于那些在《圣经》之外（extrascriptural）取用论点、支持既有政治体的释经者，他们的释经技艺还不够精湛。

因此，"博学之士的判断和意见"必须总是得到遵从。但在解释这条伊丽莎白时代辩护文章的基本准则时，胡克至少在三个要点上超越了惠特吉弗特。首先，他考虑了如何识别最好的"判断和意见"的问题。其次，他分析了此类意见的基础。最后，他还提供了一套论证，证明建立在这一基础之上的政治体有可能反映出上帝的意志。

胡克使教会和《圣经》只在与政治体有关的事务上依靠属人的见证，这让他得以将讨论限制在"人的评价与褒赞"的范围之内。胡克的策略是提醒他的读者，真理是在不同层次的确定性中得到把握的，人的权威只能"在公道所要求的范围内"伸张，"它的触角伸不到更远的地方"（卷2，章7，节6）。属人意见的权力则有"某种力量和分量""某种价值""一定程度的可信性"，戴有"某种信誉的头衔"。胡克总结道："因此我们无法相信，上帝的意志竟会叫我们拒斥属人的权威，将其视若无物。"（卷2，章7，节8）理性的权威已经表明，英格兰政治体一定比新兴的日内瓦体制具有更大的可信性，因为支撑英格兰政府的，不是"单薄的无根之论"，而是"那些世上最博学的神学家"。

既然胡克的主张并非强词夺理，引起他关切的也不是异教徒，而是博学的神学家——即那些教会"最重要的支柱"，可以想见，卡特莱特的观点造成的影响，乃至他的自相矛盾，都使胡克感到由衷困扰。尤其令他愤怒的，是卡特莱特在理性的异教徒与虔信的基督徒、属人的科学与神圣事务之间捏造的二分。胡克通过论证真理的多种来源来节制卡特莱特的极端主义——这些来源，包括人的判断、从证明中得来的真理、上帝之口。他提醒自己的读者：即使在神圣事务中，也存在"一些事情，我们可以合法地予以怀疑，悬置我们的判断"（卷2，章7，节5）。同时，胡克认为：还存在一些事物，从中"看不出任何可以证明它的东西"。胡克坚信，博学的神学家们的意见具备一个理性的基础，他希望这些意见最终能被自己的读者接受。而它们之所以得到人们的接纳，并不是因为它们都和朱厄尔、惠特吉弗特、布里奇斯提出的见解一样，既传统又隶属于既有建制，而是因为，它们在根本上都具有理性的品质。对政治体的事务而言，理性的意见与《圣经》一样强大有力，正如胡克所言："如果所有人的普遍信念无不如此看待一件事"，那么善或真就已经被发现了（卷1，章8，节3）。

但胡克明白，自己的任务远不止是为属人判断的正当性推导出一个基础。既然清教徒如此饱受良心的煎熬，他就必须令人信服地论证：自然与理性，同《圣经》一样，都是确证的来源。在关于争论这一活动本身的诸多问题上，胡克坚持认为，"属人的见证将成为万无一失的确证的基础"（卷2，章7，节3）——这尤其适用于关于可见教会的政治体的争论，所有人都同意，这种争论不如教会的教义来得重要。于是，为基督徒陷入黑暗的良心带来光明的就不仅是《圣经》，还有理性和富有学识的意见，但后者必须在"最具或然性"的论证中才能展现自身。所有通过理性论证和可信的劝导得到证明的东西，良心都能将其作为正当之物接受下来。"最终，我们的良心在所有事物上都得到了最好的解答，当我们的良心在劝导的根基能够承载的范围内得到劝服，上帝与自然也就以最宜人的方式获得了安顿。"（卷2，章7，节5）

通过回应卡特莱特的《第二篇答复》，胡克希望自己能劝服长老派相信：人的判断是一种适用于教会政治体的神授权威，它并不一定与信仰彼此冲突。他回应卡特莱特的方式与其前辈的论战目标紧密联系在一起。他若要为教会的和平做出卓著贡献，就不可能坐视惠特吉弗特的答复一如既往、残缺不全，也不会允许卡特莱特的批判逃过自己的检验。在卷2的每一章里，胡克都是咄咄逼人的，尽管在他的笔下，那些普遍化的言说、概括性的定义，那种对类比的驾轻就熟、乃至那温暖而耐心的语气，都是那样令人钦慕，但我们不能忽视一个事实：胡克正处于唇枪舌剑的论战之中。我们应该可以看清：正是卡特莱特的《第二篇答复》

决定了胡克著述的主题、焦点与重心。惠特吉弗特的《辩护》与卡特莱特的两篇《答复》，是胡克首要考察的原始资料。起初，卷2建立在惠特吉弗特著作第2册的一小部分内容之上，继而，它详尽地回应了卡特莱特《第二篇答复》责难惠特吉弗特的部分。其中，卡特莱特还抨击了理性和属人的见证。虽然完全将胡克视作一位好辩之士可能过于简单化，但以下这一点却是千真万确的：在胡克笔下，那些充斥着阐释、概括和定义的段落，虽然看似与论辩口吻和论战的目标相去甚远，却明显是引发自卡特莱特对《第二篇答复》内容的扩充。

认识到胡克如何对照卡特莱特的著作构建自己的论证，或将影响我们对这位辩护者意图的理解，乃至我们对《法则》未完成的最后几卷的揣度。既然胡克的词锋从一开始就指向《第二篇答复》，那么对《法则》每一卷的研究，就都必须对照惠特吉弗特—卡特莱特之争来进行。唯有确立了胡克的原初观点，我们才能评估在他的写作中或将出现的演变，乃至胡克转变其意图的可能性。有一点似乎已经清楚了：我们再也不能延续那个由克雷格（Hardin Craig）[①] 首次挑明的主张，将胡克最初的对手视作特拉弗斯，认为胡克是在两位外行合作者桑迪斯（Edwin Sandys）和克兰默（George Cranmer）的压力下才修订了《法则》，并在卷4以后的章节中将论战的矛头转向卡特莱特。[②] 而希尔（Speed

---

[①] 克雷格写道："就卡特莱特是将《圣经》作为唯一的教会权威、展开他对《圣经》的辩护而言，胡克无疑是想到了卡特莱特，但在前四卷中，胡克却很少提及他……"见《胡克的〈法则〉：最初形态》，前揭，页102–103。

[②] 在《胡克〈法则〉的演变》中，希尔延续并发挥了克雷格的论证思路。

Hill）则削弱了前几卷的论战性质，强调论争只是胡克的原初概念发生变化的结果。然而，相信胡克起初"对当时的争论并没有什么深厚的兴趣"，① 认为《法则》中的所谓修正"无异于重写了这部著作的后半部分"，② 也许是一个错误。尤为重要的是，克雷格和希尔修正理论建立在一套并不准确的预设之上，它涉及胡克回应的对象是谁、胡克的原初意图是什么。既然从一开始，胡克的整部论著就处于伊丽莎白时代的宗教论战传统之中，那么在《法则》据称是经过修正的后几卷里，胡克的策略或许不会从本质上背离我从卷 2 中发现的模式。显然，我们需要一种更为详尽的、针对《法则》每一卷目的评注——一种能够厘定胡克的论战性、辨明其如何化用惠特吉弗特—卡特莱特之争素材的评注。

---

① Craig，《胡克的〈法则〉：最初形态》，前揭，页 104。
② Hill，《胡克〈法则〉的演变》，前揭，页 134。

胡克《教会政治体法则》的一贯性

麦克格雷德（Arthur S. McGrade） 著

姚啸宇 译

在留下鸿篇巨著的诸多作者中，很少有人能像胡克那样直截了当地指明自己全部努力的要点，也只有少数人曾和他一样，清楚地指明得出这一要点的方法，更不曾有人像他那样明确地表达过一种关切，认为自己的作品应当忠于真理，而非作品自身的编造。但在当前的学界看来，胡克的声明和关切是苍白无力的：根据一些晚近学者的判断，《论教会政治体的法则》存在严重的前后矛盾，它起初旨在捍卫西方传统最卓越的宗教和智识价值，却以世俗主义、实证主义或一种过度的理性主义告终。而本文则旨在提出这样一种论点：一贯性不仅体现在《法则》之中，更是《法则》最伟大的价值。为了捍卫这一论点，我将分析《法则》最后三卷，正是这三卷文本，招致了学者们对《法则》不一贯性最严厉的指控。

总体而言，我们可以主张，胡克致力于捍卫一种对基督教的非常"公共的"阐释，并以此抗衡两类针对他的攻讦。一种攻讦认为，胡克为了尘世的缘故更改了宗教的本性，另外一种则指责胡克为了宗教而忽视了尘世的需求。如今，我们时常宣称要保卫种种"精神的"价值，但同时，我们也始终竭力让我们的政治独立于我们对这些价值的献身；另一种当下的立场尽管将现实视为一个必然的物质进程，却仍自觉地借助对终极真理的构想来指引自身的行动，可我们同样不愿以政治的方式将这些构想强加于人。尽管在我们的时代，伊丽莎白时代的安立甘宗、16世纪的马基雅维利主义、卡特莱特（Thomas Cartwright）与特拉弗斯（Walter Travers）的清教主义并未以本来面目重现，但他们的冲突为胡克提出的种种问题，至今依旧横亘在我们的面前。如果卷8对王权在宗教事务中的至高地位的辩护确实和《法则》早先关于"基督教自然法"的篇章融贯无碍，那么在反思当下冲突的时候，无论在意识形态层面还是政治层面上，胡克或许都将是一位良师益友。本文就旨在为这些问题的哲学思考，提供一种历史层面的预备知识。

"在它的第一部分"，特洛尔奇（Troeltsch）写道，《法则》是"理性化的基督教自然法的一个缩影"。但在"第二部分"，它就"被扭转为一种君主制的理论，其中，君主制是人民意志的表达，用以支持这一理论的，还有教会的服从"。① 而那些发现胡克自相矛盾的学者共同的倾向，就是在《法则》创作的时间进程中放大这一缺陷。据他们所言，《法则》中较晚写成的几卷，尤其是卷8，采取了一种与先前几卷（始终受到胡克偏爱）的写作原则截然不同的立场。而在这一差异的性质问题上，他们之间又存在着令人迷惑的分歧，一些评论者认为，胡克从一种政治的理性

---

① Ernst Troeltsch，《基督教会及其社团的社会学说（四卷本）》（*The Social Teaching of the Christian Churches*, 2 vols., Olive Wyon, trans., London, 1931），第二卷，页537。没有迹象表明特洛尔奇自己曾对《法则》做过任何广泛的一手研究。

主义走向了极端的实证主义,其他人则主张,胡克的思想起于对信仰领域的一种正统式的尊崇,却终于一种普遍的理性主义。对于这一转变,学术阵营双方的代表都曾用一种更有具体感的术语加以表述:从阿奎那迈向帕多瓦。①

借助著作的文献史,显见于明智的胡克笔下的诸多不一致,往往更容易被我们视作是一系列基础性的矛盾。尽管我们再也无权假设,《法则》最后几卷的手稿在胡克去世时遭到了清教徒蓄意的毁坏,② 但事实上,胡克确实是一次性地发表了《法则》的前四卷,而讨论司铎、主教和国王权力的那几卷,则是在之后数年由其他人分开发表的。人们难免会感到,一些现代读者的假定多少应当归咎于《法则》后几卷那谜一般的气质——在这些读者看来,在卷6至卷8里,胡克并没有坚守他在前几卷中(至少是大多数时候)所捍卫的那个立场。

《法则》这部著作是被分成几个部分发表的。批评者们从中指出,后来的篇章和早先的篇章存在着不一致之处。确实,我们可以同意说:这部作品的各部分之间有着重要的差别,只不过,批评者们的假定是在《法则》的写作过程中,胡克(另一种言之

---

① [译注] 分别意指13世纪的神学家和经院哲学家托马斯·阿奎那(Thomas Aquinas)和14世纪的意大利政治思想家帕多瓦的马西利乌斯(Marsilius of Padua)。

② C. J. Sisson,《胡克先生明智的婚姻与〈教会政治体的法则〉的诞生》(*The Judicious Marriage of Mr. Hooker and the Birth of the Laws of Ecclesiastical Polity*, Cambridge, England, 1940);胡克的《教会政治体的法则(卷8)》(*The Laws of Ecclesiastical Polity, Book VIII*, edited with an introduction by R. A. Houk, New York, 1931);导论的第5章和第6章讨论了卷6至卷8的真实性问题。

有理的说法是他的编辑）曾改变他对一些重要问题的看法，而我们则不妨试着采用另一种假设，即：胡克意在令《法则》的各部分作为一个单一、融贯论证的不同环节发挥其作用。已经有人尝试过第一种可能的方向，而我们的分析则采取第二种假设。根据这一假设，我们应该对《法则》的每个部分做出阐释，这样一部著作，正是以这若干部分的形式发表出来，从而展现出一个完整立场的不同环节，而不是重申（甚或是糟糕地重申）一个早已在书中别处展露过其全部要义的立场。①

进一步具体地澄清这一假设，对我们很有助益。正是胡克本人指明的意图与方法，使我们能够准确地对这一假设加以界定。在序言中，他告诉清教徒，"这几卷论著的"目的，只是为了让他们明白一个道理："是某种重大的理由引导着我们遵从这片国土上的教会法律，并没有某种必然的东西，使你们必须指摘这些法律。"（序言，章7，节1）② 正是借助此处的强调，胡克完整地指明了他所定义的目标，这就意味着，我们应该注意这个目标，尤其要注意它在"必然的"理由和仅仅是"重大的"理由之间所作的区分。如果整部作品的要点既在于表明支持人们遵从英格兰宗教法律的后一类理由，也在于指出不存在反对这些法律的必然根据，我们就应当能预计到，在胡克的论证中，存在着某种不

---

① 在需要做出三分阐释的地方，批评者们却错误地对它进行了二分。《法则》是分成三部出版的，而不是两部分；卷5的特殊重要性——这一卷的篇幅比前面的几卷都要长，而且胡克是在1597年将它单独出版的——将在本文的结尾部分得到提示。

② Richard Hooker,《作品集（两卷本）》(*Works*, 2 vols., New York, 1844)，该版本是在 John Keble 的 1841 版之后发行的。

对称性：胡克既没有用必然性驳斥必然性，也未曾以上乘的（却是有条件的）理由反对上乘的（同样也是有条件的）理由。反之，尽管清教徒们从未将这些理由统称为必然理由，他仍力图将清教徒提出的上述两类理由，一并视作必然理由和约束清教徒的理由来处理。也许，胡克作品的结构将会反映出这一双重意图，他或许也能回答由这一区分自然引发出来的疑问：他所区分的两种理由，究竟具备一种什么样的关系？

在卷1指明其方法时，胡克进一步为把握《法则》的原理提供了宝贵的指引：

> 在整个论述中，我都竭力使前面的部分为之后的内容提供支持，让后来的部分呼应之前的论说。所以，当人们刚开始接触到那些更加普遍的沉思时，如果他们能悬置自己的判断，直到他们仔细考察了后面的部分，那么一开始显得晦暗模糊的内容就会变得清晰起来，甚至在读过其他部分之后，后来篇章中关于特殊问题的论断，也无疑将强有力地显现在他们面前。（卷1，章1，节2）

在这段文字中，胡克指出了三点值得注意的内容：（1）早先的篇章意在支撑后来的章节，反过来，它也因后者而得到了澄清；（2）前面的篇章首先处理普遍的问题，而后来的部分则关注特殊的问题；（3）早先的篇章将作为"沉思"（meditations）而存在，之后的章节则包括了"论断"（decisions）的内容。从这些对比中看，并由此论述进一步展开分析，我们可以猜想，《法则》的各个部分不仅在功能和范围上是不同的，而且，它们强调的分别是思辨性的洞见和实践性的判断,二者也是相互对立的。本文的论点在于,正是由于人们未能准确地描述这些差异,同时也没能注意到胡克双重意图的预设和后果,《法则》才遭到了严重的误解——他们完全没能看到《法则》的一以贯之,而这种一贯性,恰恰是这部作品最大的优点。

正是在《法则》八卷的最后一卷中,胡克捍卫了英格兰王权对英格兰教会人员和教会事务的至高地位,捍卫了被胡克称为"教会统治权"(dominion ecclesiastical)的权力。胡克认为,国家首脑拥有此类权力,这并不是什么非同寻常的道理,对此,我们先前引述的特洛尔奇的指控已经表达了某种反感。最近一位在卷8中看到政治权力之飞扬跋扈的批评者是克尔尼(H. F. Kearney)。[①] 从奥克肖特(Oakeshott)教授对西方政治思想中理性传统和意志传统的区分出发,他断定,胡克的思想是"一种强调权威、几近于灭除理性的政治理论"。我们还要在后面处理另外一种看法,这种观点认为,胡克恰恰是以牺牲信仰的代价,拔高了理性的地位。胡克异常独特之处在于,他同时因为不够理性主义和过于理性主义而遭受严厉的批判。而我们眼下关心的正是其中第一种控诉。

在克尔尼看来,虽然胡克(在早先的篇章中)在开始著述时仍然相信法就是理性,但到全书结尾处,他"即便没有明说,也已经隐晦地告诉我们:法是王权的意志,是难以伪造、耳目可证的'公共理性'的声音"。到了这一步,在克尔尼笔下,卷8的

[①] H. F. Kearney,《胡克:一个重构》("Richard Hooker: A Reconstruction"),见 Cambridge Journal, 1952, Vol. V, No. 5, 页300-311。

论述已经与那个将霍布斯引向如下结论的思想线索等同了起来："尘世的统治和属灵的统治这两个语词之所以被人引入世间，只是为了令人眼花缭乱、错认自己合法的主权者。"如果一种法律不符合《圣经》教义，甚或违背理性，人们是否能据此拒绝服从它呢？根据克尔尼的说法，无论胡克"回答得多么含糊踌躇，他的答案仍是否定的"。因为在胡克那里，国家的民政与宗教部分"无法做出区分"，因此，科尔尼进一步指出："如果人们没有理由不服从为了王国尘世利益而通过的法规，那么同样，他们也就没有理由拒绝服从第二部《划一法》。胡克从一开始就拒斥关于精神独立性的任何主张，借此，他摧毁了清教徒脚下的根基。"①

如果对卷 8 的这种解释是准确的，说明这一卷与《法则》前面部分之间的一贯性就将成为一个非常困难的任务。不过，即使是在为至高王权辩护时，胡克都清楚地指明了伴随以下三类事物存在的适当限制，它们分别是：（1）统治者对臣民的权力；（2）在创造政治规范时，人类（任何人）自由裁断的范围；（3）（实证的或其他类型的）人类理性为教会立法的能力限度。我们首先要处理一类指控，这类指控认为，卷 8 过度地把统治者的权威抬升到了臣民之上。即使胡克并不坚持认为，服从他人是公民的至高德性或法定秩序中的基本事实，他仍有可能错将完善的自由简单等同于服从由我们为自己制定的法律。而倘若君主制可以由此被说成是人民意志的表达，那么对君主制的进一步辩护也就不再必要了。因此，我们的第二步工作就是阐明（我们自己或其他人的）选择和理性选择的区分在胡克政治理论中的关键意义，同时表明，何以当这一区分出现在卷 8 中

---

① 同上，页 306。

时，其意义也丝毫不减。但在涉及属灵事务的问题上，我们可以说是已经超出了仅属理性的领域。因此，在我们的第三步工作中就有必要指明，胡克在处理宗教问题时，对宗教中非理性的和超理性的方面都给予了充分的承认。这项对卷8的最终辩护，将把我们引向《法则》在胡克去世之后出版的那些部分（卷6和卷7），我们会对其中的一些主要论点进行简要分析。最后，我们将尝试概述《法则》的后几卷内容在整部作品计划中的地位，从而表明，它们需要从胡克论证的初期阶段获得何种类型的支持，又以何种方式促成了政治中的双重"理性"概念。

根据胡克的构想，在理想状态下，至高的民政权威是整个社会的代表，它是整个政治体的一个部分，后者的目的在于整体的善，即共同善（common good）。胡克的遣词几乎没有丝毫踌躇，也毫不含混，这些言辞，表达了对理性与自然传统（tradition of Reason and Nature）的支持。胡克主张，既然适于各人的善好是共同善的一部分（只不过二者不能等同），那么"除了那推动特定的各人追逐其私利的东西，在所有的公共社会中，必然也存在一个普遍的推动者，它将［人们］引向共同的善，塑造各人的特殊利益，使之适于它自身。所有政府建立的目的都在于bonum publicum——那既普遍又共同的善。正是为了那个目的或目标，我们提出的统治权问题汇集到了同一个焦点之上"。①（着重为本

---

① 卷8的引文来自霍克（Houk）的版本（前揭）。但是在给出注释的时候，我既会指明引文在基布尔所划分的章节（除了霍克版之外，之后的所有版本都沿用了此体例）之中的位置，也会标出它在霍克版中的页码。我将在后面的这种注释前面加上一个H.。上面的这一段就引自卷8，章2，节18；H. 185f。

文作者所加）特殊利益的冲突不仅发生在个人之间，也爆发于阶层之间。如果允许某一个阶层为所有人立法，我们将很容易看到，这对他人而言是多么不公。"和平与正义，是通过保护每个阶层的权利、使所有人的地位都如其所是处于均衡之中来维系的"，胡克继而指出，实现这一点的最佳方式就是让国王——"他们共同的家长，最能不偏不私地施予其恩惠者"——来掌握立法的最高统治权（卷8，章6，节8；H. 234）。

这些论证，相当传统地预设了"共同善""和平与正义"、各阶层的"权利"以及各人的"个别之善"（particular good），但其意涵又与那种传统法律秩序的旧习相去甚远。我们会看到，这些预设同样是胡克的预设。在克尔尼那里或显模糊的东西，现在变得清楚了起来：至少，胡克声称要捍卫的东西不是僭主制，而是君主制，是一个以共同善为目的，而非旨在维护统治者自身利益的政治秩序。

相比一种假设性的契约在霍布斯那里所产生的理论后果，在胡克笔下，王权对公共利益的代表，意义更为重大。清教徒抗议说，如果世俗官长成为他国土中的教会首脑，他也就不再是教会的一部分了（教会是基督的身体）。对于这种反对意见，胡克回应道："教会的主要部分［竟然］不是教会的一部分，这无疑是一个奇怪的结论。"胡克不厌其烦地重申，权力在本源上是寓居于国家的身体之中的。而由固定的若干人担任统治者的制度，并不像霍布斯所言，是一个先于法律的特殊律令，它本身就是由高于个别部分的整体所制定的政府法令："在一个集合体之中，如果权力的要位（the principality of power）尚未交由一个人或少数人来占据，整体就必然是高于每个部分的首脑……而创造首脑的权力则由占据首脑地位者掌握。"① 既然如此，当人们把权力集中到一个人或少数人手中时，就可以做出许多种宪制安排。在谈及国王时，仿佛"从人到万事万物，权力的无所不包，天生就寓居于国王的存在之中"，这种论调就错了。尔后，他继续引用亚里士多德关于各类君主政体的说法。国王权力的范围最初是由"国王和被统治者共同达成的一致与协定"确立起来的，厘定这一范围的是历史法学（historical jurisprudence），而非政治哲学（political philosophy），

> [是] 国王和被统治者之间诸多协定的条款，这些条款……不仅仅指最初协定的条款……还包括之后所有以自由自愿的方式俯就达成的协定：它们既可以通过明示的同意达成，让实定法为其见证；也可以通过默许的方式达成，不可追忆的习俗将令人们对这种默许心知肚明（卷8，章2，节11；H.176）。②

因此，胡克的契约理论中存在着一种具实性，它反映了一种预设：政府在本源上是许多共同决定的结果，人们在做出决定时已然处于彼此的社会联系中，并已在一个被全体承认的普遍利益共同体下联合在一起。千真万确的是，在胡克的学说中，权力可以从政治体的整体转移——如果在行动中而非在习惯中——到部

---

① 卷8，章4，节7；H.211、213，另参见卷8，章6，节1-3，8。
② 对胡克而言，不是所有的国王都是被他们臣民的同意和协议建立起来的。

分手中。其结果就是，国家可能因为不明智地让渡（grants）权力而使自己陷入困境。假如一国民众发现自己竟真的陷入了此种困境，胡克的建议是，那些掌握权力的人不应"顽固地"坚守一种明显违背公共善的安排。除此之外，他看不到别的救济之方：这类问题早在权力让渡之前就应当被考虑到了（卷8，章2，节10；H.175f）。在我们的时代，他的第一条建议似乎有些迂远，但如果我们假定正是一种社会秩序或利益共同体构成了法律与政治秩序的基础，那么胡克的说法就不会那么不可思议了。接下来我们就会看到，在将其答案的第二部分解释为纯粹的实证主义之前，我们必须先做出哪些限定。

认为政治领袖思考的唯一问题就是提升或维持他们自身的权力，这无疑是一个错误。这或许是源于对人性过于阴郁的理解，也有可能是因为过于直接地采用了某种抽象的理论，这种理论把"权力"当作其主要术语，在理论领域内，这样做也许并非毫无道理。然而，将现实的政治家与政客同苏格拉底的理想统治者混同起来，这和把他们与色拉叙马霍斯的"理想"权力技艺专家混同起来一样脱离实际。① 胡克对人性（甚至包括统治者）的弱点了然于心，他积极踊跃地赞成运用宪制、宗教和道德的防范之道来对付这些弱点。首要的防范之道，就是实定法。

胡克赞扬英格兰法律的第一点，就是英格兰有法律。正如阿契塔（Archytas）所言，公共福祉"最神圣"的四个层级是"国

---

① ［译注］色拉叙马霍斯是柏拉图对话《王制》中苏格拉底的主要论辩对手之一，他的主要观点参见《王制》336b-354c。

王依法统治、官员遵从国王、臣民拥有自由、整个社会都能享受幸福"。其中，每一阶段都是下一阶段的质料因（material cause）。在此意义上，胡克高度赞扬那些英格兰国家奠基者的智慧，因为尽管每个人和每种事业都服从于国王的权力，"但国王施于所有人之上、居于所有人之中的权力也是受到限制的，法律本身就是加于他所有活动之上的一种规则"。法律造就了国王，国王违背法律而批准的任何事情都是无效的，这些原则的确是英格兰实践过的各类君主制的"公理"（卷8，章2，节13；H. 178）。

根据胡克的原则，绝对君主制是一种可能的合法政体，而绝对君主是不会依法统治的，或者说，他只会依据自己制定的法律来统治。但如果我们认为胡克的政治概念只是建立在这种极端情形的基础之上，我们就严重地误解了它。尽管胡克无疑分有他那个时代典型的对于秩序的酷爱之情，倾向于认为坏政府比无政府好、恶法比无法好，但他从未将清晰性和连贯性视为政治联合体的唯一优点，也从未把二者当作实定法唯一的美德。权力的无所不包，不是每个统治者都必得享有的，绝对君主制总体上也不是一种可欲的宪制。公共善尤其依赖立法的权力，尽管所有得到善治的国家都是君主政体，但它们永远会留意，使国家"不至于卸除职守，而将这一权力一并交到随便什么人的手中"。胡克不仅赞许英格兰"有法"（the existence of law in England），也赞赏它直接的代表性来源。议会和教士会议是"本王国一切政府仰赖之根本"。在这里，胡克用"议会"一词囊括了国王和臣民的个人代表，但他明确肯定了如下事实，即他们共同分割了立法的权力，国王的那份权力主要是否决权（卷8，章6，节8；H. 233）。① 胡克在两处地方明确表达了他对辉格党式原则的赞成，亦即国王"尽管拥有比任何人都大的权力，但这种权力并不高于社会所有阶层的联合，国王们的权力正是后者赋予的"。②

因此，就政治权力及其制令（ordinances）取决于人的意志而言，它们取决于所有人的意志。触及所有人之事，必经所有人肯定，在胡克对至高王权的辩护中，很大一部分内容是为了表明：英格兰的王权既是国家身体（the body of the commonwealth）的居间代表，其专权（prerogative）也受到

---

① 而且胡克还写了一段话来反对红衣主教艾伦（Cardinal Allen）（卷8，章6，节11；H. 242）：

> 我们还没有忘记玛丽女王（Queen Mary）统治的那段日子，我们的王国使自己臣服在教皇尤利乌斯（Pope Julius）的使节脚下：当时，他们就像现在这个人一样被说服了，他们认为，议会针对教会事务制定的法律，和人们对天国中天使的等级秩序指手画脚一样没有效力。在他们心目中，上述类型的法令也许早已取消了，不仅如此，由于它们是无效的，它们就已经将自己废除了。他们要做的，不就是和红衣主教达成协议，用他们之前许下的诺言，换取自己的无罪吗？不就是将他们过去制定、赞成、施行的所有违背罗马主教最高权威的法律，都拿到现在的议会上废除吗？

当然，这段话的中心论题在于议会在精神事务上的管辖权，但如果胡克是一个极端的君主义者，那么他几乎不可能写下这样一段话，因为作为合法最高统治者的玛丽女王非常乐意与教皇使节合作。

② 卷8，章2，节3；H. 169；卷8，章2，节7；H. 172f。一位胡克研究者曾经猜测，正是胡克的宪制主义（constitutionalism）导致卷8不被允许在伊丽莎白治下公开发表，于是在胡克最后的时光里，他只能徒劳地试着令他的原则和女王的实践和谐一致。Peter Munz，《胡克在思想史上的位置》（*The Place of Hooker in the History of Thought*, London, 1952），页107及其后。

了充分的约束，约束它的，不仅有王国的实定法，还有国家在议会中的直接代表，后者在宪制内有举足轻重的作用。

不过，即便是所有人的意志，最终也仍然是意志，如果卷8在上述内容以外没有更多论述（或者说，除了前文谈到的东西，没有迹象表明我们能在《法则》的其他地方找到一些别的观点），那么我们仍只能将胡克归类为意志论者。毫无疑问，意志是胡克政治权力概念中的一个核心元素，但同样清楚的是，他认为那些建立起特定政治秩序的决定和由这一秩序的某些部分所做出的某些决定，与万事万物一样，都是在"法"的语境下作出来的，这些"法"独立于属人意志，换言之，它们是自然和上帝的"法"。与其开篇一样，胡克在其作品的结尾处，将人的意志在政治中发挥的作用视为一种根本、但又受限的作用。正因为卷8是在自然法和启示法（revealed law）设下的界限之内展开讨论的，所以这些必要的原则才没有被拿来处理讨论中产生的具体问题。尽管如此，他还是明确地提及了这一语境，而且他也在这一语境中对人的意志和理性的功能做出了一些总体解释。

以下是讨论这些主题的中心段落：

> 自然法和神法足以宣示……那分别属于各人的东西是什么，因为他的灵魂便是基督的配偶，它们是如此充足，无论上帝要求什么，它们都能清晰完整地向我们展现出来，指引必然的道路，并将我们引向永恒至福的境界。但是因为每个人都是和其他人一起共同生活在社会中的，并且属于教会外在的政治体，所以，尽管我们所说的自然法和《圣经》法也已经在这方面揭示了那些具有最大必然性的事情，但由于新的情形始终在产生，

关心人们灵魂的教会必须听从这种需要的指令,我们可以从而得出这样的结论:属人的法和制令有且一直将有巨大的用处,凭借论述的方式,它可以像结论一样从先于它的神法和自然法中演绎出来,并为那些原则服务。(卷8,章6,节5;H. 228f)

在这段话当中,有三点特别值得注意:(1)个人本身与属于人类社会的个人的区别;(2)必然之事和非必然之事的区分;(3)作为神圣法和自然法必然原则推论结果的属人法概念。第一点表明,个人而非团体,才是宗教的基础单位。如果自然法和《圣经》法"清晰完整地"展现了对一个人的得救而言的必要之事,那么理解这些法则的最终责任也将必然落实到个人自己的肩头。一个社会的宗教,取决于组成这个社会的人的宗教,而他们对那个宗教的献身,则必须被视作是先于他们"组成"一个社会的步骤。显然,在胡克关于罗马皈依基督教前后民政统治者宗教权威的讨论中,这样一条思路就潜藏在幕后。当罗马帝国的公民仍是异教徒时,他们的异教统治者有权对异教的人和事发号施令,而当"整个罗马"都皈依了基督教,胡克认为,也应当承认其基督教统治者在基督宗教的事务上具备类似的权威。① 假如一个人的宗教从根本上

---

① 卷8,章6,节6;H. 230;卷8,章6,节11;H. 244f。这显然与 cuius region, eius religio[教随国定]的原则直接相悖。[译注]"教随国定论"(Territorialism)是一种产生于宗教改革时期的教会体制理论,最初为1555年《奥格斯堡和约》所确立的原则,即神圣罗马帝国某一诸侯领地内的全体居民必须信奉由他们的统治者所确立的路德宗新教或罗马天主教。后为C·托马西马斯和J·H·伯姆尔发展成一种理论。认为世俗统治者有权管理他的领地内的教会事务,并且有责任制止任何破坏教会和平的行为。统治者本人不受教会法约束。在一定的地域内,只允许有一种宗教存在,这种理论与"修会自治说"相对立。

取决于他所属的社会，那么这一论证、包括它所依据的历史进程，就都将是荒诞不经的了。拯救的达成，既不是依靠服从某个尘世君主的命令，也不是凭借对民主投票结果或公共意见的遵从。

然而，人并不是孑然一身地活着。当他"与他人一起共同生活在社会之中"，个体得救的伦理就必须得到政治法则的补充。不过我们也应当注意，必然之法和不必然之法的区分，不能同个人与社会法则的区别相提并论。换言之，并非只有个人才受制于必然或绝对的规范，统治诸社会的规范也不只是属于随意的约定。自然和上帝"也已经在这［社会］方面揭示了那些具有最大必然性的事情"。但"新的情形"持续不断地产生，而社会"必须听从这种需要的指令"。在这里，同样存在着一种必然性，只不过它属于另一种类型：新兴的情势、特殊的情势，或将必然地要求我们遵循某些共同的行动规则，而我们却无法通过辨识它们的类同点（generic traits），具体地指出我们应当遵循什么样的规则。在这种情势下，当我们决定要做什么的时候，自然法和启示法会作为原则发挥作用，但也仅仅是作为原则而已。我们必须从这些原则出发，但要达到一个特定的实践性的结论，我们必须经由某种发散性的推论过程（discursive processes），而最终达至的结论就将按照"这种需要的指令"那样为情势注入秩序。

或许还应指出，在这里，发散性的推论并没有为必然性设置障碍，从必然的前提演绎出来的有效结论，其必然性并不弱于前提，尽管这种必然性是派生出来的，而前提的必然性则蕴含在其自身之中。但大致清楚的是，胡克在此处想到的那种推论，并不是在其推演的每一步中都包含了逻辑必然性。① 尽管他的确很想坚持，属人的法令必须与自然法和神圣法的必然规范保持某种理性的关联，尽管他一心想要表明，他的清教徒对手有义务服从王国的法律，但他从未将伊丽莎白女王及其议会的制令展现为自然与上帝的永恒法的必然后果，并借此混同上述两种目标。在卷8的其他地方，胡克对比了两类事物：其一是"设计和讨论"法律（获得其"质料"）所需的智慧和明辨，其二是"创立并造就法律"的普遍同意和统治权力（为它们赋予法律的"形式和效力"）。没有了同意，专家们对宗教事务的训令就会像医生对疾病的劝告一样，或许是有益于健康的告诫和指导，"但法律却永远都不能缺少整个教会的同意，因为这种同意是约束教会的每个成员、令他们接受法律指导的唯一的东西"（卷8，章6，节11；H. 243）。一方面，所有属人法的内容，都可以根据其内在合理性的这一方面加以评估，这一点，通过对智慧和明辨的讨论得到了展现，后者正是将属人法和自然法联系在一起的理性链条。另一方面，法律内容的合理性并不足以责成人们遵从每一条理应遵从的属人法（而且我们一定得永远铭记于心的是，有些属人法不该

---

① 我们必须承认，在这里，胡克没能成功地化用阿奎那曾提出的一个相关区分（《神学大全》，1 A II, Q. 95, A 2, Resp.; Q. 108, A 2），在《法则》卷1中，胡克曾保留了这一区分，并对其进行了些许修正。这一区分，指出了属人法从自然法中派生出来的两种模式：它们分别是演绎（deduction）的模式（因为它导出的是必然的结论，与理论科学中的推理类似）和决定（determination）的模式（表面上看，它可以与艺术家在特定质料中表现普遍形式的活动对应起来，这种活动，有可能发端于相同的形式，却导致各式各样的结果）。关于卷1对这一区分的发展，我将在本文之后的部分予以讨论。然而，这一文本所敦促的思考似乎已经充分表明，胡克的错误（如果真的有的话）至多也不过是遣词风格和技术层面的错误。

得到服从)，这一点，则又经由对同意的要求得到了阐发。

至此，合法形式与理性内容的区分无疑已经成为一把双刃剑：我们既可以凭它指出，仅凭某部属人法是法律这一点，并不能证明其自身的合理性；也可以用它主张，不论一条法律规定的行为合理与否，我们都有遵守它的义务（仅仅由于它具有法律的形式）。一定程度上，这两类结论都是源于上面这个区分。不过，凭借着之前在必然规范和非必然规范之间所做的区分，胡克同时为这两类结论的含义加上了限制。一方面，如果一条法律要求我们的服从，它至少应当具备最低程度的合理性，因为倘若它违背了自然法或神圣法一目了然的原则，人们就不再有遵守它的义务。另一方面，既然法律与秩序本身就是善的（因为"没有秩序，就没有公共社会中的生活"［卷8，章2，节2；H. 168]），我们应当遵从属人法，除非它触犯了必然规范——就是神圣法和自然法一条共同的诫命。①

胡克的第一个论点已经足够清晰，其主要例证就是早期基督徒的情况，他们有权不服从违背他们宗教的法律（但不能违反帝国的其他法律），因为这些法律与更高法则的绝对必然性相对立。而在胡克看来，他在《法则》中通篇辩护的诸多法律，也已经为他的第二个论点提供了充分的佐证。对卷8而言，最重要的例证当然就是那条将宗教至高权威授予"议会中的女王"的法律，亦即1593年的《至尊法案》。这条法律应对的"新的情形"正是关

---

① 关于自然法，见卷8，章2，节18；H. 184f。关于神圣法，参见基布尔版卷8的附录1，基布尔认为这部分是论述公民不服从的一段布道片段；霍克则把它放在了章6之中，在基布尔版中，它位于节9和节10之间；H. 239ff。亦参见卷8，章2，节2；H. 168。

于宗教改革的争论,这一情形似乎必然要求人们在英格兰的教会事务中采取某种统一的行动。《至尊法案》听从了需求的指令,但面对这一情形,无论是教会的本性还是一般意义上的政治联合体的本性,甚或是君主制的本性,都没有特别地或明确地将至高王权预先设定为一种潜在、合法的应对方略。

从一种现代的视角来看,胡克讨论属人法(尤其是那些管理宗教事务的法律)的精妙之处在于,他假设事关原则的问题可以方便地与另一些问题区分开来,后者的决定不涉及理性或上帝的"必然"诫命。我们怀疑,那些反对"异端邪说"的法律更多只是反映了立法者的偏见,而不是对自然或上帝清晰显白原则的洞见。而当一种意见遭到压制,其原因又不在于其严重的谬误,而仅仅是因为政府判断围绕它展开的争论将扰乱和平,我们又会猜疑,个人抱持己见这一基本而必要的权利正在遭受侵犯。

说到对异端的迫害,我们还能指出一点:胡克所捍卫的法律在这一问题上具有相对保守的特质。对异端的裁断,无需以女王或她指派的人员对信仰的解释为根据,相反,只有"那些先前已经依据《圣经》正典或前四次大公会议的权威被判为异端的论调,以及在其他大公会议上被前述《圣经》正典明言宣布为异端的论调,王国议会的高等法院可以在教士会议表示赞成的情况下,将其判作异端"。① 即便是有人希望将基督教奉为一种历史性的信仰,那些希望维持教义纯洁性的考虑似乎也是自然的,而卷8则假定人们可以在这一领域中客观地做出决定。于是,卷8就向《法则》早先的章节寻求支持,但根据我们的假设,这一举动本身是相当合理的。

---

① An 1. Reg. Eliz. 胡克对这一段的引用见卷8,章2,节2;H. 184。

关于异端的法律并不曾影响到胡克直接的论敌特拉弗斯和卡特莱特,不过,王权对某些观点的压制却殃及了他们。在国王看来,这些观点所争论的问题是次要的。他们二人时不时就会被禁止布道,惠特吉弗特(Whitgift)大主教也通过让特拉弗斯闭嘴的方式终结了他与胡克在圣殿教堂内部的论战。又一次,我们必须在结束我们的分析后再下最后的判断,不过在这里,我们仍应指出一个相当显见的事实:宗教论争在那个时代的确比在今天更容易扰乱公共和平,而且在当时,也没有人认为政府应当对此保持中立。

就理性传统与意志传统的对立这一问题而言,在卷 8 中,胡克似乎同时化用了这两种的核心要素。胡克确实将他处理的特定政治秩序视作一种源于意志的秩序,但这完全是因为在他看来,这个秩序命令责成的诸多常规惯例很早就已处在法律规定的可为之事(permissible behavior fixed by laws)的限制之中,这些法律,远远先于政治秩序自身做出的规定。在卷 8 中,胡克并没有隐瞒他的预设,在他看来,既有秩序维系保存的价值都是客观价值,尽管这一观点在本卷中没有得到充分的辩护,但我们还是找到了充足的证据,以证明在对胡克的总体立场做出判断之前,有必要先对《法则》较早的部分进行分析。

之前,在讨论卷 8 中的理性和意志的时候,我们对一个核心段落的评注似乎假定了,胡克关于教会权威的论述也可以应用到政治联合体之上。与之相关的是,我们同样将神圣法和自然法共同视作支撑属人法的必然原则。假如我们现在进一步补充这样一个事实,即胡克坚持教会和国家在英格兰是同一的,那么读者兴许会觉得我们虽然洗脱了胡克身上的意志论色彩,却以他的基督教信仰作为代价。基督徒无疑会坚持认为,那属灵又属世之物远比言辞更能混淆人们对自身合法主权者的理解，同样关键的是，在基督徒眼中，神圣法是超越了自然法的存在，信仰也超越了理性。接下来，我们必须处理一类论断，这种论断认为，我们在《法则》中"不可能区分"属灵之物和尘世之物。同样，我们还要处理特洛尔奇的评论，在他看来，胡克最终正是令教会屈从于国家。既然这类批评大多是由胡克主张英格兰教会与国家的同一性所引发的，那么我们就应该首先试着去理解这一主张对胡克意味着什么，以及他为什么要提出这样的主张。

> 我们说，对宗教的关心在所有的政治社会中都相当普遍，而那些信奉真宗教的社会之所以被赋予教会（the Church）之名，是为了与其他社会区分开来。因此，每个政治体都有某种宗教，但只有教会的宗教是真正的宗教。宗教的真实性是教会得以和其他人类政治社会区分开来的适当标志……所以对我们而言，教会的名称不过是意味着由人们组成的一个社会首先在某种公共的统治形式下联合起来，其次由于基督宗教在其中推行，得以和其他社会区别开来。在我们看来，这类社会里，没有哪个属于英格兰教会的个人，不同时是这个国家（commonwealth）①的成员的。同样，在这

---

① ［译注］在胡克的著作当中，常与"Church"（教会）对举的概念是"commonwealth"。胡克使用这个词一般是用来表示由国王所统治的整个政治共同体，它与教会承担不同的职能，但又无法与教会分离。但是，假如直接将其译为"政治共同体"，又显得过于宽泛，无法体现 commonwealth 在胡克的语境中与教会的区别（在胡克看来，教会也是一个"政治体"）。经过斟酌，本文译者认为将其翻译为"国家"更为妥帖，但是要提醒读者，注意胡克笔下的 commonwealth 与现代"国家"（state）概念的区别。

个国家里,也没有哪个成员是不属于英格兰教会的。这就像在一个三角形里,虽然底边的确和另外两条侧边不同,但这条边既是底边,也是侧边,成为侧边很容易,但假如它碰巧位于底部且构成其他部分的基础,那么它也就成了底边:所以,虽然是某一类性质和活动使一群人获得了国家的名称,又是另一类性质和功能赋予了他们教会之名,但这同样的一群人在这种情况下同时就是二者,这对我们而言也是如此:任何人只要属于两者之一,就无法否认自己同样是另者的成员。(卷8,章1,节2;H.155f)

这一点应该已经足够清楚:如果说胡克犯了什么错误,那种错误也是他将国家精神化了,而不是将宗教尘世化。他假定人们普遍地关心自己的灵魂,并且自然而然地把这种关切纳入他们彼此结成的联合体之中。诚然,如果我们在宗教上各持极端分歧的立场,我们仍有可能为了活着(life)这一共同目的联合起来,而不必同时为了宗教目的才联合在一起。这就是早期基督徒对他们的异教邻人采取的立场,在指出胡克宗教和政治概念中个体的首要性时,我们就已经提及了这一事实。不过,如果我们在宗教上确实是一致的,而国家的目的也不是活着,而是活得好(good life),那么为什么我们的政治联合体竟然可以忽略宗教的一致呢?有人会说,这是因为属灵之物与尘世之物是截然不同的。胡克同意这种说法,对《法则》一书而言,属灵与尘世的区分具有中心意义。胡克真正坚持的是这样一种观点:公民与圣徒在某些情况下可以是同样的一众人,而政治在其根本意义上关心的是众人的联合，而不是经济与神学抽象概念的理论关系。正如《法则》中最重要的区分是属灵和尘世的区分，这本著作最普遍的统一原则，也就是对具体人类个体的属灵关切和尘世关切之间的一致。这种一致性和这种差异性共同明见于卷8之中。①

政治关心各个具体的人（persons）的联合，他们兼备属灵和尘世的两种关切——这一论点不仅是胡克立场的根基，而且与广义上的政治哲学直接相关。属灵与尘世的差别，同公民与圣徒个人身份的差别一样，都对胡克的立场有基础性的意义，但既然这些差别是用独特的基督教术语表达出来的，它们与广义上的政治哲学的联系也就没有那么直接。当我们将胡克讨论主教和圣礼时的说法应用到其他语境中时，我们或者是需要将胡克眼中的关键之物放在一边，或者是至少在概念的层面上保留启示这一要素。这两条路径各有缺陷，或许，最明智的办法就是双管齐下。从历史的角度看，忽略胡克关于主教和圣礼的论述是站不住脚的，这尤其是因为对胡克关于前者言论的错误阐释，很大程度上要为目前对胡克整体立场的错误阐释负责。那么，现在我们就要用胡克自己的术语，阐明他关于属灵与尘世之立场的其他部分，并且我们承认，就其立场而言，这些术语并不适用于所有的宗教

---

① 卷8，章1，节4；H.158。亚里士多德，《政治学》，卷3，章6。亦参看卷8，章3，节2；H.189："一种严重的谬见认为，国王的权力应当服务于身体的善，而不是灵魂的善；服务于人在尘世间的和平，而不是其外部的（external）［原文如此，基布尔改为'永恒的'（eternal）］安宁：这仿佛是说，上帝安排各国君王的目的，仅仅是为了把人当成猪那样养肥，仅仅是为了让他们拥有一口自己的饲料。"

—政治情境。稍后，我们就能占据一个更有利的位置，以便我们处理将胡克的基督教政治理论推广到非基督教的其他语境的问题了。

当胡克为"教会首脑"（Head of the Church）这个被应用到女王身上的头衔辩护时，他通过多种方法，详尽地区分了那些可以（但不必）归于民政统治者的权力，以及基督对教会行使的首脑权威（headship）。这两种首脑权威在等级、限度和种类方面有所区别，而我们关心的则是"那最终、也是最重大的区别"。这种区别不仅存在于内在的统治（inward government）和外在的统治（external government）之间。的确，基督和上帝独自凭借着恩典，向着内心实施统治；同样真确的是，凡人只以可见的方式，外在地实施统治。承认这几点，就意味着承认了属灵之物的独立性，但这同样可能意味着承认了属灵之物与尘世之物毫不相干。而胡克关于人和基督教的概念，恰恰不会允许他做出这样的让步。其复杂之处在于，上帝的统治不仅是内在而无形的，有时候它又是外在而可见的。这是因为，基督不仅被认为是同体的道（consubstantial *logos*），他还是道的化身，以我们可感的方式向我们揭示上帝的言（卷8，章4，节6；H. 204f）。照此方式，上帝调遣起某些有形的人和物，并把它们当成恩典的手段来使用。和道成肉身一样，这些物与人的圣化是神对尘世的干预，其结果就是属灵领域的某种独立性，而胡克则不仅认识到、并且接受了这种独立性为政治带来的不便。

总体而言，对于上帝干预历史进程的观念，胡克是十分严肃地采纳了的，但也因此，这种接纳相当缺乏系统性。我这样说的意思是，他并没有进而预断神意或启示究竟是什么样的，也没有进一步坚称自己对这一问题的解释能够囊括相关的依据。因此，我们可以合情合理地提出一个问题：教会的统治权是否可以交给国王，或者是否可以（或必须）仍由罗马主教保留？此类问题，无法在一些关于属灵之物和尘世之物的普遍理论的基础上先验地决定下来。① 我们必须设法审查启示的依据，看一看上帝究竟说了什么，而不是坚称上帝必定说了什么。根据胡克对《圣经》的考察，国王不具备成为国王或教会首脑的任何直接性的神圣权利。在对他们至尊地位的神圣设立（institution）或禁止同时缺席的情况下，胡克论断说，上帝"准许"那些以适当方式建立起来的统治者的权力，但这种间接的批准，不能与直接的神圣委任混为一谈。

根据胡克对《圣经》的解读，与教会统治的权力相比，"圣秩"（order）的权力是由上帝直接建立的。也就是说，基督明确地建立起圣礼和用以进行管理的教士权力（卷8，章6，节3；H. 226；卷8，章4，节10；H. 217）。我们必须把建立（instituting）权力和授予（bestowing）权力区分开，同时也要分清楚以下两种情况，其一是将一种权力授予某些个人，其二则是事先规定了任何要掌握权力的人都必须满足的条件（卷8，章6，节3；H. 226）。通过这些区分，胡克得出结论：拣选人来行使圣秩权力的权利，并不在圣彼得的继承者手中，而是寓于教会的全体

---

① 卷8，章2，节5；H. 171；卷8，章6，节3；H. 226。亦参见卷8，章2，节18；H. 184ff 及卷8其他各处。胡克的确认为有很好的理由将这种权力和民政政府联系起来，同样也有理由认为民政政府是君主制的，但是这些理由不是必然的，也并非不可抗拒的，这一点无论怎么强调都不算过分。胡克既不主张国王的神圣权利，也不认为最高统治权一定是不可分割的。

(whole body)之内（卷8，章6，节3；H.226）。① 不过，选举的权利与恩典的馈赠大不相同，后者正是祝圣的本质所在（卷8，章7，节1-2；H.253）。圣秩权力的恩典是上帝独自给予的，而只有当上帝特别安排来为自己服务的人执行圣礼之时，圣礼才是获得恩典的途径。教会身体的权力与国王相连，尽管国王借助这一权力赐予主教属于其官职的世俗津贴（从而，王权在主教选举中获得了主宰性的发言权［卷8，章7，节3；H.255］，它得以进一步对低级牧师实施间接控制，因为后者的任命权掌握在主教手中），但正是主教们的属灵祝圣使主教"得以存在"（卷8，章7，节2；H.253）。就他们在圣礼方面的功能而言，主教（甚至包括这国家最低级的教士）都拥有国王所不具备的权力（卷8，章7，节1；H.253；卷8，章9，节4；H.285）。

与执掌圣礼的权力相伴的是将顽固的罪人排除在圣礼之外的权力；裁决权（power of jurisdiction）是一种与圣秩权力密不可分的权力。② 于是，国王是否能受教会劝惩的问题就此产生了，这正是《法则》最后一章处理的问题。胡克在这个难题上确实是犹

---

① 这里，使徒及其继承人存在某种区别："基督有时会亲自禁止他的教会将权力授予某些人，否则，教会可能就会如此授予于人。除了那些基督自己直接授权的人，其他的继任者并不是以他们的方式接受权力（基督将权力交给了他们每个个人）；但是后一种人从教会接受的权力确实也是基督在教会之中建立的，正是根据基督规定的种种法律和教规，以及自然或《圣经》之光的教导，人们才建立了这种权力。"

② 或者至少可以说它和主教的权力是密不可分的。试比较卷8，章8，节3；H.266："我们在教会事务上的法官不是常任的（ordinary），就是委任的：所谓常任的法官，就是我们称为普通司牧（Ordinaries）的那些人；而后一类人，根据王国的法律，只能由高阶教士来充任，他们行使职能的权力在他们自身之中，属于他们教会天职的本性。"（着重为本文作者所加）

豫不定的，但他从未试图掩盖这个事实。① 清教徒主张：国王应该被当作普通的教区居民来对待，他们应当服从教士的强制裁决，因为同样的错误在其他人那里都会招致惩罚——胡克极力反对这一观点，但一旦有人作为"不受命于人的至高号令者"（the highest uncommanded commander）、无需对尘世中的任何人负责，对于其中的危险，胡克也并非麻木不仁。他最终的看法似乎是针对极其例外的情形：对于那些极端恶名昭著的叛教者，每一位牧师都必须将他逐出教会，而每一位国王也都必须尊重这一禁令。②

属灵裁决权的问题显然要比我们在卷8中遭遇的问题更加宽泛。当基督教圣礼卷入可见的世界，其结果便是一个特殊的戒律体系渗透到了整个社会。在卷6中，胡克发现，在处理清教徒的特殊主张（清教徒代表他们的平信徒长老宣称具有属灵的权威）之前，他必须详细构建一种关于"忏悔（penance）的德性和戒律"的总体理论。这项关于忏悔的论述，正是这一卷其余部分为我们展现的所有内容。

圣秩权力是由各种各样的个体所占有的，正是这一事实，引出了卷6中关于裁决权的问题，也正是这一点使胡克没有在卷8中以一种单一僵硬的实证主义或理性主义结束全书。如何对掌握这一权力的人员所进行直接规制，则构成了卷7处理的问题。对

---

① 卷8，章6，节3；H. 226："我们不会裁断这个问题本身。每种看法的理由对我们都是敞开的，对明智的人而言，最好的办法就是去判断它们中的哪一个最有可能是正确的。我们的目的并不是要责难哪一种看法，当然，这并不包括那些改革者的意见；而对于其他的主张，我们更多只是探究考察，而不是对它们做出判决。"

② 卷8，章9，节5–6；H. 286–291。"最后的观点"很有可能是一种不恰当的说法，因为此处的文本未完成的程度很高。

胡克研究者而言，胡克为主教们做出的辩护一直以来是一个困难之源。他一度不怕自己"在这一点上大胆专横，在教会政府中，主教们的首次设立当然是源自天国、甚至是源于上帝，并且是圣灵造就了它"。（卷7，章5，节10）诸如此类的段落促使基布尔（John Keble）着手探究，胡克究竟是凭借何种权威来支撑他在使徒统绪（apostolic succession）问题上的立场的。但胡克在更多时候的主张却是：即便主教和大主教的职位只是人的建制，甚至这种建制纯粹只是为了回应一个不断壮大、愈发扩散的社会带来的行政问题，清教徒也应当承认其主教的权威。至于上帝是否许可主教权威的问题，则"无论是上帝通过他言语的启示来加以批准，还是我们在理性的著述中发现的它自身的好处，都足以表明，上帝许可［主教权威］的证据是充分的"。（卷7，章11，节10）在晚近主要的《法则》研究中，胡克在卷7中的立场被视作支持以下论点的关键证据："胡克……最终发展出了一种真正全能的理性概念……由此，［他］确立了人类理性对生活整体的完全自治。"① 作为一个整体，《法则》的确显露出了某种理性主义，但胡克的批评者意指的理性主义与卷7中胡克在主教问题上的立场却相去甚远。正是在这一点上，对胡克在基督教政治哲学独有问题立场上的误读，严重曲解了胡克关于理性在广义政治中地位的概念。

这种错误，在于从极其特殊的主张中提炼出一种普遍立场，胡克的特殊主张只是强调，无论主教这一建制是神圣建制还是属人建制，清教徒都应该服从他们的主教，而人们提炼出来的普遍

---

① Munz，《胡克在思想史上的位置》，前揭，页61及其后。

立场则是：是理性还是上帝对某事发出指令无关紧要。针对这一点，我们可以从卷8出发，加以澄清。我们应当回想一下胡克自始至终的假定：基督不仅拥有对教会的完全权威，而且在许多特定事务上，他还对教会发布了明确的指令。因此，只有在对可以用来说明基督意图的证据进行考察之后，人类决断的领域才能由它自身来决定。胡克发现了许多清晰的迹象，这些迹象表明正是基督建立了圣礼，并许诺如果它们被正确地执行，上帝就会赐予恩典，不仅如此，正是上帝建立了僧侣教团的职位或权力。由于上帝既没有规定圣礼执行的所有细节，也未曾告知我们教团的权力在教会的每个时代都应授予何人，因此，这些问题就必须由人来解决。除此之外，人们还必须为教会政府规置高阶官员，因为基督既不曾授予，也没有建立主教权力——或者说，至少我们并不清楚，他是否曾如此为之。① 上述的所有安排都是如此随势迁移，以至于我们很难从中找到一种"真正全能"的人的理性。因为，倘若理性果真具备这样的权能，那么胡克就没有必要在这一特殊问题上征求历史启迪的经验，从而支撑其主张的说服力了。

通过回顾胡克为政治理性和意志设下的限制，指出胡克在政治中看到的必然"原因"和非必然"原因"之间的相互作用，并且在《法则》的其他部分，指明胡克为支撑其在《法则》终篇捍卫的权力理论所区分的两类裁决权，我们可以对《法则》最后几卷的分析做一个总结了。在思考政治权威的本性时，我们发现，胡克为统治者的意志赋予了一种明确而具体的衍生品质。他也很

---

① 似乎这种对胡克立场的评价能得到作为卷7整体的最恰当的支持。当然，在胡克的原则这个问题上，总有可能出现新的证据。

清楚地意识到,有必要用法律限制他们的权力。在将法本身视作人的深思熟虑和决断的产物时,我们发现,在胡克看来,法是要受到自然和上帝绝对规范的约束的。最后,在考虑人在宗教社会中的联合时,我们发现,胡克具体周详地设定了神圣法所施加的限制。正如特定情境里的社会和政治事实限制了人类统治者的权威,《圣经》——而不简单是关于上帝意图的学说——为所有教会的法律设立了界限。

所谓必然之物,就是无外于是(cannot be other than)的东西。只要是仍然存在选择的空间,就不存在必然之物。因此,卷6至卷8的要点就在于,在是否应当服从英格兰教会—国家的君主、议会和高级教士的问题上,清教徒并不具备任何正当的选择余地。如此看来,胡克似乎干脆是抛开了政治中必然和偶然的区别。但如果考察一下他为服从举出的理由,我们会发现这一区别对他仍然具备根本的重要性。其论证中的某些理由,是作为必然的理由被胡克提及的。对胡克而言,除了基督教,不存在任何得救的可靠方式。一切涉及排斥基督教的义务,都不可能是真实的。与基督教的拯救真理彼此一致(虽然并不蕴含这一真理),是所有我们出于良心而去捍卫的法律必然应有的特征。与之类似,正如对作为个体的人和联合体中的人而言,活着和活得好都与自然有关,与自然法和神圣法彼此一致,就成了一切政治义务的必要特质。此外,对于政治而言,这也是一个特定的必然理由,因为没有秩序就没有社会中的生活,指向无政府状态的训诫必然是邪恶的。这些理由,为某些特定的政治义务提供了充足的正当性,但其他的义务并未因此得到证成。换言之,必然理由和非必然理由的区别,并不单纯是普遍原则和特殊实践之间的差异。然而，至高王权既不被任何必然理由所禁止，也无法由林林总总的必然理由证成。总体上，我们可以指出的是，对胡克——即使是卷8的作者胡克而言，无论是人性还是国家的本性，抑或是上帝的法则，在它们之中，都不存在任何因素，要让所有类型的宗教权威都在社会的政治机构中获授权力。或许在某些情形下，准许这类人掌握这类权力的确是有利或合乎权宜的，但自然法或基督教的启示法从未对此提出过必然的要求。

尽管如此，服从对清教徒而言是一种道德要求，而不只是为了便利或仅仅是因为强力的威胁可以使之屈从。既然胡克用以支持这一要求的必然理由并不充分，我们就会面临这样一个问题：那些并非必然的理由，何以能支撑起一种道德要求的必然性呢？更精确地表述这一问题，将有助于我们马上解决这个困难。精确表述后的问题即是：如果在实现共同目的的诸手段之中存在若干个合理的选择，那么我们为什么必须选择某一种手段，而非另一种？唯一可能的答案就是，当且仅当我们真的选定了一种手段、而非另一种手段之际，我们才有义务遵循行动的恰当进程以实现某个我们认可的目的，而不是别的什么目的。正因为是选择本身的可能性向我们提出了这个问题，所以，也只有选择的事实能够解决这一困难。唯一能为清教徒的服从要求提供正当性的非必然理由，就是选择，他们本着良心，将这种选择视为己出。这些非必然的理由之所以是非必然的，仅仅因为它们是选择，也只有当清教徒把它们看作是自己的选择时，它们才会成为理由。由此，我们就需要一种政府的代表理论（representative theory）；需要关心英格兰政治和宗教生活的事实，既要关心过去的事实（以表明已经做出的选择），也要关心当下的事实（以表明目前情况下可以做出哪些选择)。胡克的部分意图是，将君主制作为"人民意志的表达"加以辩护，尽管这还很难说是其论证的全部精粹，但这的确是胡克意图中一个本质性的部分。

在卷6至卷8中，胡克提到了对人类理性与意志的若干种限制，但他并没有对其中的任何一种做出详尽的解释和论证。如果他在这里捍卫的权力结构并不会导致政治的或宗教上的不义，那么对这类权力做出限制的诸原则就必须被赋予更为完整的内容。我们没有理由假设胡克"最终发展出了"一种全能的人类理性或者一种具有实证主义意涵的公共理性，但倘若我们的手中只有卷6至卷8，那么在缺少一种完善的替代方案的情形下，这样的原则或许的确能够适用。举个例子，如果我们没有为"共同善"这一概念赋予独立的意义，那么政治联合的最终目标就无疑会由那些碰巧掌握权力的人们来定义。如果"基督教"未能获得自主的意涵，那么宗教本质部分与可变部分之间的区别，就会完全由最初只被安排应对后一部分的人们来规定。因此，胡克在卷6至卷8中吁请的东西，恰恰是他在卷1至卷4中已经准备好的东西，它们是前四卷中讨论的那些道德与宗教的不变原则，而这些不变之物的真相则在后面的篇章里清晰地呈现了出来。

但正如我们之前指出的那样，如果胡克对政教问题的卓见在于他认识到，精神和尘世的关切正是在构建共同体的具体个人身上达成了媾和，我们就可以期盼从他那里收获比关于自然法和神圣法的某种抽象讨论更多的教益。既然卷6至卷8处理的是具体问题，那我们就可以从这三卷的基本原理当中寻找一些具体的东西。尤其是，我们需要一些属于英格兰的东西，因为如果胡克的要求针对的是英格兰的清教徒，我们就必须考虑在英格兰发生了什么事情，人们又在英格兰做了什么事情。另一方面，卷 6 至卷 8 也需要《法则》之前部分的支持，而不是与之发生冲突。卷 1 至卷 4 提出的基督教理性自然法原则，确保了前四卷与最后几卷中的权力结构能够保持一种前后一致的联系，而这种联系恰恰是通过卷 5 实现的，它所关心的既不是神学原则，也不是教会权力，而是一个单一基督教共同体中恰当的宗教实践——这个共同体，正是英格兰教会。

在处理卷 6 至卷 8 时忽视胡克论证的其他内容，无疑是与我们之前分析的要点背道而驰。对前面几卷的用力探究，同样是必需的。我们必须假定，将卷 1 至卷 4、卷 5 以及后面的几卷放在一起思考，不仅能澄清胡克论证的整体性，还可能使我们看清另一些共同体之中的问题，这些共同体属于另一些时代，而且——如果它们坚持己见——完全可以抱持另一些信仰。

胡克论《圣经》、理性与"传统"

尼兰(David Neelands) 著

刘亦凡 译

在安立甘宗的自我理解中,诉诸《圣经》、理性和传统的三重权威是一种惯常立场。至少一百年以来,人们将胡克视为这一立场的首要源头。① 本文的目标首先是指出,安立甘宗神学可以通过思考胡克对《圣经》与理性关系的讨论,从中受益。② 由于在《圣经》和理性是如何联系在一起的问题上,安立甘宗并没有

---

① 如果可以用少数代表多数,我们不妨只提及下面几位作者。参见 Francis Paget,《第五书导言》(*Introduction to the fifth Book*, Oxford, 1899); Horton Davies,《英格兰的崇拜与神学:从克兰默到胡克,1534—1603》(*Worship and Theology in England from Cranmer to Hooker*, 1534—1603, Princeton University Press, 1970),页 xv; H. R. McAdoo,《安立甘宗的精神》(*The Spirit of Anglicanism*, London, 1965),页152。

② 在某种观点看来,胡克为《圣经》和理性的关系提出了一种不甚自洽、或不甚恰当的解释。针对这种看法的思考,参见 Peter Munz,《胡克在思想史中的位置》(*The Place of Hooker in the History of Thought*, London, 1952),页61-62; Gunnar Hillerdal,《胡克思想中的理性与启示》(*Reason and Revaltion in Richard Hooker*, Lund, 1962),页148-150。并参 Egil Grislis,《胡克论人的形象》["Hooker's Image of Man"],见 *Renaissance Papers 1963*, Durham, N.C., 1964),页82-83; W. David Neelands,《胡克的恩典神学》(*The Theology of Grace of Richard Hooker*, Th. D. diss., Trinity College, Toronto, 1988),页120-133。

一种单一、确定的解释,这暗示我们以某种独立的眼光分别考察这两者,甚或是赋予二者平等的地位。其次,本文将尝试对"传统"进行一番考察,这种考察的立足点是:在将胡克置于这个三元组合的发展之中时,我们要更谨慎一些。

一 《圣经》与理性:一个从托马斯主义出发处理二者关系的思路

1 《圣经》不会破坏自然,而是成全自然

在胡克看来,《圣经》和理性并不彼此冲突,因为二者都在上帝那里具有各自的源泉。二者的和谐在胡克笔下清晰可见,他不仅高度赞赏尘世智慧和异教哲学的价值,甚至在不少神学问题上,他也对法的合理性、自然整全性(integrity of nature)这类异教见解赞不绝口。

在16世纪,大多数英国神学作家并不羞于展现他们继承的人文主义传统,常常在自己的著作中自由地征引希腊与拉丁世界的异教作家。而胡克则更进一步,通过指出异教徒可以获得、也确实获得过"属灵"的知识,明确褒奖了征引异教权威的行为。"异教徒中明智而博学者"承认存在一个第一因,作为一名推动者(agent),它"在工作时遵循着一种最确切的秩序或法则"(《论教会政治体的法则》①卷1,章2,节3;1:59.33-60.4)。此处,胡克举出的范例包括荷马和斯多亚派哲人。他甚至指出,古人的预断有时只与真相差之毫厘,他们对天意(providence)

---

① [译注] 以下简称《法则》。

和命运的辨认就是一个例证（卷1，章3，节4；1：68.2-12）。

"异教徒们"（Painims）还曾经捕捉到天使的幻象（卷1，章4，节1；1：70.16-22）。并且，正如有人通过启示受到了上帝的指导，像柏拉图这样的人渴望通过知识和美德同上帝实现更大的一致。① 异教徒见证了"法"被铸入到世界的结构之中：赫西俄德（Hesiod）使忒弥斯（Themis，亦即 Jus，意为"法"或"正当"）成为天与地的女儿（卷1，章8，节5；1：86.21-23）。胡克还援引索福克勒斯（Sophocles）来阐明自己的主张：理性法则的一个标志就是，它们始终为人所知。②

胡克还有更为大胆的主张。在胡克看来，耶稣将"法"总结为"爱上帝"和"爱邻人如己"这两条关于慈爱（charity）的训诫，而这两条训诫正如其他"重大指令"（grand mandates）一样，已经"通过论道"（by discourse）被发现了。不仅如此，奠基于这两条法则之上的一切，都得到了自然的证实。"因此，凭以裁断我们行为的自然之途，就是理性的判决。"（卷1，章8，

---

① 卷1，章5，节3；1：73.32-74.6。尽管这些异教徒的哲学将他们指往超越多神论的方向，但他们从未真正摆脱受自然辖制的多神论，始终坚持一神论的，正是基督徒。见卷1，章3，节4；1：68.25-69.6。

② 卷1，章8，节9；1：90.6-11。胡克对《赫尔墨斯全集》（*Corpus Hermeticum*）的运用是一个有趣的例子。胡克对这部早期基督教伪书的真实性未置一词，便大量引用赫尔墨斯来证明自己的总体观点。对比序言，章3，节14；1：20.2-3、卷1，章2，节3；1：60.6-7、卷1，章6，节3；1：75.v、卷1，章11，节3；1：112.w、卷5，章72，节6；2：389脚注1、卷7，章24，节16；3：301.23-33和b。关于文艺复兴时期的赫尔墨斯主义，见 Wayne Shumaker，《文艺复兴时期的神秘学》（*The Occult Sciences in the Renaissance*，Berkeley：University of California Press，1972），页201-251，Shumaker 在本书第238-239页讨论了胡克。

节8；1：88.28－89.1）胡克正如阿奎那和其他教父们一样，一方面高度推崇古典的异教智慧，另一方面则认为启示同样必不可缺。这里，我们可以清楚地看到胡克的信念：理性在最好的人们手中（无论他们是不是基督徒）具有一种真实的价值，它以自然的方式帮助他们去发现那些同样在启示中被给予了的东西。①

法律是宗教改革时期的人们始终热议的一个主题。尤其是在加尔文之后，法律被认为具备三项功用。其中的两项功用着眼于等待末日审判（eschaton）的当下（time being）：在这个过渡的临时阶段，法律的第一项功用是教育，第二项功用是抑制罪恶。而"对于圣灵……早已在其心中生根并统治的信者来说"，无论是在当下，还是在将要来临的新王国中，法律的第三项功用都持久地与他们息息相关，且无需借助强制、就能自行发挥出来。② 加尔文这里的分析很大程度上依赖于《新约》和奥古斯丁，而胡克尽管在一定程度上承认法律的这三项功用，但在他的学说中，法律体系的组织却很少依赖加尔文的著述。③ 并且，虽然胡克关于法律的讨论与这些宗教改革时期的主题并不抵触，但他对法律的处

---

① John E. Booty 曾根据胡克在更"教义化"（doctrinal）的《法则》卷五中对古典作家的征引，列出过一份长长的清单。

② John Calvin，《基督教要义》（Institutes of the Christian Religion, ed. J. T. McNeill and trans. F. L. Battles, 2 vols., Philadelphia, 1960），2.7.6－15；1：354－64。

③ "法律不仅教导什么是善，而且享有善"（《法则》，卷1，章10，节7）；"除非假定人的意志总是从内心深处冥顽不化、好犯上作乱、对他天性中的神圣法则全无虔敬——简言之，就是假定人只不过有一个比野兽略好一点儿的、但也十分堕落的心灵，政治法则……是永无可能这样建立起来的"（《法则》，卷1，章10，节1；1：96.24－29）。关于胡克对人的堕落的看法，参见 Neelands，《胡克的恩典神学》，前揭，页160－171。

理却明显脱离了前者的问题域。胡克在写作中借力最多、并承认从中受惠的著述是阿奎那关于法律的论著。① 法律,不应像加尔文之后的改革者所想的那样,在历史性的当下中被视为消极之物,却在将临的末世又摇身一变为积极之物。在胡克看来,自始而终,法律主要都具备着积极的价值,这是极为合理,或者说理所应当的。首先,源出理性的法"不用借助超自然和神圣的启示,只需通过理性就可加以研究"(卷1,卷8,节9;1:90.5-6);反过来看,通过启示得到的东西是合乎理性的,宗教和美德也是合乎理性的,一些人却反其道而思之,认为宗教和美德"不过是人们用来描摹自己的东西"、是一些相对而武断的事物——这种想法是"野蛮的"。胡克的这一评论是对一种观点的间接挑战,这种观点认为,尘世的法律不过是一些任意武断之物,这种想法一经放大,就可能会将神圣的实定法也一并视作随意的约定(卷1,章10,节1;1:95.27-96.3)。胡克将这种观点归于清教徒,并指出那些宗教上的放荡派(Libertines)也很可能分享这种"实证主义"立场,但真相恰恰是"普遍的……自然法和《圣经》的道德法都在本质上属于同一种法"(卷3,章9,节2;1:

---

① 阿奎那,《神学大全》,1a2ae.90-108。胡克在卷1,章3,节1;1:64.s.1处引用了阿奎那,他忽略了后者对新旧两种法则的处理,并添加了一个论天使法的部分,这部分的讨论并不依赖阿奎那的著述。除此之外,胡克对"第二永恒法"的界定也并未借鉴阿奎那,而是更有可能源自阿奎那曾经参照的新柏拉图主义传统,后者对"太一"和"努斯"的区分,使第二永恒法可能成为"太一"的初级流溢。Lee W. Gibbs 认同 A. S. McGrade 的看法,指出后者的这一区分可能折射出经院传统中上帝的绝对权力(potentia absoluta)与有序权力(potentia ordinata)的区分。以上看法,或可彼此印证。

237.10-12)。

宗教改革之后，英格兰教会的其他作家都曾发覆过属人的实定法与《圣经》所颁法律之间的相似性。但在他们之中，似乎从未有人像胡克那样认为：无论是自然法还是实定法，所有的法律都来自上帝，并因此是理性和神圣的。① 而在胡克看来，运用《圣经》的例证支撑"哲学"论点并不是什么难事。这种看法显然超出了那个时代的圣经学观点，它立足于胡克自己的信念：《圣经》本身就展示了理性的道路，因此，诸如强制法、许可法和劝诫法的类型划分本身就可以在《圣经》中得到阐明（卷1，章8，节8；1：89.5-19）。胡克使用《提摩太前书》6:8 的经文，来印证亚里士多德的格言：幸福——而且是在此世的幸福——乃是人生的目的（卷1，章10，节2；1：97.3-10），而该隐和亚伯的故事则被他用来说明，有必要用法律抑制那种根深蒂固的恶意（卷1，章10，节3；1：98.5-9）。

在《法则》一书的序言中，胡克大胆地使用了一条自然原则来阐明一个属灵的难题：作为养成成熟判断的起点，个人的谨慎会（不恰当地）导致踌躇，它会使这些过分谨慎之人倾向于将一些无关紧要的（indifferent）事物视作一种罪恶（序言，章3，节1）。在第四卷中，这条普遍的心理原则也被用来支撑胡克的一个

---

① 从1586年起，布林格（Henry Bulinger）的著作《五十年》是供坎特伯雷教区尚无讲道资格的牧师阅读的权威文本。此书曾就属人法和《圣经》的和谐、相似做出过一种描述，但布林格并未像胡克那样为这种相似性做出富有实质内容的论证。《五十年》（*Decades*, 5 vols. In 4, ed. for the Parker Society by Thomas Harding, Cambridge, 1849—1852），3.8；2：280-281。

说法:"主观的信服"不是真理的标志。因此,在清教徒的错误立场背后,存在着一种混乱,它最终将会"与他们对英格兰教会秩序的'我以为'(Me thinketh)自相抵触"(卷4,章4,节2;1:286.4-5)。

胡克在回应《基督徒来信》(Christian Letter)时处理的一个重要主题,在《法则》一书的序言中已经出现:理性之人应当均衡把握主观的信念(subjective credence)与客观的可靠性(objective credibility)。这一点,在涉及理性和启示的两种事物上同样真确,因为理性与启示分有一个共同的神圣源泉,是"精神将人引入全部真理"的两种通途。理性是普遍地赋予全人类的,而启示则是赋予"少数人的",但理性行为的基本原则对这两种人而言没有分别(前言,章3,节10;1:17.15-27)。这个多少有些大胆的立场,与《一篇博学自如的布道辞:论拣选信仰的确定性和永久性》(A Learned and Comfortable Sermon of the Certaintie and Perpetuitie of Faith in the Elect)和胡克在《都柏林残篇》中对基督徒"确信"问题的争议性处理有着密切的关系。①

---

① 参见《布道辞》,1;《福尔杰版胡克著作集》(The Folger Library Edition of the Works of Richard Hooker, Harvard, 1977),5:69.24-79.6。在《都柏林残篇》中,关于"确信"(assurance)的第六篇兰伯斯论文充斥着沉默。关于胡克对确证和担保的看法,参见 Neelands,《理查德·胡克的恩典神学》(The Theology of Grace of Richard Hooker, Th. D. diss., Trinity College, Toronto, 1988),页185-201,页223;以及 Egil Grislis,"胡克论确信"("Hooker on Assurance"),收于 Stephen McGrade 所编文集《胡克与基督教共同体的构建》(Richard Hooker and the Construction of Christian Community, Medieval & Renaissance Texts & Studies, vol. 165, 1997)。

在胡克看来，人性具备一种自然的完整性：通过知识，它能够（在恩典的帮助下）证成自身的荣耀（glory）。起初，人这种存在物不具备知识，它逐渐朝向关于上帝的整全知识前进，这种知识，正如天使具备的知识（卷1，章6，节1；1：74.20-25）。尽管人性与更低级的生命分享了各种官能，但是相比于动物和植物，"人的灵魂……能够企及一种更加神圣的完满"，因为人具备理智功能（intellectual capacity）（卷1，章6，节3；1：75.16-20）。这是一条漫长的路——在这一点上，拉姆斯（Ramus）① 的看法相当幼稚，远不如亚里士多德来得可靠，后者看到：人类理智，需要在漫长的进程中"经由真正的技艺和学问的正确引导"（卷1，章6，节3；1：75.27-76.3）。而步入学习判断"是非善恶"（卷1，章6，节5；1：76.23）的自然进程，就是走上了通往关于上帝的知识的道路，正是在这一点上，那种关于美德的（显然是尘世的）知识与关于上帝的至福知识（blissful knowledge）之间存在着一种真实的连续性。

在胡克的著作中，恩典与自然、《圣经》与理性的系统性和谐是显而易见的，这也将他同阿奎那以及中世纪传统中的一部分联系在了一起，这种传统拒斥诸如布拉班的西格尔（Siger of Brabant）和波埃修斯（Boethius）等13世纪哲学家的观点，他们认为，存在"两种真理"，其一来自理性，其二源自信仰，二者

---

① ［译注］此处指的是帕图斯·拉姆斯（Petrus Ramus，1515—1572），16世纪较有影响力的法国人文主义哲学家、逻辑学家、教育改革者，于1561年皈依新教。他以直言不讳批判支配当时大学的亚里士多德主义哲学而闻名，尽管如此，他仍然赞成"真正的亚里士多德"学说，并指责古代的和中世纪的注疏家曲解了亚里士多德的原始意图。

互不侵扰，因为它们之间并不存在真实的关联。① 而在阿奎那和胡克看来，这绝无可能，因为上帝是自然和恩典的源泉，上帝的智慧是《圣经》的源泉，正如它是人类理性的源泉。

不过，胡克与阿奎那共享的观点还远不止是对自然与恩典、理性和《圣经》之间和谐的确信。对他们而言，神恩不会破坏自然，而是成全自然；《圣经》不会抹杀理性，而是成全理性。②"超自然的禀赋（endowments）是一种提升，不会消灭自然，因为这些禀赋恰恰是被授予给了自然。"③ 恩典是存在于我们之内的荣耀之端。对于自然和荣耀的关系，阿奎那也提出过同样的模

---

① James Weisheipl，《修士托马斯·阿奎那》（*Friar Thomas D'Aquino*，Garden City, N. Y.：Doubleday，1974），页274－275。对比"现在没有真理能够与任何真理彼此抵触"（《法则》卷2，章7，节7；1：183.31），并参见序言，章3，节10；1.17.10－23。

② 阿奎那《神学大全》I.1.8。尽管英国的宗教改革家从未否认过阿奎那的这一观点，但他们立场的其他要素注定与这一观点格格不入。我们可以将阿奎那的观点与加尔文进行对比："［对加尔文而言］上帝不与自然协同。通过抹去自然，他凭借一个全新的意志取代了自然。上帝不会协助已在自然中的意志，他从自然之外给予了人类一个全新的意志。被上帝'牢固'的，绝对不是自然、肉体或意志，因为信仰的转变意味着一个全新的意志，而我们的自然意志则是被'抹去'、受到了弃绝。"参见 R. T. Kendall，《加尔文与1649年之前的英国加尔文主义》（*Calvin and English Calvinism to 1649*，Oxford University Press，1979），页21。加尔文引用了《以西结书》11：19和36：26"除掉'石心'、代之以'肉心'"两节，见《基督教要义》，卷2，章3，节6；1：297。加尔文引用的这段文本以及他的这一思想，在1553年写就的《四十二条信纲》（*Forty-two Articles*）第10条"论恩典"中也有表述，而这条信纲在《三十九条信纲》中则被略去。

③ 《法则》卷5，章55，节6；2；230.28－29。在《都柏林残篇》中，胡克从伪狄奥尼索斯（Pseudo-Dionysius）那里引用了其中一个版本的原则："因为破坏自然不是神恩的工作"，参见《都柏林残篇》，13；4；113.12－13。

式:"荣耀成全自然,而不废除自然。"① 胡克经常运用恩典成全自然的观点,在某些地方,他还不失清晰地将它延伸为一个更强的论点:荣耀本身就是自然的完满成全。② 恩典或荣耀成全自然、而不破坏自然——这一看法贯穿于胡克的作品之中。"上帝自己见证的证据,加于理性的自然赞同之上",证实了对自然法的赞同(assent)就包含在《圣经》之中(卷1,章12,节1;1:120.13-15);通过《圣经》,属人的"自然理解力之光"得到了成全:

> 因此,《圣经》没有瑕疵,它告诉我们,一个人,无论他在上帝的教会里处于什么位置、担当什么职司,他的自然理解之光都有可能凭此得到成全,从而人人就都能从他人那里安心地看到,对于上帝自身就要求的那些善业,他不必欲求多余的指导。(卷1,章13,节5;1:129.3-8)

《圣经》常常宣告一种自然法。③ 与拒斥属人见证之权威的卡特莱特(Cartwright)相反,胡克认为,由于可以在《圣经》中辨认出来,这种处于某种限度内的权威没有遭到破坏,而是得到了成全(卷2,章7,节2;1:175.20-30)。倘若接受清教徒的观点,那么《圣经》无疑毁坏了自然,但在胡克看来,上帝在颁

---

① 阿奎那,《神学大全》,2a2ae.26.13。
② "在我们善好而至福的主宰里,有我们最完满的成全。一旦位居其中,就没有什么更值得我们欲求的东西,对此,我们的灵魂因而感到完全的喜悦和满足,在这种完满里,它们聚合在一起,别无他求。"(卷1,章11,节1;1:111.2-6)
③ 卷2,章1,节2;1:145.24-29。并见卷1,章12-13。又卷3,章9,节1-2;1:236.8-237.29。

布《圣经》时并没有废除自然法,因为"自然法是一种绝对可靠的知识,从孩提时起就被印刻在每个人的心中"(卷2,节8,章6;1∶190.9 – 16)。

在一个段落中,胡克将恩典预设并成全自然的论点与另两个相关论点联系在了一起:(1)由于属灵问题的艰难性和重要性,启示是必要的;(2)通过理性考察得来的某些必要的真理,本身是飘忽不定的:

> 上帝的教会定然要知、要行的,与自然这部分的教导并无不同。不过,自然只能在人的救赎问题上给予部分的教导,不甚充分。况且,为人们铺平一条获得救赎的知识、并使他们最终得救的道路同样不易,正因为这样,上帝在《圣经》中既收录了那些最为必要的事情,也予人神启——前者是那些尊奉自然的学派旨在教导我们的,后者则是既不能被我们忽视、也无法完全通过自然教给我们的,只有通过上帝超自然的启示才能得到。(卷3,章3,节3;1∶210.20 – 29)

保罗对异教徒非斯都(Festus)的布道,同样是"自然需要神恩来成全"这一原则的象征,但这并不是要否认另一条原则:上帝给予恩典时,并没有撇开自然——"这段布道揭示了这位使徒曾在别处教导过的事情:自然需要恩典。我希望,我们不会因为坚持'恩典运用了自然',而在这一点上与他的教导相悖"(卷3,章8,节6;1∶223.26 – 29)。

在为《公祷书》(*Book of the Common Prayer*)的祷文辩护时,胡克运用了又一条原则:"《圣经》不会废除我们在自然中发现的事物。"反对者认为,《公祷书》所祈祷的,已经大大超出了《圣经》做出的许诺。凭借这条原则,胡克指出:我们可以祈祷《圣经》未曾许诺的事物,只要它们可能存在于自然之中(卷 5,章 48,节 4;2:191.24 – 192.3)。

在胡克看来,英格兰教会的许多习惯都具备自然根基。"自然中有一条清楚的原则、一条公理:人们注定永远要用自己的存在荣耀上帝"(卷 5,章 79,节 1;2:449.4 – 8),它为教会的此世性(temporalities)做出了辩护。同样,由于自然教导人们永远保持(perpetuate)善的事物(卷 5,章 79,节 3;2.450.16 – 24),教会的此世性是正当的。自然、上帝与基督都教导人们在休息和节庆时遵循恰当的法则,保持庄重(卷 5,章 70,节 5;2:365.27 – 366.4),这都是基于"自然法本身"(卷 5,章 70,节 9;2:368.28 – 369.2)。公共斋戒日同样在自然法中具备根据(卷 5,节 72,章 1;2:384.13 – 20),因为自然既是实行斋戒的一般根据,也是大开盛宴的一般根据(卷 5,章 72,节 15;2:397.7 – 18)。履行埋葬死者的职司,则是为了"遵照自然的要求,展现对消逝的亡者的爱"(卷 5,章 72,节 2;2:409.17 – 19)。事实上,在所有的教会等级体制和秩序之中,都埋藏着自然等级制在目的和手段上的相互协同(卷 5,章 76,节 9;2:423.19 – 23)。

在《都柏林残篇》中,即使是上帝对预定者的无偿拣选,也被胡克置于这条经院原则之下:

> 生命的预定,虽然远比生命的实际创造来得古早,但它却预先为创造设置了目的……无论哪种创造的目的被确立起

来，预定的目标都将以同样的方式获得成全，而不会遭受抛弃。因为人类意志自然的自由包含在人的创造目的之中（因为这种自由是人的自然的一部分），所以，潜藏在预定目标之下的恩典就可能使人的自由意志得到成全、有所作为，而绝无可能破坏人的意志自由。[这里的情况，适用于我们把人这种存在物从当前的罪恶状态中提取出来看待之时；而现在，我们已不可避免地生活在堕落的情势之下。]即使如今，我们预定的命运同样沾染了罪，但这并不意味着我们被赋予了他种本性（other natures），创造最初赋予我们的，只是种种才具禀赋，用来铲除那些由于我们的罪而在我们的本性中滋长的缺陷。①

2 自然欲求一个超出自然的目的

除了接受"神恩不会破坏自然，而是成全自然"这一原则，胡克还明显采用了一个更为大胆的托马斯主义立场：人的自然与神恩存在密切联系，以至于人通过他的欲求，自然地将自己的目的等同于一种超出自然、仰靠恩典的状态。阿奎那坚持，人具有欲求和辨识目的的自然能力，人对目的的实现一方面超出了他的自然能力，另一方面却又不受人类实际的堕落状态影响。②和阿奎那一样，胡克在总体上接受了常见于希腊伦理思想的"幸福"

---

① 《都柏林残篇》，2；4：102.26 – 103.9。另一种对胡克"恩典成全自然"原则的处理，参见 Oliver Loyer，《胡克的国教主义》(*L'Anglicanisme de Richard Hooker*, Lille: Atelier des theses, 1979)，1：363 – 66。

② 见阿奎那，《反异教大全》(*Summa Contra Gentiles*)，3.17 – 25。

原则（eudaimonean principle），但其中，最关键的内容仍然出自亚里士多德的《尼各马可伦理学》：人的所有欲求都指向同一个目标——属人的幸福（human happiness）。追随奥古斯丁和教父哲学传统，胡克为"幸福"这个目标给出了一种基督教的解释："幸福"意味着"与上帝同契"（union with God），意味着获得神性或荣耀——是一个在时间中开启的进程指向的终点。每个人在通向救赎的道路上，首先证成自身、继而成圣，或是赢得神恩的增长。在胡克的解释中，真正惊人的一点在于：上帝在个人通向救赎的道路上施予个人的慈行，被等同于人的自然欲求的实现。①

---

① "由于人的欲求总是指向一个超出他的目的，他也总是以相似的方式欲求这个目的本身，但就他的欲求是指向那个他认为自身即善的目的而言，这种欲求总是无限的。因此，所有事物最终指向的那个善、使我们因其本身而欲求的那个事物，自身也是无限的。如果我们像那些把财富、荣誉、快乐和其他事物当作至福的人那样，将那个因其本身即善的目标也看作是和那些事物相同的东西，我们就做下了恶。这是因为，当我们把那些本身并非目的的事物当成了目的的完满或成全，我们一定是犯了错。只有那种自身就是无限的善，才可以被我们无限地欲求，因为更好的东西总是更值得欲求，最值得欲求的东西应当是无限的善。因此，如果在我们欲求的事物中，存在一种无限的可欲求之物，那么它必然是所有可欲求之物里最高的东西。只有上帝是无限的善，他是我们的福祉和至乐。不但如此，欲求总是倾向于和它欲求的东西彼此一致。如果我们有幸与上帝同契，那只能是通过一种力量，分参上帝，与他结合……这样，当我们与上帝同契，我们就是幸福的。我们的灵魂满足于它给我们带来的永久的欣喜：尽管生而为人，但通过同上帝结合、与他一致，我们仿佛就可以像神一样生活。"（《法则》，卷1，章11，节2；1：111.33 – 112.20）对比："被我们欲求的善如果不从上帝那里开展出来，那它们自身就不会存在……世界上所有的事物，都以某种方式追求着至高者，并或多、或少地分参上帝。"（《法则》，卷1，章5，节2；1：73.5 – 10）参见 John S. Marshall，《胡克与安立甘宗传统》（*Hooker and the Anglican Tradition*, Sewanee: University Press at the University of the South, 1963），页111 – 112。

这一主张，对于发展《法则》第一卷关于法律效力和本性的论证尤其关键。胡克在后续的论证中强化了这个主张，他指出，个人在通向救赎道路上的幸福或福祉，同时也是解释、定义法律在国家与教会中的本性和用途的形式原则。但人所欲求的完善在此世（in this life）中仍然无法达成，换言之，与上帝的完全同契永远无法在此世企及（尽管在某种形式上分参上帝能够在此时企及），这既是因为我们无法坚持始终朝向这种完满，也是因为这种目标的无限性令受造物难以捕捉。①

尽管出于幸福这一目标的本性，欲求无法在此世达成目标，但胡克仍然坚持欲求的自然能力。在此世之中，坚韧不拔的努力并不能保证坚守正道，由于自然本性的脆弱，人们难免会犯下过失与错误，但经由上帝的恩典，人的自然欲求最终仍会成全为成熟饱满的爱，在将临的世界里得到完全的满足。这是因为胡克

---

① "幸福因此就是我们尽可能达到的那种状态。处于这种状态之中，因其本身就值得我们欲求，这其中，包含了对我们的欲求的最好的满足，即对我们的完满性在最高程度上的成全。然而，我们在此世不具备这种完满的可能。居于这个世界之中，我们无法免于肉体的贪婪、心智的缺陷和种种不完满的宰制；就连我们能够做的最好的事也是痛苦的，罪恶在我们履践的时候持续地尾随我们，从不终止。在这些能够成全我们的完满的活动中，我们做不到坚韧不拔，因为劳苦困顿，我们被迫停歇。但是，当我们与上帝的同契最终完成时，这些让人厌烦的宰制就无法影响我们被赐福的状态。而完完全全地与神同契，同我们心灵的所有力量和官能易于接受这样一个至大、威严的对象有关。通过理解和意愿，我们具备与神同契的能力，通过理解，我们认识到：上帝是统治我们的真理，在他那里，包含了所有智慧的珍宝；通过意愿，我们发现：上帝是善的海洋，但凡有人浅尝辄止地领略了他的滋味，就不会再感到干渴。因为意愿是通过欲求，像通向一个尚未企及的目标一样朝向对象的。所以，通过爱，我们也会以同样的方式朝向并接受这个对象。"（《法则》卷1，章11，节3；1：112.21–113.15）

和步趋教父神学的前辈经院哲学家们一样强调①：人自然地具备与上帝同契的能力②——"通过理解和意愿，我们具备与上帝同契的能力。"③ 在这里，胡克征引奥古斯丁，证明人具备朝向某种超自然存在的自然倾向。随后，他继续将从理性中得出的主张和由《圣经》得出的主张联系在一起，这一方面表明，恰如亚里

---

① "因为尽管人的心灵不与上帝具备相同的本性，上帝至高无上的本性的形象，仍然要在我们本性中最好的那一部分中去寻找并找到。但首先，心灵须得在自身中被考虑，上帝的形象也得在它分有上帝之前在它里面发现。因为我们已说过，即便上帝的形象已失去了对上帝的分参，它仍是上帝的形象，哪怕这形象被磨损了或被扭曲了，也是如此。就上帝的形象能够受有上帝和分参上帝而言，它是他的形象；实际上只有成为他的形象，它才能获得如此大的善。"参见奥古斯丁，《论三位一体》，卷14，章3；并见阿奎那，《神学大全》，1a2ae. 113。

② ［译注］从作者征引的奥古斯丁的讨论来看，"人能够受有上帝"（capable of God）这一原则，明确的首先是人认识上帝的能力。（见上一脚注）不过，胡克化用这一传统原则的上下文似乎表明，他更多是从人的自然本性企及一个超自然存在的角度，力图在此世的自然欲求（Desire）中找到一种分参上帝、并与上帝同契（in union with God）的能力。因此，此处对这一能力的翻译没有沿用周伟驰先生在《论三位一体》中通常采取的"受有"译法，而是尝试使用"与上帝同契的能力"这个表述。同时有必要指出的是，胡克对这项原则的化用，没有抛弃它"受有"或认识上帝的传统意涵，这里，我们只是遵循作者突出这一原则在结合自然欲求与上帝方面的独特性，针对它在受到化用时产生的多重含义，尝试做出一个有限的分辨。最后，感谢饶悦宁硕士与译者就本译法展开的讨论，从他那里，我受益良多。

③ 《法则》，卷1，章11，节3；1：113.9。并见："我们不是尘土，而是更糟的东西；我们的心灵从高到低，分为不同的部分，这会是存在问题的吗？如果连这一点都存在问题，那么我们无疑不可能具备那样一种朝向至福的能力，而这种至福恰恰又是我们自然而然追求的目标。"（《论傲慢的本质》[*A Learned Sermon of the Nature of Pride*]，1；《福尔杰版胡克著作集》，5：312.24 - 27）

士多德所言,我们对完善的自然欲求存在三种不同的层次,另一方面,尤其是在高于感官和道德的属灵层次上,人很难捕捉完善的目标:

> 人的确在三重意义上追求完善:首先是感官的……其次是理智的……最后是属灵的和神圣的,它们构成了我们只能通过超自然的方式来趋向,却无法获得的东西……因此,自然在此世中都明白地要求一种比前两种意义上的完善更加神圣的完善。(卷1,章11,节4;1:114.18 – 115.25)

3 恩典预置自然

在胡克和阿奎那看来,神恩不仅成全自然,它还预置了自然;《圣经》也同样预设了理性。尤其在《法则》第二卷开启了《圣经》及其与理性关系的讨论之后,这项原则开始浮出水面。基于这一原则,胡克坚称:神圣智慧既可以被异教徒和亚当获取,也可以被生活在摩西律法颁布之前的人们获取。这种智慧通过两种不同的教导指引人类,一种是"《圣经》的各个神圣卷章",另一种是"辉煌的自然之工"(卷2,章1,节4;1:147.25 – 148.6)。胡克在《法则》第一卷中就曾指出,上帝的意志是通过《圣经》之外的法则被我们认识的(卷2,章2,节2;1:149.15 – 30)。即便异教徒对《圣经》闻所未闻,他们也有讨论何为良善行为的能力。例如在《新约》中,使徒们也曾在基督教社群中就善行做出布道,从而使不信基督的邻人有机会感受基督徒的道德。在胡克看来,这样的例证表明:异教徒能够本于自然认识《圣经》教导的道德。①

在第一卷中,恩典预设自然的原则是在政治理论的语境中展现出来的。根据胡克的阐述,政治组织的首要目标是提供生存的必需品。即便上帝的王国是一个更为崇高优越的存在,但"正当的生活预设了生存",因此,在贫困问题得到妥善处理之后,才能着手安排宗教庆典。胡克以《圣经》记载中尚未堕落的亚当为例阐明了这一点:在为亚当立法之前,上帝首先使亚当能够维持自己的生存;同样,在人类被逐出伊甸园之后,上帝为人类赋予耕种和牧养能力的事迹也先于宗教被《圣经》提及(卷1,章10,节2;1:97.3-20)。

胡克至少两次引用了《罗马书》1:21,保罗在这一章节中的布道通常被认为是《圣经》许可异教徒"将律法刻在他们心上"的标志。而胡克则进一步将这一章节视为异教徒分享了某种关于启示的律法知识的证据:在他看来,保罗的讲道表明,自然法和神的实定法一样要求基督徒的遵奉(卷1,章16,节5,1:139.10-26;卷3,章8,节6,1:223.9-14)。

最重要的是,在胡克削弱他笔下的清教徒立场的努力中,产生出了这样一种观点:《圣经》本身就为释经预置了理性。胡克在卷1,章14中阐发了这个论点。在处理"《圣经》完成自身目的的自足性"这一问题时,胡克指出,《圣经》的目的在于传递"各种超自然义务"的法则。不过,《圣经》偶尔也会让所有的真理显豁出来,甚至使那些仅凭理性就能从自

---

① 《法则》,卷2,章2,节3,1:149.30-150.17。并见《论傲慢的本质》,1:5:312.15-18。

然中得出的真理变得更加澄明。换言之,即便是在那些人类理性可以企及的事物上,《圣经》也是对人类理性的弱点的补助。① 同时,《圣经》预置了由若干原则构成的先验知识(prior knowledge),尤其是那些关于《圣经》权威和正典范围的原则,这些原则是以不同于《圣经》的途径为我们所知的:

> 在这些原则中,有一条关乎《圣经》的神圣权威。通过其他方式,我们首先对《圣经》是上帝的谕言这一点心悦诚服,此后,《圣经》才凭其自身教给我们其他原则,并将上帝要求我们遵行的所有义务陈列在我们面前,对救赎而言,这些义务必不可少。(卷1,章14,节1;1:126.9-13)

在这个大胆的主张里,胡克清楚地将对于《圣经》权威(及其解释)的接受置于获得信仰的自然进程之下。

胡克对权威之功用的解释同样与"恩典预置自然"的原则相关。《基督徒来信》的作者反对胡克在涉及信仰的问题上运用理性。② 而胡克对《来信》的回应却转而提到了清教徒自己的行径:和所有神学家一样,清教徒同样诉诸种种权威;胡克以反对的口吻指出,清教徒这种诉诸权威的行为,恰恰是用异议的口吻肯定了某种"不在《圣经》之中,由自然之光教导的、对救赎必要之

---

① 参见卷1,章12,节1-2。
② 《对一封基督徒来信的回复》,3;《福尔杰版胡克著作集》,4:11.20-32。

事的知识"① 存在。

而在《都柏林残篇》中，胡克在为堕落之后的人性仍旧持有的"近善倾向"（aptness）这一说法辩护时指出：即使人类本性的近善倾向沾染了罪的影响，我们也必须看到，救治我们的恩典预置了我们自然的近善倾向，否则恩典将不会产生任何功用。正是因为神恩预置了自然，近善倾向不会在堕落中沦丧："如果这种近善倾向［和近善能力］② 也在人类堕落时沦丧，那么恩典对我们的作用就和它对牲畜的作用没有分别了。"③

胡克认为，《圣经》无法教导它的自足性（sufficiency），并且，由于《圣经》并不是不证自明（self-evident）的，④

---

① "我想，您在这封来信中讨论的是一些有关救赎的问题。要是这些问题真的只由《圣经》决定，那么您为什么又频频把别人当作权威来诘问我呢？您又为什么要断言，充当教会声音的宗教条款是不支持我的说法的呢？而且，您还引用了大量注疏和布道辞，后者一部分是主教们写的，一部分是别人写的，我不明白，这又是为什么呢？"（《对一封基督徒来信的回复》，3；4；13.1-6）

② ［译注］此处"近善能力"对应的是"ableness"，近善倾向对应的是"aptness"。"aptness"直译过来，是"倾向、恰切"的意思，而ableness则意指"能够做某事"的属性。如果将上述两个概念直译为"倾向"和"能力"，虽然得之在简，却无法准确体现出这两种属性面朝的方向。在胡克的这段讨论中，"倾向"和"能力"不是没有规定性的"白板"，而更像是两种以善和神恩为目标的"潜能"（energeia），不因人类的堕落事件而与"罪"在数量和质量意义上抵消。因此，我们尝试以"近善倾向"和"近善能力"来体现这两种属性的限定性。同时需要指出，这里的"善"，是与人在堕落中沾染的"罪恶"相对的意义上为"善"，同上帝的属性存在联系，而不是泛而言之的善或纯粹属人的善。

③ 《都柏林残篇》，1；4；101.30-31。

④ 《法则》，卷3，章8，节13；1：230.29-231.15；对比卷2，章4，节2；1：153.17-18。

因此必然是有别的什么东西完成了这种教导。然而，胡克拒绝一种被他归于罗马天主教会的不当见解，即传统（tradition）是达到《圣经》自足性知识的唯一途径。但胡克同时也认识到了经验的重要性，正是经验告诉我们：是（当前的）教会权威促使民众赋予了《圣经》的尊荣地位：

> 现在，问题在于：究竟是通过什么方法，我们得到了这种教导。有人回答说，要想习得这种教导，除了传统，我们别无他途，因为我们是从我们的先人那里接受了他们从他们的先人那里同样接受的信仰。但这是否就足够了呢？对明智者而言，经验教给所有人的东西，或许是不应当否认的。而从经验中我们知道，最早站出来、引领人们尊崇《圣经》的，恰恰是上帝的教会的权威。①

4 理性评判《圣经》

在胡克笔下，"《圣经》预置自然"的原则是与他的另一种看法联系在一起的：人类理性（至少是教会中的人类理性）在《圣

---

① 《法则》，卷3，章8，节14；1：231.15-22。此处，胡克是在响应奥古斯丁的名言："如果你遇见一个不信福音的人，他对你说：'我不信。'你又该怎么答复他呢？就我而言，我不会去信未经天主教会正式提议的福音。"见奥古斯丁《驳摩尼教徒》（*Against the Epistle of Manicheaus*），1.4；NPNF.1，4：131。路德也曾引用这句格言，见《路德著作集》（*Werke*, Weimar: 1906—），6：561；10.2：216；它的引用者还包括亨利八世，"信者之心比书卷还古老"，见氏著《为七项圣礼辩护》（*Assertio Septem Sacramentorum*, ed. Louis O'Donovan, New York: 1908），页356；加尔文对这一格言的引用，见《基督教要义》，卷1，章7，节3；1：264-66。

经》之上评判《圣经》,证明《圣经》给予我们的法则之效力。在 16 世纪,这一定是令人错愕的一种看法。宗教改革派曾主张,基督废除了部分希伯来律法,比如,他们认为基督废止了包括安息日戒律在内的仪式法。① 但胡克认为:鉴于《圣经》与理性的关系,在理性之光的照射下,基督没有明确废除的某些上帝的实定法同样是可以更易的。《圣经》在某种程度上依赖于理性,已足以拒斥那种将《圣经》视为不变的行为法则的看法。对削弱胡克笔下的清教立场而言,这一原则尤其关键。根据这项原则,即使《圣经》定义了教会政治体,教会在某些时候更改《圣经》的定义,也完全可能是必要、合法的。②

在《法则》第三卷中,胡克描述了几种可以更易的(实定)神圣法。在胡克看来,这些法律之所以可以更易,是因为最初创造它们的目的业已完成。比如仪式法就属于这一类法律(卷 3,章 10,节 2;1:240.31 - 241.26)。但在某些情况下,即使法律的目的是永恒的,法律本身也必须不断得到更易,比如,关于偷盗的裁判法就属于这种情况(卷 3,章 10,节 3;1:242.16 - 243.6)。在上述两种情况中,神圣实定法的更易不仅受到许可,而且是一种必需,只有凭借属人的和理性的方式,方可完成这种

---

① 例如,布林格认为,尽管我们需要严肃地遵守十诫中的第四诫,但教会确曾授权将安息日礼拜改为一周内的第一天,并且基于基督关于安息日是为人而造的言说,在仪式法度上放宽了对基督徒的严苛要求。《五十年》,2.4;1:264 - 266。

② "实定法或是不可变的,或是可变的,这一点,取决于它们最初是根据什么材料制作的。无论实定法的制作者是上帝、还是人,只要它们的材料是准确精密的,它们就是可以更易的。"参见《法则》,卷 1,章 15 节 1;1:130.26 - 29。

更易。

不过，正如《圣经》、理性和传统的原则所示，理性和《圣经》并非完全平起平坐，毋宁说，理性和《圣经》是像自然和恩典那样联系在一起的。它们虽非平起平坐，但却彼此和谐，尽管各有其正当性，却又不与另一方冲突。而之所以胡克能够宣称理性是与《圣经》并行不悖的权威，是因为他接受了一种近似托马斯主义的观点，这种观点认为，不存在"两种真理"：上帝是理性和启示共同的源泉，因此，它们不会互相抵牾。出于好的因由，《圣经》包含了理性能够发现的普遍法则，在这个意义上，《圣经》只会成全自然，而不会取消自然。但理性可以评判《圣经》，它既能赋予《圣经》最初的可信性，也能决断《圣经》的疑难之处。因此，在《圣经》传递着理性无法单独企及的救赎知识的意义上，《圣经》是高于自然的；同时，这种地位上的优越性也不意味着《圣经》可以抵触或脱离理性。

胡克确认了《圣经》和理性之间的联系，对这种联系的承认，既维护了《圣经》在地位上的优越性，使《圣经》清楚传递给我们的知识成为"首先应该值得我们信靠和服从"的知识（卷5，章8，节2；2：39.8－9），又使《圣经》的优越性不至于成为一种绝对专断的优越性。《圣经》和理性的这种关系，在胡克批评清教徒在政治体问题上的立场时起到了尤为关键的作用，它或许也为安立甘宗的自我理解做出了一种不朽的贡献，直至今日，它仍然反复出现在我们对"圣经"和"自然"这两个术语的理解中。

二 胡克论"传统"

早在劳德(William Laud)写下《与耶稣会士费舍尔的会谈》(*Conference with Fisher the Jesuit*)①以来,将胡克视为"传统"权威见证人的观点就已有之。劳德拒斥阿勒顿(Allerton)或"天主教分子"通过援引胡克来支持他们的"传统"观的企图,但同时,劳德也将"人的权柄"这一胡克的术语与传统联系在了一起。因此,就我们关于胡克与《圣经》、理性和传统这一主题的寻常理解而言,劳德的观点也许是这种理解的一个遥远源头。从表面上看,胡克从未将《圣经》、理性和传统这三重要素视作英格兰教会的基石。在他看来,"传统"是一个具有否定性意涵的词汇,通常同罗马天主教会绕过《圣经》和理性、将"单纯属人"之事树立为权威的企图联系在一起。②

在一个段落里,胡克将"传统"重新界定为从基督教的最早时代承袭而来的习惯,在这个意义上,"传统"既可为我们接受,也是有价值的事物:

---

① William Laud,《与耶稣会士费舍尔会谈》(*Conference with Fisher the Jesuit*, 6th ed. Oxford: 1849),页101-103。

② 《法则》,卷1,章13,节2;1:123.3-8;卷1,章14,节5;1:129.14-16;卷2,章8,节7;1:191.16-20;卷3,章8,节14;1:231.15-18。对比罗马教会为"不成文的真理"赋予的"与我们对《圣经》的同等的信服和虔诚"。Just, 11;《福尔杰版胡克著作集》,5:119.24-26。也可对比"传统与《圣经》"之间的不可调和之处,Jude 1, 7;《福尔杰版胡克著作集》,5:21.4-5。

考虑到一些人对"传统"一词的界定和滥用，这个词语的确会冒犯人们。而我们这里所说的"传统"，指的是在基督教发端时确立的各种安排。它是本着基督留给教会的一种针对无关紧要之事（matters indifferent）的权柄建立起来的，在掌握权柄者获得正当、合理的理由变易它们之前，这些安排都应当得到遵从。正因为"传统"的创立者是人，基督教会的各项传统的根本绝不能草率撼动。（卷5，章65，节2；2：302.3－11）

这表明根据正确的理解，"传统"是被与"教会的权柄"结合在一起的事物的一部分。

胡克的确承认，在"无关紧要之事"上，长期沿用和习惯是重要的，但他并不将这二者称作"传统"（卷2，章5，节7；1：165.24－166.4）。他也同样指出："世界在长期中获得的经验，其自身就有一种力量，蕴含着人们的赞同和顺意。"（卷4，章14，节1；1：337.18－19）

胡克发现了三条与决定属灵事务相关的原则，但他对这三条原则的充分描述只在《法则》第五卷处出现过一次：

《圣经》清楚传递的东西，首先应该值得我们信靠和服从；第二，它给予的是任何人都能运用理性的力量得出的东西；第三，它是代代传承的教会的声音。教会凭借她的属灵权柄思量并界定何为真、何为善，这种裁断，必须同那种凌驾于低级判断之上的理性彼此一致。（卷5，章8，节2；2：39.8－14）

此类表述只在这一段落中出现过一次,① 它也很可能是文本中唯一一处支持胡克持有一种"《圣经》—理性—传统"观的证据。经过我们的考察,这三条原则中的前两条即"《圣经》清楚明白传递的东西"和"理性的力量"对我们而言已不再陌生,但第三条原则却属于一个相当不同的讨论序列。尽管这条原则很少与《圣经》和理性并列,但考虑到胡克的论辩与饱受争议的英格兰教会习惯有关,这条原则无疑具有十分重要的意义。在《圣经》和理性没有为人类宗教事务做出规制的领域,人的决定是一种恰当的存在,而"传统"也同样可以通过这种方式得到恰当的理解,尽管在胡克看来,这并不是人们通常用来理解"传统"的方式。在这一领域内,属人的"经验"尤为重要,因为"自然、《圣经》和经验"的教导往往是一致的,例如,凭借有效的裁决、为争讼画上句点的智慧,就是这种一致性的体现(序言,章6,节1;1:29:24-27),在这个范例中,"理性的衡平、自然法、上帝和人"都指向同一个方向。但无论是何种层级上的人的决定,都只是在适用"附带之事"(matters accessory),即"无关紧要之事"(adiaphora),而非"必要之事"

---

① "教会的声音"这一术语似乎是与胡克在《法则》第二卷提及的"人的权柄"联系在一起的:"我们在这里所理解的人的权柄,指的是一种力量:当一个人所说的话对构筑在它之上的另一个人的心灵具备效力,他就具备这种力量……我们可以肯定地说,人的权柄的力量是这个世界所仰赖的最有力量的东西。正确的判断和正义,不正是以这些力量为根基的么?"(卷2,章7,节2;1:175.18-27).

时才是恰当的。① 根据《圣经》和理性②的规定，相较于那些与救赎和尘世秩序有关的"必要之事"，包括了某些仪式事务（例如神父在洗礼中使用的十字手势）的"附带之事"，被胡克明确称为"无关紧要之事"（卷5，章65，节2、11；2：302.7-8、311.22）。

"无关紧要之事"这一介于必要和禁止之间的范畴，最初

---

① "根据我们的教导，任何指向救赎的事情都是走向这条道路上的必要之事，正是凭靠它们，人才有可能知道并履践他们的得救之道……基督教信仰的律则、基督教会的圣礼就都属于这一类事物。倘若《圣经》未曾包含这些事情，上帝的教会就不可能看清，她将一直走下去的这条道路是多么漫长宽阔，而异端和分裂者也从未停歇，他们有的是夸大它的艰辛，却无一例外是要阻碍和障蔽我们走上这条道路。但迄今为止，就那些附属性的、从属的事情而言，它们的更易并不会像必要之事的更易那样，导致这条道路的改变……因此我们主张，教会在这些事情上不应拘泥于《圣经》，从而使它有能力否决所有违背《圣经》之事。"（卷3，章3，节3；1：211.2-21）关于"必要"和"无关紧要之事"的另一处描述，参见《法则》，卷2，章2，章4。将这一概念誉为"安立甘宗神学根本概念之一"的高度评价，参见Loyer，《胡克的国教主义》，前揭，页126。

② "无关紧要之事"不仅限于《圣经》"既未明令、也未禁止"的事情，而是同时包括了既不为理性要求、也不被理性禁止的事情——在《法则》卷一关于政府起源的总体考察中，胡克对"随意之事"（arbitrary things）这一术语的运用清楚地表明了这一点："人性即是像这些有关人性的例证一样立于世间的，对此，自然法的确要求某种类型的统治；但在许多种类的事情上，自然并不会像前者一样与之紧密联系在一起，而是将它们视作随意之事。"（《法则》，卷1，章10，节5；1：100.16-19）也就是说，不仅在《圣经》的领域存在"无关紧要之事"，在理性的领域中，同样存在"无关紧要之事"：例如，尽管具体的政体形式并不是由《圣经》或理性制定的，但理性仍旧要求某种类型的政治体系。同见《法则》，卷3，章4，节11；213.4-7。

源自斯多葛派。保罗曾使用过这一观念。① 而阿奎那也曾承认这一概念,并将它运用到自己的《圣经》注疏之中。② 至少在路德和梅兰希顿(Melanchthon)那里,这一范畴就已经进入了新教改革的思想。之后,加尔文化用了这一观念,而在英国的宗教改革中,它也得到了进一步发展,被用来支持这场改革中的某些立场。③

但总体上看,胡克使用"无关紧要之事"这一概念的方式与加尔文截然相反。在加尔文那里,这一概念或是用于为基督徒赋予自由,或是为了规避某些惯例,使基督徒免受良心④ 的诱捕。而胡克则运用这一观念,主张基督徒可以自由自发地遵守这些惯例,教会也可以自由自发地要求信众们这样做。在他看来,无关紧要之事完全可以由教会规制,主要和仪式有关,而良心问题从来不是这类事情的焦点。加尔文则强调,无关紧要之事必须保持

---

① A. G. Dickens,《英格兰宗教改革》(*The English Reformation*, New York: Schocken Books, 1974),页 78–79。

② 《申命记》4:2。参见《圣托马斯·阿奎那:圣保罗〈伽拉太书〉疏证》(*Saint Paul's Epistle to the Galatians by St Thomas Aquinas*, Albany: Magi Books, 1966),页 12。

③ 加尔文,《基督教要义》,卷 3,章 19,节 7;1: 838–39。并见章 19,节 4;1: 836. 在章 19,节 8 (1: 840)处,加尔文以一种迥异于英国清教徒的方式引用了《罗马书》14:22,见 Bernard Verkamp,《无关紧要之"中"》(*Indifferent Mean*, Athens: Ohio Univeristy Press, 1977),页 149–151。Verkamp 指出,在英格兰的宗教改革中,"无关紧要之事"这一概念首先被运用于关于仪式问题的争论,其次是行为,最后才与教义问题联系在一起,参见氏著页 36、38、94。

④ 加尔文,《基督教要义》,卷 3,章 19,节 10;1: 842。加尔文关于得罪弱者和得罪法利赛人的讨论,并见卷 3,章 19,节 11;1: 843–44。

无关紧要的状态,也就是说,教会不应对这类事情做出规制,①并且,他所说的"无关紧要之事"并不是与仪式相关之事。不过,加尔文也明确将天主教的侍奉从"无关紧要之事"中排除了出去,因为这种侍奉得罪弱者。②

另一方面,清教徒则从保罗的格言出发得出了以下结论:《圣经》未曾明令之事,皆为罪恶。在胡克看来,这一结论将导致所有的无关紧要之事统统被归入罪恶之列(卷2,章4,节3;1:154.1-5)。清教徒的这种看法,甚至会禁绝被《圣经》视为"权宜方便"(expedient)的事情,这种"权宜方便之事",本就属于"无关紧要之事"下的一个类别(卷2,章4,节4;1:155.2-4)。

因此,对胡克而言,鉴于某事无关紧要,就认为它可有可无或是无足轻重,本身就是一种错误。③尤其是当人们认为教会制定的事物"无关紧要"时,这种看法无疑将造成错谬。对于胡克,这些无关紧要之事几乎囊括了他与清教徒争论的所有主题,甚至就连主教制度也曾是一件无关紧要之事,因为即使基督或许曾为它赋予了神圣的源头,一些被胡克视为教会的政治体也曾有意或偶然地废除过这项制度。不过,正如胡克在《法则》第八卷

---

① 加尔文,《基督教要义》,卷3,章19,节9;1:841-42。后来,加尔文的确承认教会有权规制并实施那些"无关紧要"的仪式。参见《基督教要义》,卷4,章10,节30、章17节43;2:208,1420。并见 Verkamp,《无关紧要之"中"》(*Indifferent Mean*)前揭,页65-66。

② 加尔文,《基督教要义》,卷3,章19,节12;1:849-50。

③ 关于安立甘宗对"无关紧要之事"的总体运用,如何延伸到教义问题上的无关紧要,参见 S. W. Sykes,《安立甘宗的完整性》(*The Integrity of Anglicanism*, London: Mowbrays, 1978),页53-54。

所言，有些事情只能由"教会的权威"来裁断——在英格兰教会中，这种权威属于议会和宗教议事会中的主权者——而之所以这些事情必须以这种方式来裁断，恰恰是因为它们并非可有可无或无足轻重。

总体上看，胡克并不常常在积极的意义上使用"传统"这个词汇。因此，将胡克描述为"《圣经》—理性—传统"原则的始作俑者，有可能是一种误导。不过，"传统"一词也不见得完全无助于描述胡克的观点，他对"长期沿用和习惯"的推崇，他在"无关紧要之事"上为"教会的声音"赋予的权威，都能令我们看到这一点。

但更重要的是，用"传统"一词替代胡克笔下"教会的声音"，有可能会使我们低估胡克心中的想法，因为在他的笔下，主教制本身和主教的设立通常被视为"不只是传统"的事物。

我将以一种揣度性的看法结束本文的讨论。在胡克笔下，有两个段落展现了教会通过其教师和议事会，在各方争讼中寻求对教义原则的正确解释的历程。其中一个段落出现在《法则》第五卷，在此处，胡克简洁而准确地概括了公元3—4世纪有关基督论的争论。① 在我的印象里，第二处讨论出现在《都柏林残篇》中。在这个段落里，胡克用更长的篇幅概括了从佩拉纠派和奥古斯丁到529年第二次奥兰治会议期间，围绕"恩典"与"自然"展开的宗教论战。② 在这两个段落里，胡克用一种不同于《圣经》

---

① 《法则》，卷5，章52。应当注意的是，胡克清楚地看到：一些核心教义的"必要性是不会有人否认的……尽管在《圣经》里，我们看不到关于它们的明确表述"（卷1，章14，节2；1：126.18–23）。

② 《都柏林残篇》，10–12；4：109.4–111.33。

描述基督位格和恩典运行的语汇，描摹了教会的过往历程。两处讨论都将教义裁决——即"教会的声音"的宣告，描述为教会工作的结果。也许，用"传统"一词来描述这类结果，恰恰是对其重要性的一种错估。

"超自然社会":胡克笔下的想象共同体

舒格(Debora Shuger) 著

姚啸宇 译

一

20 世纪 70 年代以来,对胡克《论教会政治体的法则》(*Of the Laws of Ecclesiasticall Politie*)的研究开始愈发怀疑它崇高的无私立场。这并不出人意料。晚近胡克研究的主导趋势,即是反对由沃尔顿(Walton)在《生平》(*Lives*)中确立起来的"圣徒传传统"(hagiographic tradition),认为胡克狭隘的论战意图仅仅在于为惠特吉弗特(Whitgift)镇压异己的行动做政治宣传,并在 1593 年议会辩论中为清教的反对者充当政论手册的写手,一言以蔽之,其目的无异于成为一个"为英格兰社会的统治结构装点门面的党派思想家。"① 1992 年,赫尔格森(Richard Helgerson)在

---

① W. D. J. Cargill Thompson,《"政治社会"的哲人:作为一名政治思想家的胡克》("The Philosopher of the 'Politic Society': Richard Hooker as a Political Thinker"),见 *Studies in Richard Hooker*: *Essays Preliminary to an Edition of His Works*,Cleveland,1972,页 14;参看 Robert Eccleshall,《胡克与英国人的独特性:〈法则〉在 17 和 18 世纪的接受状况》("Richard Hooker and the Peculiarities of the English: The Reception of the *Ecclesiastical Polity* in the Seventeenth and Eighteenth Centuries"),见 *History of Political Thought*,2(1981),页 63、83。

《民族性的形式》(Forms of Nationhood)一书中有力地总结了这一解释范式，并得出了如下结论："胡克对国教会建制的辩护，是惠特吉弗特大主教蓄谋已久的一场运动的一部分，这是一场针对清教反对者的……反动和镇压运动，声势浩大，它的对手无不在……愚昧粗鄙的群众中具有强大的号召力，而〔胡克〕取得成功的一个标志就在于，他本人的听众属于一种截然不同的类型。"①

可同样是在这20年当中，一些关键的新信息进入了人们的视野——其中的一部分，只能在最新的福尔杰版《胡克著作集》最后一册中看到——这使我们对《法则》动机与机缘场合的描绘变得复杂起来。首先，胡克似乎不太可能是在教会或议会官员的授意下，承担起《法则》的写作任务的。没有证据能够证明，是惠特吉弗特赞助了这部专著的写作。② 不仅如此，1593年在议会之中支持反清教徒立法的"桑迪斯"(Sandys)，似乎也不是胡克

---

① Richard Helgerson,《民族性的形式：伊丽莎白时代的英格兰作品》(Forms of Nationhood: The Elizabethan Writing of England, Chicago, 1992),页272、279。

② William Haugaard,《对序言的导论》(Intro. to Pref.),见 The Folger Library Edition of the Works of Richard Hooker (Vol. 6), Harvard, 1977,页54。Richard Bauckham,《胡克、特拉弗斯和16世纪80年代的罗马教会》("Hooker, Travers and the Church of Rome in the 1580s"),见 Journal of Ecclesiastical History, 39 (1978),页50。希尔(W. Speed Hill)猜测胡克最初是在没有官方推动和资助的情况下写作《法则》的；随后在找不到出版商的情况下，他被迫接受了埃德温·桑迪斯的提议，即由他来承担印刷这部著作的费用，这一提议表面上取决于胡克能否朝着更具论战性的方向重新修改他的作品，参见《胡克〈教会政治体法则〉的演变》("The Evolution of Hooker's Laws of Ecclesiastical Polity"),见 Studies in Richard Hooker: Essays Preliminary to an Edition of His Works,前揭，页130 - 133、145 - 146。

的朋友兼保护人埃德温·桑迪斯（Edwin Sandys），而是他的叔父迈尔斯·桑迪斯（Miles Sandys）。① 由于伦敦的出版商一致抵制这部手稿，埃德温·桑迪斯不得不为《法则》的出版自掏腰包，这一事实本身就足以阻碍我们做出如下假设，即认为胡克得到了高层的赞助和庇护。

其次，我们有理由相信《法则》并不是专门为反长老派的论战而作，甚至可以说，其主要意图都不在于此。到16世纪90年代，长老派（Presbyterianism）已经不再是一个紧要的问题——这要归功于惠特吉弗特成功的运作。② 不仅如此，胡克似乎也未曾对日内瓦的教会学做过大量研究；尽管有海量的文献是围绕这一主题展开的，胡克频繁引用的也只有卡特莱特（Cartwright）和特拉弗斯（Travers）而已。③ 与班克罗夫特（Richard Bancroft）对戒律主义者（disciplinarian）纲领中的智识和道德矛盾所做的大量研究相比，胡克在这一问题上的学识似乎显得尤其瘠薄。值得

---

① Haugaard，《对序言的导论》，前揭，页34-35。至少在他之后的事业生涯中，埃德温·桑迪斯几乎算不上一个反动的国教派人物；在詹姆士一世政权的前半段时间里，他是反对派议员的领袖，并且遭到广泛的怀疑，认为他具有共和派的倾向。

② 在后来的一封大概写作于1592—1593年的书信里，克兰默（George Cranmer）对胡克评论道："最近几年，人们对戒律的热情大大消退了……就像现在，起初胜过一切的戒律被揭去了面具，开始垂下她的头颅。"（基布尔版《胡克著作集》，第2册，页599）希尔在《演化》一文中讨论了这封信的年代，前揭，页137-138。

③ William Haugaard，《对卷2、卷3和卷4的导论》（Intro. to Books II, III, and IV），见 *The Folger Library Edition of the Works of Richard Hooker* (Vol. 6)，前揭，页148；John Booty，《卷5的导言》（Intro. to Book V），见 *The Folger Library Edition of the Works of Richard Hooker* (Vol. 6)，前揭，页220；Speed Hill，《演化》，前揭，页130。

注意的是，班克罗夫特与胡克不同，他受到惠特吉弗特的荫庇，并且是"那一小撮旗帜鲜明反对清教徒的政客与平民"指定的代言人，活跃在 1593 年的议会上。① 将《法则》解读为国教会所作的官方宣传，无异于是对胡克与班克罗夫特的混淆，如果有人对此二者的作品皆有所涉猎，他就不太可能犯下这种错误。

最近的研究表明：胡克与"惠特吉弗特大主教领导的反动与镇压运动"的关联，或许并没有我们想象得那样紧密，这或将有助于解释，胡克的著作何以能够吸引持有各类意识形态的读者。尽管赫尔格森暗示我们，为《法则》所吸引的，主要是一个由主教、保守派学者和现存体制受益者构成的精英读者群，但留存至今的许多零碎证据讲述了一个多少有些不同的故事。如果我们可以说，胡克的作品迎合了安德鲁斯主教（Bishop Andrewes）以及早期斯图亚特王朝的两位君主，那么，这些作品的读者就还包括大图圈子（Great Tew circle）② 里的自由派平信徒神学家；普通法

---

① Patrick Collinson，《胡克与伊丽莎白时代的国教》（"Hooker and the Elizabethan Establishment"），见 *Richard Hooker and the Construction of Christian Community*，Medieval & Renaissance Texts & Studies，1997，页 167。

② ［译注］大图圈子指的是 17 世纪 30 年代经常在牛津大图（Great Tew）的某个庄园内活动的一群教士和文人。克拉伦登（Clarendon）爵士曾称赞这个圈子是个"置身于更加纯净的空气里的学院"，意思是说这个团体能够不受城里的党派性激情的影响而追求真理。在当时充满火药味的宗教气氛中，这个圈子显得较为格格不入，它倾向于同情索齐尼派（Socinianism），其中一些人的做法被视作具有"阿米尼乌斯派人文主义"（Arminian humanism）的特征，并且与严格死板的加尔文主义针锋相对，但与此同时它又和保王党的政治观点有相一致的地方。格劳修斯（Hugo Grotius）和胡克的学说对该团体的思想产生了较大的影响，霍布斯（Thomas Hobbes）也可能与他们有所接触。

与古代宪制的捍卫者柯克（Edward Coke）；清教徒巴克斯特（Richard Baxter）；克伦威尔主义者霍尔（John Hall）；哲学家洛克；乃至沃尔温（William Walwyn）——他是李尔本（Lilburne）的朋友、平等派的政论小册子作者、大众煽动家，此人1649年的精神自传（可以想见的是，这是他在身陷囹圄的情况下写就的）详细记述了他是如何"一度不借助书本，一遍又一遍地默闻和诵读胡克先生笔下教会原则的片段的"。①

不过，声称胡克并未代表压迫人们的当权派向精英读者群体发声，无异于重新开启了一个基本问题，即《法则》的意图和语境的问题。尤其是，它重新开启了赫尔格森提出的《法则》的"想象共同体"（imagined community）问题，这一问题关注的是：在胡克的文本中，什么样的人被囊括其中，又是什么人受到排斥？谁在胡克笔下享有殊荣（privileged），谁又被置于边缘的位置？正如赫尔格森富有说服力的断言："将各类社会团体囊括进对……共同体及其代表的……参与中，或将其排除出去"，正是围绕着这一主题展开的论争，支配了早期现代英格兰国族认同的构建，而在界定这种认同方面，宗教性的义务（religious commitments）发挥了和公民责任（civic commitments）同样重要的作用。②

---

① Eccleshall，《独特性》，前揭，页71-73、88、92；Thomas Fuller，《不列颠教会史》（*Church History of Britain*），见 *Thomas Fuller: Selections*, ed. E. K. Broadus, Oxford, 1928，页126；Hugh Trevor-Roper，《文艺复兴文集》（*Renaissance Essays*, Chicago, 1985），页104；William Walwyn，《平等派短文，1647—1653》（*The Leveller Tracts*, 1647—1653, ed. William Haller, New York, 1944），页362。

② Helgerson，《形式》，前揭，页9-10、226。

然而，胡克对共同体的兴趣并不是不证自明的。《法则》没有直接将"共同体"这一术语与它在现代的基本意涵联系在一起：无论是赫尔格森粗泛使用的某种马克思主义以阶级为基础的概念，还是安德森（Benedict Anderson）笔下"深刻的、平等的（horizontal）的同伴友谊"，抑或是当代教会学特有的互助小组模式。①《法则》几乎不曾涉及有关社会伦理、教区社交或是阶级冲突的问题，尽管胡克细致入微地探索了社会政治结构的问题，但这些问题并不属于"共同体"（community）这个语词通常指代的领域。

至此，换一种思路或许是有益的：在转向《法则》中的想象共同体之前，我们不妨先试着重新搞清楚，在16世纪有关基督教共同体的论辩之中，争论的焦点和利害攸关的问题到底是什么。可是为了实现这一点，我需要把探究的起点放到更早的时候——我将从罗马的博学家瓦罗（Varro）在"物理"（亦即自然）宗教和"公民"宗教之间所做的对比开始。②圣奥古斯丁对瓦罗今已亡佚的《人神制度稽古录》（Antiquities）进行过一番总结，据奥古斯丁所言，公民宗教混合了神话、迷信和仪典，是智者与政治家发明出来的诡计，其目的在于"掌控[平民]，并使他们始终受到控制"。③奥古斯丁补充道，瓦罗本人曾暗示公民神学是卑劣可鄙的，尽管他为了"激励普通民众崇敬诸神"的目的

---

① Benedict Anderson,《想象的共同体：民族主义的起源与散布》（Imagined Communities: Reflections on the Origin and Spread of Nationalism, London, 1991），页7。

② St. Augustine,《上帝之城》（The City of God, ed. David Knowles, trans. Henry Bettenson, Middlesex, 1972），6.5。事实上，瓦罗将宗教划分为物理的、公民的和诗性的，但是最后一类与此处的讨论无关。

③ 同上，4.32。

而掩藏了这种厌恶之情。① 相反，他认为自然神学是"为哲人们保留的专属领域"，自然神学的真理"对于普通人来说过于苛求了"，而且不管怎样，"总有许多的真理，一旦让一般公众知道，就会对他们造成不利影响，同样地，许多谎言，若是让民众信以为真，则将给他们带来益处"。② 因此对瓦罗而言，存在着两种类型的宗教：属于哲人的开明神学（enlightened theology），以及属于公民迷信的神话/巫术异教。

此外，这一划分只不过是区分精英与民众两种虔敬方式的版本之一，而在古代，此种区别可谓司空见惯。珀律比俄斯（Polybius）就这样解释道："如果有可能组建一个完全由哲人组成的国家"，那么宗教场面与迷信就不会是必要的了：

> 但是考虑到所有的民众都是反复无常的，而且充满了不法的欲望……唯一的办法就是借助神秘的恐怖和此类戏剧性的效果，使之得到控制。③

李维也以类似的手法描绘了早期罗马国王努马·庞皮利乌斯如何通过编造神奇的传说，来向罗马人灌输"对诸神的恐惧"，在当时，这是对"一群像罗马人那样粗鲁野蛮而又愚昧无知的暴徒"进行教化的唯一办法。④ 总的来说，古典作家们只是认为以

---

① 同上，4.31。
② 同上，4.31，6.5-6。
③ Polybius，《罗马兴志》（*The Histories of Polybius*, trans. Evelyn Shuckburgh, Bloomington, 1962）6.56。
④ Livy，《罗马的早期历史：〈罗马建城以来史〉的卷1至卷5》（*The Early History of Rome: Books I-V of "The History of Rome from its Foundation"*, trans. Aubrey de Selincourt, Middlesex, 1960），页54。

下说法是不言而喻的,如塞涅卡所言,民众宗教是一件"属于习俗的事务,与真理几乎毫无瓜葛"。①

针对民众和精英虔敬方式的古代区分,奥古斯丁洋洋洒洒、直言不讳地在《上帝之城》(*City of God*)中进行了批判。他是这样说的:"如今,任何一位老年妇女,只要她是一名受过洗礼的基督徒,对不可见世界之真正性质的了解……都比最为博学的……哲人要多。"②奥古斯丁不厌其烦地坚称基督教是"使所有灵魂获得解放的……普遍方法",因为"神法"赐予的对象"不是某个人,或少数圣贤,而是整个国家和普罗大众"。③同样,根据布朗(Peter Brown)令人信服的总结,奥古斯丁反多纳图派作品的主张也代表了这种观点:

> 通常被称作正派的天主教普通信徒……他与自己的妻子同床共枕,通常是不得已而为之,也常常只是为了享受其中的愉悦;在荣誉的问题上敏感易怒,把仇杀争斗当作家常便饭;他不对土地巧取豪夺,但也能为了保卫自己的财产挺身而战,虽然战场只是主教的法庭;尽管如此,在奥古斯丁的心目中,一名正派的基督徒就是这样一个人,他"把自己当成一个耻辱,而将荣光归于上帝"。④

---

① 引自 Augustine,《上帝之城》,前揭,页 250–251。
② Peter Brown,《古代晚期的权力和信仰:朝向基督教帝国》(*Power and Persuasion in Late Antiquity: Towards a Christian Empire*, Madison, 1992),页 73–74;参见 Augustine,《上帝之城》,前揭,10.11。
③ Augustine,《上帝之城》,前揭,8.10、10.32、10.13。
④ Peter Brown,《希波的奥古斯丁:一部传记》(*Augustine of Hippo: A Biography*, Berkeley, 1967),页 348。

奥古斯丁对基督教共同体（Christian communitas）的定义背后，是他对古代哲人的精神精英主义的不满。对亚里士多德而言，真正的政治共同体是建立在平等者的友爱（philia）之上的。而在奥古斯丁看来，将教会成员"联合起来的，则是他们在所爱对象上的普遍一致"，这种爱使那些在社会地位、智性水平乃至道德品质方面参差不齐的人们得以结合为一个单一的"人众"（people）。[1]

奥古斯丁的"基督教平民主义"——借用布朗的精妙措辞——支配了此后的教会观念，它传播了一种基督教共同体的图景，在这一图景中，城邦诸神与哲人之神之间的古老对立得到了克服。可是宗教改革又沿着忏悔线使这种教会学再次成为一个问题。也就是说，在处理大众宗教和精英宗教的关系方面，新教和罗马天主教发展出了两套具有关键性差异的模式。值得注意的是，我们可以在被特里沃-罗珀（Hugh Trevor-Roper）称为胡克《法则》的"政治补充"的作品——《欧罗巴之镜：或谓对西方世界宗教状况的审视或考察》（Europae Speculum: Or a View or Survey of the State of Religion in the Westerne Parts of the World）中看到对这一差异详尽而周密的分析，这本书是埃德温·桑迪斯在1599年写成的，此人乃是胡克的保护人、学生、朋友兼编辑。[2]

桑迪斯的文本是他在欧洲大陆六年游历的成果，在这本书中，他用精巧老练、无情祛魅的文笔，描绘了罗马教会运作的方

---

[1] Augustine,《上帝之城》，前揭，19.24。
[2] Trevor-Roper,《文艺复兴文集》，前揭，页111。

式，集中关注了维系教皇统治权的意识形态、经济和政治机制。桑迪斯尤其将罗马天主教当成大众宗教的一种形式加以分析——和所有大众宗教一样，罗马天主教开发出场面辉煌、令人情绪泛滥的仪典，从而迎合赫尔格森笔下"愚昧粗鄙的群众"的宗教情感（religious sensibilities）。他解释道，罗马拥有"几乎无穷无尽的"手段"使所有情感陷入迷醉痴狂的境地"，它利用任何"［可以生效的］奇迹对付轻信者，用幻觉对付空想者，用华美的场面来对付愚昧单纯的俗人，用数不清的典礼对付迷信的无知之徒"。①

不过，桑迪斯表明：罗马教会并没有回到古代对俗众虔敬和哲学虔敬的二分。基督教平民主义的教皇版本转向依靠一种极端反理性主义认识论，它否认神学学问在证成基督教义时具备单纯的信仰所没有的优势，或是享有通往真理的任何捷径。根据罗马教廷辩护者的说法，"神学学问只是一种可能的证据，而在教义所有可能的证据中，教会的证道具备最大的可能性"。因此桑迪斯指出，罗马教导人们：

> 基督教是一种关于信仰的教条，所有人，甚至孩童都能掌握……这意味着［上帝］眷顾俗众……如果没有另外一个人的权威供他们依靠……仅凭这些人的能力不足以听到神深藏的秘密。所以这些只信仰而不理解的人就有福了：相比其他许多精微深奥的知识，他们的宗教谦卑和顺从的长处能够

---

① Edwin Sandys,《欧罗巴之镜：或谓对西方世界宗教状况的审视或考察》(*Europae Speculum: Or a View or Survey of the State of Religion in the Westerne Parts of the World*, London, 1637)，页 34 – 35。

在上帝面前获得更多的荣耀，也更蒙上帝的悦纳。(《欧罗巴之镜》，前揭，页28－32)①

这种信仰主义为罗马教会对盲从的要求提供了坚实的基础，同样也支持着它对理性探究的敌意，驱策着它以平民主义方式迎合感觉与情绪的行为。教皇就像陀思妥耶夫斯基（Dostoyevsky）笔下的宗教大法官，将自己对灵魂的普遍统治称为对"俗众"的关怀——上帝的关怀，从而证成这种统治的正当性。但对宗教大法官和教皇而言，这种奇迹般的包容性都付出了相应的代价，正如桑迪斯做出的结论：罗马"唯一"缺乏的就是"真理与诚实"（《欧罗巴之镜》，前揭，页98）。

因此，桑迪斯认为，宗教改革在首要的意义上，是针对这种伪善、欺诈的一次剧烈反应，罗马教廷正是凭借着伪善和欺诈，哄骗那些愚昧者和轻信者，使他们俯首帖耳、唯命是从。也就是说，对教廷所持"伪真理"的人文主义发现导致了宗教改革：伪真理编造出了"孩童们都会耻笑的圣徒传奇故事"，在"想像中制造歪曲的传说，让人们流泪、流汗、流血"，甚至"篡改和伪

---

① 所以笛卡尔解释道，他之所以决定不把他的天资浪费在神学上，是因为"人家十分肯定地说：最无知的人也同最博学的人一样可以进入天堂"（《方法谈》[*Discourse on Method*, trans. E. Haldane and G. R. T. Ross]，见《从笛卡尔到尼采的欧洲哲人》[*The European Philosophers from Descartes to Nietzsche*, ed. Monroe Beardsley, New York, 1960]，页9）。亦可参见帕斯卡尔的观察："其他的宗教，比如异教徒的那些，就更加大众化，这是因为它们是存在于外部的，但是它们并不是为聪明人准备的。一种纯粹的智性宗教（intellectual religion）将更适合于聪明人，但对人民来说则没什么好处。唯有基督教是适合于所有人，它是外在与内在的结合。"（《思想录》[*Pensées*, trans. A. J. Krailsheimer, Middlesex, 1966]，页99）

造古代的一切，对真相加以篡入、删改和压制，只要他们需要，就唆使别人写出异想天开的东西"——所有这一切无不表明，"他们对真理的理解少得可怜"（《欧罗巴之镜》，前揭，页8、27、89-90、99）。与之相反的是，在桑迪斯看来，新教徒的宗教，依托的是一种人文主义的命令，它要求新教徒用"理性证明的激流"来"制服"天主教的谎言与伪造；与其对手不同，新教徒认为，"只有真实才是证明唯一持久的盔甲"，使他们的论辩立足于"真理的完整统一"（《欧罗巴之镜》，前揭，页86、102、211）。

桑迪斯显然分担了新教徒的这种人文主义许诺，但是他也注意到，宗教改革总体而言是失败的，因为它忽视了可以直抵人心的宗教形式的发展。他发现，新教的领袖：

> 在他们的这种对宗教的改革之中……的确对所有的外在宗教仪式与典礼，对政府以及教会的戒律进行了删减，竭尽全力地要和天主教会有所不同……[以免]显得他们是天主教智慧的模仿者。对教会的邪恶，他们恨之入骨：这些人就好似内心刚硬、头脑呆板的指挥官，不屑于模仿敌人使用过的任何花招，尽管只要对这些手段稍加利用，就一定会取得胜利。（《欧罗巴之镜》，前揭，页75）

新教说服了珍视理性和证明的人们，而不是"那类较愚昧的人"，后者需要"外在的仪式与荣耀"，才能"引起、鼓舞、提升、滋养"自己的献身和忠诚（《欧罗巴之镜，前揭，页9-10》）。

桑迪斯的批评，戳中了晚进的都铎王朝后期英格兰新教的软肋。清教从人文主义出发对教化（edification）和方法改革的强调，与它的预定论神学一起，鼓励了一种排外的教会学，这种教会学倾向于"将战斗的教会（church militant）等同于一伙受到拣选的圣徒，正是信仰和圣洁的行为，使他们从尘世中分离出来"。特拉弗斯解释说，教会成员的资格应当被限制在"真理的热爱者与信奉者"的范围之内。① 此处对"真理"的强调是意味深长的。与桑迪斯具有人文主义特征的新教类似，特拉弗斯的唯圣经主义"削弱了不善思考之人的地位和前景。善举和礼拜可以是习惯性的，信仰却不可能如此：它要求理解、决断、内心的确信，需要具备牢靠根据的信念"。② 这种伦理性的、内心的、具有可靠依据的虔敬，对"那类较愚昧的人"以及他们对"外在的仪式与荣耀"的需求，丝毫没有让步。无论是在实践中、还是在原则上，伊丽莎白时代的清教主义都在精英宗教和大众宗教、虔敬的基督徒和普通信徒、博学的牧师和迷信不化的教堂会众之间，造成了一道分野。

---

① Stephen Brachlow，《圣徒的教派：激进清教徒与分离主义者的教会学，1570—1625》（*The Communion of Saints：Radical Puritan and Separatist Ecclesiology*，Oxford，1988），页 116、119；参见 Catharine Davies，《"一小撮被迫害的可怜人"还是"基督徒的国家"：爱德华时代新教徒的教会观念》（"'Poor Persecuted Little Flock' or 'Commonwealth of Christians'：Edwardian Protestant Concepts of the Church"），见 *Protestantism and the National Church in Sixteenth-Century England*，London，1987，页 80。

② Christopher Haigh，《英国宗教改革：都铎王朝的宗教、政治与社会》（*English Reformations：Religion，Politics，and Society under the Tudors*，Oxford，1993），页 286。

二

胡克评论道,像卡特莱特和特拉弗斯这样的人"尽管努力地在民众当中分割(divide)圣言,但与此同时,他们也把圣言变成了分割民众、离心离德的手段"(卷5,章81,节11;2:488.27-489.1)。纵览《法则》全书,我们可以看到,胡克显然对清教徒布道坛的排他性深感不安。他担心,这种排他性"已经在自己和世界的其他部分之间引发了高度的分裂,一类人拥有弟兄、虔信者之类的称呼,而另一类人则被叫作俗人、随波逐流者、是凡人、而不是上帝的取悦者等等"(序言,章3,节11;1:18.14-17)。在这个意义上,《法则》始终被共同体这一问题萦绕着——这一问题,正是出于克服大众宗教和精英宗教张力的要求。不过,在宗教改革和反宗教改革这两种相互竞争的共同体模式之间,胡克的立场即使不是混乱的,也是颇令人费解的。

特别是在《法则》卷5中,一种在桑迪斯看来与天主教平民主义无异的倾向,得到了胡克的拥护。胡克坚持认为,"尽管在一时之间,一些更加完善、强大的人会对此感到不快,但上帝的教会"还是应当释放出"温柔的善意,以帮助那些相对弱小、但为数众多的一类人"(卷5,章35,节2;2:144.18-22)。十字手势之所以必须得到捍卫,是因为"那些稀见的完善者"必须"迁就愚笨的普通人"(卷5,章65,节10;2:310.15-16),而胡克之所以称赞教会的音乐,也是因为后者能够唤醒"那些无法仅凭言辞打动的粗野沉重的心灵"(卷5,章38,节3;2:153.12-13)。外在的仪典和符号是正当的,因为教会不应"轻视哪怕是最微小的帮助,尽管在促进上帝给我们的至高使命方面,这种帮助只起到了微不足道的作用"(卷5,章65,节10;2:310.8-11)。胡克同样动情地颂扬沉郁、深情的虔敬和美本身的圣洁性,比起"奇异曲折的思考",他显然更偏爱前者那"满怀喜悦的激越动容"和"诚挚、欢欣的泪水"(卷5,章25,节2;2:114.25-26,卷5,章67,节3;2:332.20-21)。①

这种对大众宗教的捍卫,与胡克在教会成员资格问题上极具包容性的观点彼此一致。正如米尔顿(Anthony Milton)指出的,胡克"仅仅是在基督教外在(而不是真实或纯粹)信仰的意义上"对教会加以定义。② 根据胡克的看法,如果伊丽莎白协议将英格兰国家的每个成员都视为英格兰教会的一分子,那么凭借基督徒的仁爱就可以进一步假定,"和我们一起生活的所有人"都是、或都可能成为上帝的孩子(卷5,章49,节2;2:203.15-22,卷8,章1,节2)。作为这种宽容的教会学的后果或必然推论,胡克对生活方式的全面革新,表现出了惊人的漠然态度——在教会的规训计划中,革新的核心是打击醉汉、乞丐、亵渎者、闲人、通奸者和那些"蔑视真正宗教之人"。③ 虽然《法则》没

---

① 参见 Peter Lake,《英国国教徒与清教徒?从惠特吉弗特到胡克的长老派与英国国教思想》(*Anglicans and Puritans? Presbyterianism and English Conformist Thought from Whitgift to Hooker*, London, 1988),页165。

② Anthony Milton,《英格兰教会、罗马与真正的教会:詹姆士一世时代共识的终结》("The Church of England, Rome, and the True Church: The Demise of a Jacobean Consensus"),见 *The Early Stuart Church*, 1603—1642, Stanford, 1993,页206。

③ 参 David Little,《宗教、秩序与法律:对革命前英格兰的研究》(*Religion, Order, and Law: A study in Pre-Revolutionary England*, New York, 1969),页100、77 n.175。

有讨论肉体之软弱的矫正（或惩罚）之术，但此类弱点的应对之道，已经隐含在胡克对教会音乐的辩护中了。既然在人类眼中，美德是艰辛且令人不悦的，胡克看到：

> 如果能够借用那与天国之奥秘浑然一体的旋律，让这令人喜悦的旋律在人们的耳中创造平顺与柔和，从而不知不觉地将那优良的珍宝放到人的心中，我们也能借此取悦圣灵的智慧。（卷5，章38，节3；2：153.19－23，本段是胡克对圣巴西略［Basil the Great］的翻译）

与其用禁止的办法来净化教会中那些可疑的欢愉，胡克似乎更愿意尽力利用它们——这种战略显然与赫伯特（Herbert）关联密切，后者试图清洗、打扮一番花街柳巷里"可爱迷人的语言"，再将它带到教会之中。① 胡克为圣洁外在、可感的美进行了辩护，这种辩护的基础是奥古斯丁的教义，而与审美无干；通过为基督教平民主义诉诸感官的仪式性礼拜正名，《法则》对清教教会学那种一味封闭的严苛提出了反对意见。

与桑迪斯笔下的罗马教会不同，《法则》还捍卫一种政治的平民主义（political populism）。胡克不仅强调所有人都有能力认识"对于一切人的得救而言绝对必要之事"（序言，章3，节2；1：13.8），并且所有人，至少是所有的英格兰人，都"只会为了他们的好处和安全，服从于他们自己自愿屈就的人"（卷8，章3，节2；3：336.23－25）。胡克主张，法律是从整个政治共同体

---

① Herbert，《先行者》（"The Forerunners"），见 *Major Poets of the Earlier Seventeenth Century*，Indianapolis，1973，页366。

的同意、而不是任何被赋予国王的神授权利中获得其权威的。正是这一主张，常常得到后人的评论（卷1，章10，节8；卷8，章6，节11）。就像半个世纪之后的平等派一样，胡克将他的论辩建立在教会法的"俗白公理"（vulgar axiome）之上："关涉全体之事，应得全体同意。（Quod omnes tangit ab omnibus tractari et approbari debt.）"（卷8，章6，节7；3：393.20–21）此外，胡克还将这种法律的同意理论（consensual theory）应用到了教会政治体上，坚持认为"创制教会法律"的权力属于"教会的全体，因为教会的法律就是为了它而制定的"（卷8，章6，节1；3：386.4–6）。

然而，胡克并不是平等派的一员；他也不是一个隐秘的信仰主义者，或者隐秘的天主教平民主义者。和桑迪斯笔下的教皇神学家们不同——他们依靠的是 piae frauds [宗教欺骗]、幼稚的寓言，以及对理性、证明和真理的普遍漠视——胡克的论辩依靠的是人文主义者的学识与托马斯式的理性主义。无论对"那类较蠢笨的人"做出了怎样的让步，《法则》一书的要点依旧是：文献学的训练、对神圣学问与渎神学问的熟稔、通过逻辑奠定的坚实基础，对于构建和评判教会政治体来说都是必需的——这一要点支配了全书的论证，并且隐含在它的方法与文风之中。换言之，《法则》同样假定了一种精英的人文主义，而在桑迪斯看来，这种精英的人文主义鲜明地具备了新教的特质。

《法则》从未试图掩盖这一立场必然的政治后果。虽然凭借"粗野的大众的能力"也能把握基本的道德真理——诸如爱你的邻人、尊敬你的父母、禁止谋杀等等——但这些被胡克称作"俗众"（vulgar sort）或"普罗大众"（common multitude）的人们却不具备相应的知识或审断技艺（deliberative skill），他们无法让普遍的原则适应于特殊的情况和历史的语境。因此，既然"能力庸常之辈……无法（因为他们应该如何做到呢？）辨别什么东西最合宜于不同类型和状态下的政府"，那么自然"只有明智之人才应当被允许……制定法律"。① 就教会事务而言，普通基督徒也不是称职的评判者；在一段出奇严厉而焦虑的文字中，胡克评论道，清教徒对纯粹属人权威的蔑视已经导致了这样一种状况：

> 我们很少看到谁有能力可以通情达理地说出只言片语，而在有关《圣经》事务的疑难问题上，他们居然可以毫无羞赧之色、不加迟疑地认为，区区自身的一个肯定，不亚于全世界所有明智、庄重、博学的判断所做出的否定。这种傲慢跋扈的态度必须受到抑制，否则它将成为基督宗教十足的祸害。（卷2，章7，节6；1：183.14 – 19）

因此，《法则》提供了两个看似对立的共同体类型。一方面，胡克为一种仪式和政治上的平民主义申辩，也就是说，他既维护热心敬礼（popular piety）中情感性的仪式主义，同时也捍卫一切正当权威的源头，即大众的同意。但另一方面，胡克也拒斥追随信仰主义、将学识和逻辑抑于信仰之下，他否认"普罗大众"的政治能力，并将积极参与教会与国家治理的资格限制在名门贵胄和明智之士的范围之内。尽管胡克将一种属灵的精英主义（spiritual elitism）与清教关联在一起、并始终避免这种倾向，但他仍

---

① 卷5，章9，节2 – 3；序言，章3，节2；序言，章4，节4 – 6；参见 Helgerson，《民族性的形式》，前揭，页273。

然为人文主义者的精英主义进行辩护，若干年之后，在桑迪斯笔下同新教联系起来的，正是这后一种精英主义。

这样说来，《法则》的本来面目似乎已然暴露在我们面前——正如鲍斯玛（William Bouwsma）所言：这是一道"糅合了一系列矛盾倾向的大杂烩"。[①] 然而，《法则》中隐含的不少矛盾，仅仅是表面性的。胡克借用了亚里士多德政治理论的总体框架，在这一理论中，精英的统治和建立在同意之上的政府并不是两种互斥的方案；相反，那种被亚里士多德称为共和政体（polity）或宪制政府（constitutional government）的政体类型——亚氏认为这是现存的政体当中最好的一种——恰恰混合了贵族元素和民主/平民元素，这与胡克在《法则》当中勾勒出来的方案是类似的。[②] 根据亚里士多德的观点，在一个宪制政府中，尽管公民的全体都参与了对候选人的选举，但城邦（polis）中的公职仍然掌握于一群在出身和才能上出众的精英手中。虽然胡克只谈到了民众的同意（popular consent），而未曾谈及民众的选举（popular elections），但从总体上看，他还是将亚里士多德对精英和民众的分工保留了下来，前者制定法律，而如果前者提议的立法要获得强制力，那么后者的同意就是必需的：

> 在立法过程当中，最自然也最严谨的做法是，由在相关

[①] William Bouwsma，《欧洲文化史语境中的胡克》（"Richard Hooker in the Context of European Cultural History"），见 *Richard Hooker and the Construction of Christian Community*，Medieval & Renaissance Texts & Studies，1997，页43。

[②] Aristotle，《政治学》（*Politics*），卷3，章11；卷4，章8，trans. B. Jowett，见 vol. 2 of *The Complete Works of Aristotle*，ed. Jonathan Barnes，Princeton，1984。

问题上最明智者的判断产生出事务的安排……不过，在各种各样的智慧之士已经为了教会法的制定而殚精竭虑之后，恰恰是所有人的普遍同意将法律的形式与活力给予了他们，如果没有这种同意，这些智慧之士对我们来说，不过就是一群对病人提出忠告的医生罢了。（卷8，章6，节11；3: 403.10-22）

胡克的世俗政治体模式与教会政治体模式，均源自这种亚里士多德式的共和主义，后者试图在暴民统治和寡头僭政之间寻找一条中庸之道，而实现这一点的方式，就是在一种单一的"混合宪制"（mixed constitution）中结合民主制的要素和贵族制的要素。① 奇怪的是，加尔文主义的教会学同样源自这一传统。历史总是充满反讽，其中之一便是卡特莱特与胡克居然分享了同一个亚里士多德式的基本范式。卡特莱特自己也点明了这一谱系，他注意到，长老派的戒律"在长者与牧师担纲统治这一方面……是一种贵族制，即最好之人的治理；而当涉及那些并非与世隔绝、且在教会事务中拥有其利益的民众时，它可以被视为一种民主制，或者说，民众的统治"。② 然而，胡克却反对日内瓦的这一模

---

① 胡克当然不是一个共和派，相反，他和许多中世纪和文艺复兴时期的政治理论家一样，把对政治体的亚里士多德式分析和宪制君主制（constitutional monarchy；《政治学》，卷3，章16）结合在一起，这一结果与珀律比俄斯在《罗马兴志》卷6中对罗马宪制的描述极其相似。

② 引自 Little，《宗教、秩序与法律》，前揭，页94；参见 Peter Lake，《英国国教徒与清教徒》，前揭，页212；《长老派、民族教会的理想和来自神圣权利的论点》（"Presbyterianism, the Ideal of a National Church and the Argument from Divine Right"），见 *Protestantism and the National Church in Sixteenth-Century England*, ed. Peter Lake and Maria Dowling, London, 1987，页202。

式，他的理由是这种模式过于贵族化了。他评论道，尽管加尔文主义者的教会学是以共和主义面目出现的，但实际上又把所有的实权都交给了一个教士精英团体，相反，在英格兰的教会中，"民众通常拥有比他们多得多的影响和力量"（卷7，章14，节10；3：225.30–32）。①

但无论是胡克笔下的国家，还是他笔下的国家—教会，都不能被称作一个"共同体"（community）。对卡特莱特和一般意义上的英格兰清教派而言，真正的教会必须是一个自愿的社会。无论它的准入标准有多么排他或严苛，其成员都是"弟兄"（the brethren），是一个充满手足之情、出于自由选择的结合体。因此，一个真正的教会就是一个十足的亚里士多德意义上的共同体：即由 homonoia［同心同德］和 philia［友爱］的纽带维系在一起的一群人。②虽然胡克的教会是包容的——更确切地说，恰恰因为它的包容性——它在本质上同样是一整套强制性的制度，这套制度挥舞着"肉体惩罚的大棒"，镇压教会分裂、异议、异端，压制诸如个人异见和野心的爆发（卷8，章3，节5；3：354.25）。③无论是隶属于民政，还是隶属于教会，社会都是由权力、而不是友爱维系的，胡克相当坦率地指出了这一点："审判权，是法律

---

① 莱克于是评论道："任何一位打算赞成胡克观点的英国君主都得相当仔细地阅读这些附属细则。"（《英国国教徒与清教徒》，前揭，页225）关于加尔文教徒教会学中的那种"贵族气的"教权主义，参见 Little,《宗教、秩序与法律》，前揭，71–73、77n.、88、93。

② Aristotle,《政治学》，卷2，章4–5；卷4，章11。参见 Little,《宗教、秩序与法律》，页88、91。

③ 亦参见《法则》序言，章6，节3；卷7，章3，节1；卷7，章5，节2–4；卷7，章13，节4；卷7，章18，节5。

加在人们颈上的枷锁,无论人们特殊的欲望和癖好是如何与之抵触,在这种枷锁之下,人们都必须为了他人的善,忍受它的束缚。"——说得更简明扼要些,"审判权鞭策人们与自己的意志抗衡"(卷5,章62,节16;2:282.33 – 283.4)。教会不是一个共同体,而是一个政治体。

对胡克而言,英格兰教会的成员无须在表面上同心同德,也无须视彼此为同胞弟兄。《法则》忽视了集体存在中友爱的、自然联合的(gemeinschaftliche)面向,也恰恰是这一点,将它与古典共和主义和新教教会学区别开来。那么,在胡克那里,究竟有没有一个共同体的概念呢?

在某种程度上,这是个相当容易回答的问题,因为正如我们所见,胡克为英格兰教会礼拜仪式、圣礼、礼制和仪典所作的辩护,饱含着他对基督教共同体的关切。不过,这种公祷书式的虔敬与胡克的教会政治体之间的联系仍然是模糊不清的。无需成为马基雅维利,我们就会这样怀疑:在根本上,前者只是服务于后者的工具。

如果我们想要知道,在何种意义上,这些礼拜仪式的惯例可能并不仅旨在"为英格兰社会的控制结构装点门面",那我们就有必要考察胡克关于教会的学说。在《法则》卷8中,胡克对可见的、制度化的国家—教会和不可见的教会或基督奥体(它是受圣恩"秘密的内在影响"支配的)做出了一种相当传统的区分(卷8,章4,节5;2:362.21)。[①] 但在卷5中,胡克却将教会定

---

① 所以莱克注意到,16世纪后期的国教神学家通常都会"把教会的外在政府与基督的精神身体或王国之间的决定性差距维持下来"(《长老派、民族教会的理想和来自神圣权利的论点》,前揭,页217)。

义为一个"可见的神秘体"(卷5,章24,节1;2:111.26)。这个非同寻常的定义既没有将"这个教会"(the church)与伊丽莎白女王的教会政治体等同起来,也未曾将它视为恩典不可见的内在运作,而是设想了一个由超验("神秘的")关系构造、但又在经验之中的联合体(empirical association)(一个"有形体")。

我们可以将卷5视作关于这一陌生实体的扩展性的注解。对胡克而言,教会可见的公共礼拜——它的礼拜仪式、祈祷和圣礼——创造出了一个沿着一条纵轴被构建起来的"超自然的社会"(societie supernaturall)(卷1,章15,节2;1:131.11),其中的中介则是"负责交流的天使,以及上帝与我们之间的互通"(卷5,章23,节1;2:110.14)。① 在圣礼中,基督"将他自己,乃至他的全部都给予了……每个接纳他的灵魂"(卷5,章67,节7;2:335.34 – 35),"上帝臣仆的权能……使人们从大地上升起,让上帝自己从天国降临"(卷5,章77,节1;2:425. 4 – 6)。可见的奥体是"灵魂的社会",将它维系起来的,不是安德森笔下"平等的同伴友谊",而是一种垂直的交通(卷5,章77,节2;2:425.15)。这些垂直的联系,使那类较愚昧的人有可能与更完善者团结在一个单一的共同体之内,而将他们联合在一起的,已绝不仅是审判权的枷锁和缰绳。

借助一位假想的讲道者的声音,胡克凭借一种活灵活现的拟声法(moving *prosopopoeia*),使奥体与基督教共同体的关系在自身中得到揭示,也将他对圣餐礼的讨论推向了高潮。表面上看,

---

① 我无法说服我自己相信这里的"交流"(intercourse)与"互通"(commerce)具有它们的现代经济含义。

这似乎是个自相矛盾的主张。对朱厄尔（Jewel）主教而言，圣餐礼是"基督教社会的圣礼，正是凭借着它，我们明白了在真正的领圣餐者中间，那真挚的爱应当是什么样的"，在卡特莱特看来，它是"对我们与自己的弟兄们团结一致的……宣示"。① 胡克则明确规避了这类说法，没有将圣礼描述成缔造、象征宗教团体成员间友爱的进程。但在胡克对圣餐礼的描述中，共同体仍然扮演着至关重要的角色。胡克指出，那个在第五卷总结部分慷慨陈辞的演说者，"其心灵……也许既没有闲暇，也没有智慧与能力来平息那无尽的混乱，而这种混乱，恰恰源起于围绕这一事业展开的复杂论争"（卷5，章67，节12；2：340.15 – 19）。也就是说，这位假想的讲道者仍然从属于较为愚昧的一类人，正如维克斯（Brian Vickers）看到的：在这里，胡克描述了"普通基督徒的需求"。② 不过，在这段陈辞里，大众虔敬的声音表达了一种强烈的属灵的内在性（spiritual interiority），乃至一种对神圣在场（divine presence）的强烈直觉，它体现了心灵（heart and mind）最高级的能力：

> 就让那些好奇、机敏的聪明人为他们的问题伤透脑筋吧，这是他们自己心甘情愿的，而基督之言的每个字眼已经

---

① Jewel，《一些布道或说教辞》（*Certain Sermons or Homilies*，London，1864），页481 – 483；引自 Booty，《卷5的导言》，前揭，页210。亦参见 Little，《宗教、秩序与法律》，前揭，页69、91；Lake，《英国国教徒与清教徒》，前揭，页181。

② Brian Vickers，《胡克〈法则〉中的公共和私人修辞》（"Public and Private Rhetoric in Hooker's *Lawes*"），见 *Richard Hooker and the Construction of Christian Community*，前揭，页121、144。

给了我们明确的保证，这些奥秘已经像钉子一样把我们钉在基督受难的十字架上，凭着它们，我们甚至……把他被刺伤一侧的宝血都取了出来，在我们救主的伤口那里，我们蘸了蘸自己的舌头，使它从内而外染成了红色，从而，我们的饥饿得到了满足，我们再也不会感到干渴……这面包里，包含了比我们双眼所能看到的更多的实体，那助人永生的庄严恩赐、那普惠身心的福泽，也让那酒杯成了神圣的……我们触碰这圣物，圣物令我们圣洁，凭着信仰，它启迪我们，让我们和耶稣基督的形象相合。(卷5，章67，节12；2：343.5-21)

此外，这段陈辞远不止是大众心声的记录。同样，正如维克斯看到的，这段陈辞清楚地表达了胡克自己对基督教圣贤的回应。在这个分参圣礼的假想时刻，奥古斯丁笔下的老妇人和明智的人文主义神学家内心声音的差别消弭无踪。我们无法区分大众虔诚和精英虔诚的语言——这种区分只是修辞的错视法（trompe l'oeil），正是这一错觉，规定了它所勾画的那个共同体。而胡克此处的行文方式，是一种奥古斯丁式的 sermo humilis [卑微说教]，它以并不古典的方式，将高低两种等级的风格融为一体，从而将神学和会众各自的一体性（at-one-ment）一并勾画了出来。这是因为在胡克笔下，最终，那种与超越者交融的私人经验才是共同体的基础。在《信仰》（"Faith"）一诗中，赫伯特表达了同样的意思：

> 一个村夫也可以信仰，宛如
> 一位伟大的教士，抵达那至高的高处。
> 令你那傲慢的知识卑躬屈服吧，

参差不齐的天性，恩典自会填补。①

农夫与哲人通向真理的途径是相同的，他们热爱的对象和内在的性灵也都是一样的；信仰与恩典内在的交互作用，填平了财产与教养的"自然"等级制，而代之以一个三角形的"灵魂社会"，正如半径围绕同一个中心，连接起圆周上各个不同的点。

因此，在《法则》中，仪典性的行为并非"宣示"（或象征）了一个共同体（gemeinschaft）的存在，而是创造了一个共同体。同情、伙伴关系和友爱，似乎只有当人与人的关系同"上帝、基督、圣徒的属灵团契"（卷8，章4，节6；3：365.19，引自《约翰一书》1:3）相交时，方为可能；另一方面，贯穿《法则》这一文本，胡克始终尝试从一个除魅的、政治化的视角出发，揭露这种"平等的友谊关系"。然而，在《法则》讨论公共礼拜的章节中，对于让灵性以礼拜的外表进入共同体（liturgical exfoliation of inwardness into community），胡克又表示了赞赏。因此，轮唱赞美诗的形式本身就能创造出一种纽带，这种纽带是"人与人之间，会众与牧师之间的不解之爱……和牢不可破的和睦"（卷5，章39，节1；2：154.30 - 155.4，154.20 - 24）——在轮唱赞美诗时，先是由牧师"满怀喜悦地起头"，而会众则"欣然跟随、分唱诗句，通过这种方式，他们竞相展示自己对上帝（他们赞美他的名）之荣耀的热忱，激发起他人的热情"。胡克描绘这一场景时的赞颂和热情，在之后《法则》召唤可见奥体时又反复出现。其中，最引人注目的一次（因为它的僧侣色彩最

---

① George Herbert,《信仰》("Faith"), 11.29 - 32, 见 *Major Poets*, 前揭，页230。

弱）出现在卷6，在本卷中，胡克为早期基督教允许所有基督徒彼此聆听忏悔的惯例辩护；虽然人们对"大声讲出自己的不光彩"通常十分厌恶，但在这种平信徒的告解室里，

> 当你真的……把自己的双手放在你弟兄的膝盖上，你也就触碰到了基督，正是在基督面前，你成了一个谦卑的恳求者；所以当他们在彼此面前倾洒热泪之时，即便是基督也会心生怜悯的。（卷6，章4，节7；3：32.16－17，24－27，引自德尔图良）

与讨论圣餐礼的段落一样，平等主义的共同体都是在具有超越性的场所形成的。或以廷代尔（Tyndale）的妙语言之："若一个人能在自身中感觉到上帝，那他就是和自己的邻人在一起。"①

显然，胡克对共同体的分析，回应的是一种同样困扰着桑迪斯的倾向：在宗教改革后的时代，奥古斯丁的教会学发生了分裂，这一分裂既存在于以传说和壮观场面为中心的大众虔敬之中，也出现在道德、精神和智识精英的纯正信仰（purified devotions）之中。胡克鲜明反对将摆脱迷信和天主教仪式——或是其成员的虔诚，等同于定义真正教会的标准。② 但同样，我们也几

---

① William Tyndale，《关于邪恶财神的寓言》（*The Parable of the Wicked Mammon*，1527），见 *Doctrinal Treatises and Introductions to Different Portions of The Holy Scripture*，2 vols.，ed.，Henry Walter，The Parker Society，Cambridge，1848，第1册，页58。

② 胡克当然不赞成迷信——他在《法则》卷5，章3中分析了迷信的起因和危险——但是他也未曾像加尔文那样（《基督教要义》，卷1，章4）宣称迷信的信仰在本质上就是"蔑视上帝"的，或者将其与真正的教会彻底隔绝。

乎不可能认为，胡克会支持虚伪的编造。赫尔格森注意到，《法则》依赖的是一种理性主义的、并且"猛于除魅的"历史主义，它吁请我们注意教会政治体的偶然起源及其种种强制性机制。不过，在教会的"外在统制"内部，或者是在它的一旁，抑或是在与它相反之处（胡克从未解释清楚它们的确切关系究竟何如），《法则》假定了一个由众人组成的可见奥体（visible mystical body of persons），将他们联合在一起的，是他们所爱对象的普遍一致：我们可以从轮唱的赞美诗里，在分参圣礼中，在教牧的关怀里分辨出这个共同体。胡克认为，教会首先是一个举行祷告和圣典礼拜的殿宇；不仅如此，他还是伊丽莎白时代用这种方式定义教会的首位新教徒。① 这一构想是《法则》一书的关键所在，因为，正是这些行为所象征的对于上帝的热爱与渴望构成了共同的纽带，它使俗众和博学之士、富人和穷人、惠特吉弗特和沃尔温得以在基督的奥体中结合在一起。没有了这一纽带，教会将不过是一个确保国家—意识形态一致性的政治机构（politique institution）：换言之，它将无异于瓦罗笔下的 religio civilis［公民宗教］。

三

到目前为止，我们的讨论表明了对于都铎教会及其历史学家的两点更具一般性看法。第一点关系到如今的大众文化对于反抗霸权权力的认同，第二点则涉及宗教在早期现代民族性与民族认同建构中扮演的角色。

---

① Collinson,《胡克与伊丽莎白时代的国教》，前揭，页175。

晚近大众文化研究中盛行的阶级关系对抗模式，是一种对古典政治思想的复归——到了像亚里士多德和李维这样的作家那里，他们明确并且热切地关注富人与穷人、贵族与平民之间的斗争。不过，就晚近文化研究中的第二种代表性范式而言，尽管我们同样能够找到它的古典起源，但它并不把大众文化同反抗权力与特权的支配结构联系起来，而是让大众文化与情感性的、有形的、仪式性的以及习俗化的事物发生关联。在此意义上，定义"人民"（the people）这个词的，恰恰是"人民"在抽象理性和批判理性方面的匮乏。此外，正如胡克指出的那样，既然情感被归类为"灵魂的内在力量"（卷5，章34，节1；2；140.18），那么根据这一模式，"主观性"（subjectivity）或是富有情感特征的灵性，也就同样属于大众的领域——相较于马克思主义者对内在性和资产阶级的个人主义所做的结合，这一分类似乎更能在历史上得到辩护。

上述两种版本的精英/大众二分法并不相互排斥，与柏拉图和李维一样，胡克对二者都曾加以运用。但是它们针对的是不同的问题。阶级冲突和民众反抗的叙事主要关系到获取财产与权力的途径，而高级文化和通俗文化的对比则关系到通向真理的渠道。在那些已然逃出阴暗的洞穴、站在阳光之下的人们看来，"大众的"（亦即低级、通俗、粗鄙、未开化、愚蠢、平庸的）这个词所指的，并不是那些投掷干草叉的农民，而是指由谎言、盲目的习惯和虚假的意识构成的领域。正是古典作家们预设了这种令人反感的对比。对此，奥古斯丁却明确地加以拒斥，并且正是他使这种拒斥成为教会的根本特质。和赫伯特一样，在奥古斯丁看来，因信称义（justification by faith）的教义，而非事工（works）或灵知（gnosis）"填补了参差不齐的天性"，就算是大字不识的白丁，也可以得知真理。

即便在最为贬义的意义上，这一大众/精英对立的古代版本同样假定是"人民"发展了传统、仪式、神话和其他符号形式。就他们认识和感知的风格、理解神圣者的模式、他们的信仰、欲望和实践而言，人民的确代表了较低的阶层。在这一版本中，人民被描绘成这样一群人：他们能够产生情感，但这其中并不包括怨恨、怀疑和敌意。尽管像瓦罗那样的人们认为庸众的信仰和习惯根本站不住脚，但他们自己却很当回事。

相反，现代人对颠覆性、革命性变革的痴迷，已不再鼓励对大众信仰的探究，除非它们看上去和巫术与长老派一样，威胁到了现存秩序。然而，这种将都铎/斯图亚特王朝的宗教分解为大众反抗和政府镇压的辩证法的趋势，致使它原本旨在阐明的东西——即宗教在早期现代国家形成过程中扮演的角色——变得晦暗不清了。王权力图通过强加宗教的一致，来巩固政治的统一，这一点是明白无疑的。同样显见的是，这一方案遭到了反对和抵触。写作于中世纪晚期和复辟时代的圣徒传记、自传文学、教区记录、信仰手册、神学论辩和牧师手册，记录了接踵而至的冲突。然而，这些文献记载的主要内容却是别的东西：即在宗教共同体中不断增长的地方性试验——这些全新的试验，有些违背了教会政治体的法律，有些则与之一致。与其长老派论敌的想象共同体一样，胡克《法则》的第五卷本身就是一次这样的试验。

早期现代英格兰的教区景观布满了各种想象的共同体和即兴发明的共同体。在《揭开圣坛》（*The Stripping of the Altars*）一书中，达菲（Eamon Duffy）曾不惜笔墨地详述了中世纪晚期的平信徒们是如何"改造、发展、全方位地运用他们继承下来的仪式，从而表达他们对共同体的体验、对更大秩序的意识,乃至他们对自身生活世界意义之领悟"的:在平信徒发起的圣体节(Corpus Christi)游行中,人们用旗帜、花环和火光装点队伍;在圣托马斯之夜(Saint Thomas eve),人们点燃篝火,并为穷人准备了"长长的羊肉馅饼和摆在板子上的豌豆鳕鱼"——诸如此类近似于礼拜仪式的庆典,"不属于任何法定的权威,而只属于普通百姓的习俗"。①

尽管新教徒在宗教共同体中未曾做出如此醒目的新尝试,但后宗教改革时代的教会规制也必然是一种即兴发明。我们不妨将宗教改革看成是一系列(经常是不协调的)尝试,其旨归在于发展出"圣洁的邻人之爱"(holy neighbourliness)的崭新形态。② 胡克、卡特莱特、费拉尔(Ferrar)、赫伯特、安德鲁斯、雷恩(Wren)以及巴克斯特,他们都热切地(而且有时是冷酷无情地)努力塑造那些可见的奥体。位于小吉丁(Little Gidding)的家族教会就是宗教共同体内的一次实验,③ 和巴克斯特的基德明斯特(Kidderminster)教区一样,每到主日的时候,"你能听到成百户人家在吟唱圣诗和复诵布道",经过了若干年的试验,巴克

---

① Eamon Duffy,《揭开圣坛:公元 1400—1580 英格兰的传统宗教》(*The Stripping of the Altars: Traditional Religion in England c. 1400—c. 1580*, New Haven, 1992),页 7、18、20、44、101、138、142。

② 这个短语取自达菲,见《揭开圣坛》,前揭,页 138。

③ [译注] 小吉丁(Little Gidding)是英格兰剑桥郡的一座小村庄和民政教区。1626 年,费拉尔(Nicholas Ferrar)在此地建立起一个圣公会的宗教共同体,包括他的两个兄弟姊妹以及他们各自的大家庭。这个共同体严格遵守高教会和公祷书的礼拜仪式进行宗教生活,查理一世曾两次访问此地。在费拉尔离开人世之后,这里的共同体继续维持了二十年,直到他的两位亲人在 1657 年辞世为止。20 世纪的英国诗人艾略特(T. S. Eliot)有以此地名为题的长诗,这首诗正是受该地宗教共同体的事迹鼓舞而写下的。

斯特曾一度认为，他在此地的成功也许正预示着英格兰将转变成"一个圣徒的王国，一个圣洁的典范……无与伦比的尘世天国"。①清教徒和高教会牧师都是声名狼藉的即兴发明家。在伊丽莎白和詹姆士一世治下，不服从国教者的教区用严守安息日（Sabbatarianism）的准则和布道取代公祷书规制的日历与礼拜仪式，这些做法，得到了那些同情清教的贵族的支持，后者用自己在教会中的权威予以庇护。伊利的安德鲁斯主教（Andrewes at Ely）、彼得学院的雷恩（Wren at Peterhouse）院长、达伦的科森（Cosin at Durham）用香、图像、十字褡和圣餐杯进行各自的试验——这些仪轨与装饰的目的，就是为了引入胡克所说的"超自然社会"。②

正是在这些地方性领域中——在各式各样的教区、讲道、家庭和小教堂里——早期现代的英格兰基督徒即兴发明出了宗教共同体的符号形式与社会形态，它们被设计出来，是为了展现那些人的信仰、理想和团结。它们体现了大众宗教体验的多样性：之所以这样说，并不是因为它们的起源完全来自下层社会（尽管鉴于都铎王朝的神职人员总体而言来自第三等级，我们尚无法严格

---

① Richard Baxter,《巴克斯特自传》(*The Autobiography of Richard Baxter, being the Reliquiae Baxterianae, abridged from the folio* [1696], ed. J. M. Lloyd Thomas, London, 1925), 页77–79、84；所以莱克评论道："镌刻在长老派计划核心的东西创造了这样一个时刻，此时教会的内在和外在政府的分别消融无踪，而基督的精神身体在神圣者的共同体中得以具现。"(《长老派、民族教会的理想和来自神圣权利的论点》，前揭，页200)。

② 教会的传记和自传提供了有关都铎/斯图亚特王朝宗教本土形式的大量信息，从而造成了一种多少具有误导性的以教士为中心的图景。现存的有关平信徒虔敬（或不虔敬）的材料，通常都源自法庭记录，因此会给我们一种同样具有欺骗性的印象，让人以为存在着势头猖獗的不满和纠纷。

区分教士和俗人最初的即兴发明），而只是因为它们不是自上强加而来的东西。① 因此我们看到，在1581年时，伦敦主教艾尔默（John Aylmer）苦恼地发现，在埃塞克斯（Essex）的三百五十个教区中，只有七个教区在礼拜仪式中采用了相同的方式。② 尽管

---

① 16世纪80年代晚期对埃塞克斯各教区的一次调查包括了一份富于启发性的名单，它涉及了伊丽莎白时代神职人员的社会来源：怀廷（Whiting）先生，来自托普斯菲尔德（Toppesfield）的牧师，曾经是一位男佣；波茨（Potts）先生，托尔森达尔西（Tolleshunt Darcie）的牧师，曾经是一名裁缝；芒登（Munden）的希克森（Hickson）先生，曾是一名男佣；沃舍（Washer）先生，厄普明斯特（Upminster）的牧师，曾是一位杂货商；休伊特（Hewet）先生，来自卡普福德（Copford）的牧师，一度是一名药剂师；埃力斯（Ellis）先生，阿伯顿（Abberton）的牧师，曾是一名亚麻布制品商；珀金斯（Perkins）先生，南汉宁菲尔德（South Hanningfield）的牧师，一度是一个鱼贩子，现在是一名纽扣工匠。（A. Tindal Hart,《伊丽莎白和斯图亚特时代的乡村牧师，1550—1660》[The Country Clergy in Elizabethan and Stuart Times, 1558—1660, London, 1958]，页24-25）

② 然而除了三个教区之外，其他的教区都使用了祈祷书（Hart,《伊丽莎白和斯图亚特时代的乡村牧师》，前揭，页21、23）。1565年，格林德尔（Grindal）对礼拜仪式实验超出控制的蔓延之势做了带有明显挫败感的评论：一些人说在圣坛上进行仪式和祈祷，其他人则说在教堂的主体部分做这些事；一些人说应该在教堂当中制作的坐席上，一些人则说要在讲道坛上，并使他们的脸面向人群；一些人严格地遵守祈祷书的次序，其他人则打乱了圣诗的韵律；一些人说要穿白色法衣，其他人却说不应该穿；一些人说圣餐桌摆在教堂主体的某些位置，到了其他人嘴里，它就被摆到了圣坛上……一些人说圣餐礼是由穿着白色法衣，戴着帽子的人来主持的，另一些人则说只要穿白色法衣，剩下的人却说两样都不用；一些人用高脚杯（chalice），一些人用圣餐杯（communion cup），其他人则用普通的杯子；一些人用未经发酵的面包，一些人则吃发酵过的面包；一些人在领圣餐时是跪着的，另一部分人是站着的，其他的人则是坐着的……一些人戴方形的无檐帽，一些戴圆形的无檐帽，一些人戴纽扣帽，其他人则戴有檐帽（Hart,《伊丽莎白和斯图亚特时代的乡村牧师》，前揭，页21）。

其中的某些试验与政府的规划起了冲突，但绝大多数的试验并非如此；我们可以说，在这样的共同体和国家—宗教之间，是一种若即若离（tangential）的关系，而不是彼此对立（opposed）的关系。①

这些宗教共同体并不完全是地方性的。都铎/斯图亚特时代的宗教发挥了核心的作用，它汇聚了多方的忠诚（multiple allegiances），这种忠诚并不与国家的边界完全吻合。无论是罗马天主教，还是加尔文派的国际主义（internationale），抑或是以某种更微妙的方式发挥效力的胡克的教父传统，都提供了不以国族性（nationhood）为基础的权威和身份认同。

我想，我们可以说：早期现代的宗教通常既创造了，也占据了处于国家审判权之外的空间。在政治体的缝隙中，五花八门的可见奥体生根繁衍，建立起国际的、地方性的、垂直的"灵魂的社会"，补充（也有可能压倒）了国族性的认同。这类空间，不仅包括教士的密室、非国教徒的秘密集会、清教徒的家室（domestic interiors），还包括隐藏在公开礼拜中的私密缝隙。在那儿，人可以"与上帝、基督和圣徒团契"持守住"灵魂最精微的空间"，这些地方，正如阿奎那所指出的，并不隶属于国家的控制。② 永恒与时间交会之处，同样也是政治体领域与共同体领域、

---

① 莱克于是评论说，"对于为一个真正意义上的民族教会创造出具有说服力的理论基础而言"，英格兰的新教似乎"并不是十分合适的意识形态"（《长老派、民族教会的理想和来自神圣权利的论点》，前揭，页193）。

② Herbert，《圣餐》（"The H. Communion"），1.22，见 *Major Poets*, 232；Aquinas，《神学大全》（*Summa theologiae*），2a2ae, 104.5, 见 *St. Thomas Aquinas on Politics and Ethics*, ed. and trans. Paul Sigmund, New York, 1988，页75–76。

服从（subjection）与主动性流转下行之处。

胡克为早期现代英格兰基督教反抗国家霸权侵犯的主张提供了一个判例。《论教会政治体的法则》捍卫国王的至尊地位，并且主张，是宗教提供了维持政治秩序的道德支撑。《法则》中的一些段落，尤其是在卷5开端讨论"宗教的政治用途"的章节，使胡克仿佛与霍布斯有几分相似。① 然而，鉴于该书的其余部分基于"社会和超自然社会"的分离（卷1，章15，节2；1：131.10-11）、发展了胡克关于可见奥体的概念，这一关于虔敬的政治用益的主张似乎更多是一种防御性策略，而不是指导性原则。的确，这个想象的共同体是从国家—教会规制的礼拜仪式中产生的，但它恰恰也脱离于制度化的政治结构，因为后者是根据审判权、同意、法律和强制来组织大众/精英的关系，而前者所处理的则是属灵的伙伴关系、情感的内在状态、僧侣的中介职司、轮唱赞美诗创造的友爱联合、灵魂的社会、普通基督徒的属灵渴望，以及那些"不在属人权能支配之下"（卷5，章77，节3；2：426.9）的事情。如果说，胡克的教会并没有对都铎王朝的现状提出异议，那他也从未对其加以复制。正如莱克（Peter Lake）所指出的那样，胡克发明（invent）了这个教会。② 它是一个想象的共同体，同早期现代英格兰的人们想象出来、即兴发明

---

① 我认为开篇这一简短的章节误导了布蒂（Booty），使他得出结论，以为胡克对《公祷书》（*Book of Common Prayer*）的维护立足于如下的主张，亦即"宗教对于一个国家的幸福（well-being）而言乃是必要的"（参见《卷5的导言》，前揭，页191）。当胡克明确断言这一点的时候，他似乎并不欣赏其中务实的马基雅维利主义；他没有将有关伊丽莎白祈祷书的事例建立在它的政治效用之上。

② Lake，《英国国教徒与清教徒》，前揭，页227。

出来的其他宗教共同体一样,它寄居在民族—国家的外围和缝隙之中。

并不出人意料的是,国家试图收回这些空间。以君权神授为核心的绝对主义将国王的政治身体转变为一个可见的 corpus mysticum［奥体］,而霍布斯极端的伊拉斯都主义（ultra - Erastian）①教会学则呼吁复兴古代的 religio civilis［公民宗教］,将神圣事物置于主权之中,从而禁止它在其他地方出现。② 然而,这些筹划都没能阻止想象的共同体在 17 世纪中叶的盛行。只有经历了启蒙运动之后,以国族形式存在的诸奥体才不再产生扣人心弦的难题。通过"严格"区分市场中的偶像和哲人之神,斯宾诺莎、休谟和吉本等人复活了将文化分为高/低两级的古代模式。③ 正如布朗（Peter Brown）所言,这一区分得享了漫长的保质期,如今,大众宗教这一范畴,既包括异议教派（dissenting sects）,又涵盖了天主教、劳德派和（至少在隐含的意义上）基督教的全部——大众宗教的所有表现,都被归入了虚假的领域,成了"不属于任何法定的权威,而只属于普通百姓的习俗"的东西。启蒙运动吸纳了异端的激进意味,胡克认为,自己在清教徒的思想中也检测

---

① ［译注］伊拉斯都（Thomas Erastus, 1524—1583）是一位瑞士医生和神学家。他主张应当由国家来对基督徒犯下的罪施加惩罚,教会则应该取消圣礼的惩戒功能。

② 作为一名哲人的霍布斯,在这一问题上的态度是相对始终如一的,但是大多数斯图亚特王朝的绝对主义者是高教会派（high - church）的牧师,他们不仅主张神授的王权,而且还鼓吹 jure divino［按照神法］的主教制度,进而移动了,而不是消除了政治领域和神圣领域之间的滑移点——清教的批评家们很乐意逮住这个不连贯之处。

③ Brown,《古代晚期的社会与圣物》(*Society and the Holy in Late Antiquity*, Berkeley, 1982),页 9 - 11。

到了这种激进性,那就是:"内里的人的完全救赎……必须只属知识本身。"(卷5,章60,节4;2:257.2-4)这并不是说在王政复辟之后,宗教共同体已经枯萎凋零,① 而是在被剥夺了认识论意义上的合法性之后,除非宗教共同体将自己武装起来,否则在古文物研究者之外,它们将再也无法赢得严肃的关注者了。

---

① 1994年太平洋电话公司(Pacific Bell)有关西圣费尔南多谷(the western San Fernando Valley)的黄页上,列举了七十四个基督教分离教派(其中有五种类型的长老派)。我最喜欢的条目是卡诺加公园(Canoga Park)的信仰浸礼会教堂(the Faith Baptist Church)的广告,它宣告:"我们相信《圣经》的詹姆斯国王钦定译本(the KJV)是无误的上帝之言。"

胡克论至高王权

埃普利（Daniel Eppley） 著

姚啸宇 译

在《论教会政治体的法则》第八卷中，胡克回应了对至高王权（the Royal Supremacy）的反对意见。这种敌对的声浪源于罗马天主教徒与英格兰长老派对它做出的控诉。这两类伊丽莎白时期教会的反对者都同意，一种由具备神圣基础的属灵权威领导、在制度上自治的教会是必要的，因此二者也都赞成："这个国家的法律赋予它的最高统治者的那种教会统治权，是任何民政君主或统治者都无法得到的。"（卷8，标题；3：315.3-7）① 胡克的回应分为三个部分：首先，他讨论了几个总体性的问题，分别涉及教会的本性、统治权的含义，以及英格兰王权统治教会的方式（章1-3）。之后的章节讨论了神学方面的关切，这些关切，产生于"我们给予英格兰国王们对于教会的首脑

---

① ［译注］本文当中所有对胡克的引用均来自《论教会政治体的法则》一书，作者依据的是 W. Speed Hill 主编的《福尔杰版胡克著作集》（*The Folger Library Edition of the Works of Richard Hooker*, Harvard, 1977），其章节编排与基布尔（Keble）版的胡克文集有所出入，请读者注意。注释中的数字分别表示册数、页码和行数，比如本条注释中的 3：315.3-7 就表示第3册，页315，行3-7。

头衔"（卷8，目录；3：315.15 – 16）。在这一卷最后，胡克则考量了囊括在国王的教会统治权中的特定权力与特权，并以此为本卷作结（章5 – 9）。

至高王权与教会的本性

在卷8，章1里，胡克进行了一些准备性的工作，稍后他将以此为前提，阐述君主领导英格兰教会的权威的基础，即：这一权威是"通过这个国家的法律被赋予王权的"（卷8，章1，节2；3：317.19 – 21）。他在开篇回应的异议立足于以下主张：

> 那些仅仅是平信徒的国王［假定自己拥有教会的领导权］……逾越了自身职分的合法边界。他们最终可能会使人们相信，首先，［至高王权的反对者们］永久性地将教会和国家（commonwealth）进行了必要的切割；其次，他们将所有种类的教会权力和教会联系在一起，仿佛这种权力在各种意义上都是他们独有的权利（他们因其属灵职责而被称为教会—统治者），与基督教君主不存在任何明白的关联。（卷8，章1，节2；3：317.21 – 318.2）

胡克将第二项主张留至之后的章节进行处理。在第一章中，他考量了将教会和国家永久性地一分为二的所谓必要性。这样的区分在宗教多样化的共同体中无疑是重要的（卷8，章1，节3；3：320.14 – 29，卷8，章1，节4；3：322.27 – 323.23），但胡克认为，在一个所有人都是基督徒的国家中，这似乎就是无稽之谈了。

> 教会的名称不过是意味着,由人们组成的一个社会首先在某种公共的统治形式下联合起来,其次由于基督宗教在其中推行,得以和其他社会区别开来……在这个国家里,也没有哪个成员是不属于英格兰教会的。这就像在一个三角形里,虽然底边的确和另外两条侧边不同,但这条边既是底边,也是侧边,成为侧边很容易,但假如它碰巧位于底部且构成其他部分的基础,那么它也就成了底边:所以,虽然是某一类性质和活动使一群人获得了国家的名称,又是另一类性质和功能赋予了他们教会之名,但这同样的一群人在这种情况下同时就是二者,这对我们而言也是如此:任何人只要属于两者之一,就无法否认自己同样是另者的成员。(卷8,章1,节2;3:319.6–27)

胡克并不打算废除教会和国家之间的区分,但是他否认在两者的成员资格(membership)间进行永久性的切割是必要的。"因为事实在于,教会和国家这两个名称所意指的东西确实是不同的。""国家"是一个生活在特定政治构架下的共同体,而"教会"这个共同体则信奉真正的宗教。然而这些区别都是偶性的(accidental)区别,"这些偶性可以、也应该永远亲密无间地共存于同一个主体之中"(卷8,章1,节5;3:325.1–4)。在偶然情况下,"教师"和"医生"这两种称呼会被用来描述不同的人,但是这"并不妨碍这两者可能同为一人"。

"国家"[和]"教会"[的名称]尽管始终蕴含着已经被规定下来的偶性的区别,但它们也并不总是意指不同的主体。所以,当我们在同一个**基督教社会**中将教会和国家对立起来的时候,我们用"国家"一词指与所有公共事务联系在一起的社会,其中,唯独与真正宗教(true religion)相关的事务被排除在外。用"**教会**",我们是在仅仅与真正宗教的事务产生关联、而不涉及任何其他事务的意义上,指称这同一个社会。(卷8,章1,节5;3:325.16 – 326.10)

就像如果一位教师碰巧也是一位医生,那么他给人开药方就没什么奇怪的,假如这个国家恰好也是一个教会,那么我们也不用因为它对教会事务发号施令而大惊小怪。同样地,正如一个人作为一名教师可以是非常成功的,但是作为一名医生则表现平平,或者恰巧相反,又或是他在两个领域都业绩非凡。

当那个既是**教会**、又是国家的社会在属于它作为国家的事务上兴旺发达之时,我们就说这个国家是繁荣昌盛的;当这个社会作为**教会**,在它所关心的事务上蓬勃向上时,这个**教会**就是蒸蒸日上的;而当它在两个方面都繁盛勃兴时,那么这个**教会**和国家就齐头并进,迈向辉煌了。(卷8,章1,节5;3:326.10 – 15)

胡克和长老派论争中的一个关键要点是胡克的一项主张,他认为,每一个英格兰臣民也同时是一名基督徒。为了捍卫自己的观点,胡克澄清道,当他说所有英格兰民众都信奉真正的宗教时,"我们这里所指的是广义上的真正宗教,而不是依据各人的标准,这是因为,他们在某些特定的宗教问题上是与真宗教相违背的,不过,如果将他们与异教徒们相比,我们仍有最大把握断言,他们信奉的乃是真正的宗教"(卷8,章1,节2;3:318.21-26)。为了维护他对教会成员资格极具包容性的定义,胡克凭借可见教会(visible church)与不可见教会(invisible church)(或称"神秘"[mystical]教会)这对区分,强调后者包含的范围不可作为前者的标准。① 清教徒要求人们展示证实自己作为不可见教会一员的神圣标记(signs of holiness),并将此作为可见教会成员资格的条件,他们试图通过这种方式建立起一个由圣徒们组成的共同体。针对这种立场,胡克着重指出:凡人无法辨别什么人是神秘教会的成员,于是,对神秘教会成员资格的揣测就无法

---

① 参见卷3,章1;1:194.17-206.31。可见教会与不可见教会的分野一定不能被描绘得过于尖锐,在可见教会和恩典在基督徒当中的内在活动之间,胡克设想出了一种重要的联系。豪高(William Haugaard)认为,比起"不可见的"(invisible),胡克更加偏爱"神秘的"(mystical)这个术语,恰恰体现了此种关系。McGrade,《福尔杰版胡克著作集》,前揭,第6册上,页170-173。亦参见David Neelands,《胡克论可见教会与不可见教会的界定》("Richard Hooker on the Identity of the Visible and Invisible Church"),见 *Richard Hooker and the English Reformation*, Dordrecht, Boston, London, 2003,页99-110;Debora Shuger,《"超自然社会":胡克〈法则〉中的想象共同体》("'Societie Supernaturall': The Imagined Community of Hooker's *Laws*"),见 *Richard Hooker and the Construction of Christian Community*, Tempe, AZ, 1997,页320-324。尽管在胡克的思想中,对可见教会与神秘教会的区分一定不是绝对的,但在胡克为伊丽莎白时代的教会辩护的时候,这种区分确实既真实又重要。

用来界定或构建可见教会。而唯一"与基督的可见教会完全切断关系的方式,就是彻底的背信(Apostasy),对整个基督教信仰加以直截了当的否认和绝对的拒斥,以至于这些行为与不贞只有表面上的差别"(卷5,章68,节6;2:352.5-8)。①

教会和国家施加惩罚的不同影响,似乎会威胁两种共同体的同体性(personal equivalence),但正如胡克所表明的,这里的情况并非如此。诸如处决(execution)或放逐这样的民政惩罚,在将一个人排除出国家的同时,也将他逐出了教会。较轻的民政处罚"仅仅涉及我们对公共事务的处理,通过这种方式,既能使一个人被驱逐出去,也可以重新恢复身份,却又不会减损或增加组成教会或国家的人数"(卷8,章1,节6;3:328.11-17)。可是,开除教籍(excommunication)的情况又如何呢?难道这种惩罚方式不会危及教会与国家的同体性吗?答案是否定的,尽管开除教籍的确"切断了人与教会的关系,而没有使人脱离国家"(卷8,章1,节6;3:328.27-28)。正如胡克澄清的那样,开除教籍并不是在否认一个人基督徒身份的意义上将他逐出教会,而是禁止他"参加属于教会团体之事的圣餐仪式(Communion)"

---

① 相较于清教徒的见解,胡克如何看待可见教会与不可见教会的关系,可参见 Peter Lake,《国教徒与清教徒?从惠特吉弗特到胡克的长老派与英国国教思想》(*Anglicans and Puritans? Presbyterianism and English Conformist Thought from Whitgift to Hooker*, London and Boston, 1988),页34-35,40-41,160-161,177-182。一个人可能深陷罪孽并且背离上帝,但他仍然可以被正当地算作是可见教会的成员,关于这一问题,参见《法则》卷3,章1,节7-8;1:198.4-199.25。关于凡人不可能判别神秘教会的成员资格,参见卷3,章1,节2;1:194.27-195.22。

（卷8，章1，节6；3：329.5－6）。这种理解认为，开除教籍是禁止一个人完整地参与公共礼拜（public worship），而不是剥夺他的基督徒身份。对此，胡克在《法则》卷3，章1中做出了清晰的表述："开除教籍的行为既没有把一个人从神秘［教会］中排除出去，也不曾将他隔绝在可见［教会］之外，而只是将他从在可见教会里担负神圣职责的团体中驱逐了出去。"（卷3，章1，节13；1：205.4－6）

胡克在第一章中深入阐发的教会与国家的同体性构成了一个地基，正是在此基础之上，胡克得以树立起至高王权。篇幅简短的第二章则界定了，在"统治"教会的名号下，君主究竟在主张些什么。英格兰王权的至高无上性不是绝对的，而是从属于上帝、国家的法律和作为一个整体的共同体（卷8，章2，节1；3：332.15－28），但它确实要求"在教会的事业中，那个统治权威——既不是任何域外国家，也不是国内建立的政治体的任何部分——可以合法地进行统治"（卷8，章2，节1；3：333.9－12）。

> 所以，当我们说基督教君王们在教会事务和事业上拥有精神的统治权或至高权力时，其含义就是，在他们的辖区和领土之内，即使在属于**基督宗教**的事务上，他们也有权威和权力去发号施令，而且在这些事业上——他们作为国王君临此领域——不存在更高、更大的权力能对他们发号施令。（卷8，章2，节1；3：332.9－15）

国王教会统治权的基础

在卷8，章3中，胡克转而为他在卷8，章2中主张的教会统治权勾勒了一个基础。可以从两个视角来考虑君主领导教会的授权（authorization）问题。首先是国王权力的范围问题，亦即对教会的统治是否是国王职司的一部分？第二个问题涉及君主的委任，也就是说，是何种权威使（在胡克的语境之下）伊丽莎白·都铎、而不是别人，得以行使英格兰君主的诸种权力？在都铎王朝时期的英格兰，这两个问题主宰了为至高王权所作的辩护，而对它们的回答则都建立在君权神授（theocratic kingship）的范式之上："上帝任命国王去统治他的臣民，关照他们的灵魂和他们在尘世中的生存。"① 1585 年，与胡克同时代的比尔森（Thomas Bilson）针对罗马天主教的反对立场、为英格兰教会辩护的小册子就是这种视角的典型例证。在有关上帝直接插手决定谁应当担任国王职司的问题上，比尔森声称君主们是"上帝膏立的……他们的权力，是上帝授予的；他们的剑，是上帝认可的；他们的人身（Persons），是上帝拣选的，而且上帝将自己精神的天赋赐予他们，使他们更好地引领他的民。"② 比尔森还断言，在《圣经》中，上帝授予国王的权威应当延伸至教会。"君主们的职责在于保证上帝的律法得到充分执行，他的子得到正确的敬奉，他的配偶得到安全的护佑，他的殿得到及时的充实，他的敌人得到应有的惩罚，如果你否认这些，那么你就必定反对摩西的指示、大卫的命令、以赛亚的预言、保罗的见证和基督的诫命。"③ 当有人质

---

① McGrade，《福尔杰版胡克著作集》，前揭，第 6 册上，页 342。
② Thomas Bilson，《基督徒的服从与非基督徒的反抗之间的真正区别》（*The Trve Difference betweene Christian Svbiection and Vnchristian Rebellion*, 1585; reprint, 1972），页 498；亦参见页 425。
③ 同上，页 133。

疑说"只有以色列和犹大的君王才有［对宗教事务］发号施令的［神圣］职责"时，比尔森通过否认《旧约》例证不可被运用于16世纪君主的观点，做出了自己的回应。"基督的降临废止了君主们的天职吗？我认为并不如此。因而……不仅上帝对君主们发出的那些训诫仍然有效，那促使他们的臣民去侍奉上帝和他的子基督的权力，在福音与律法之下，也都一样保持了充足的力量。"①

胡克则采取了另一种截然不同的方式来论证凌驾于英格兰教会之上的至高王权的正当性。与用君权神授证成国王权威（theocratic justifications）的种种方式不同，胡克主张，没有哪一种特定的制度安排是神授的，因而，教会权威的分配安排就系于各个教会自己的审慎斟酌。

> 既然在教会事务的最高权力问题上，上帝之言既没有指定说所有的君王都应该拥有这种权力，也没有规定凡是君王就不能掌握这种权力，因此我们认为，归根结底是人的权利（humane right）将此种统治权赋予了基督教国王们。（卷8，章3，节1；3：335.5－9）

作为一个人类社会（human society），英格兰教会/国家也和其他的所有社会一样拥有相同的权利，其中也包括了任命自己领袖的权利，除非上帝觉得自己直接任命某个人是合适的。对胡克而言，人类社会一个"近乎毋庸置疑的"基本原则是"在任何特定的政府形式建立起来之前，每个处于上帝至高权威之下的独立人群都拥有对自身的完全的统治权，就像一个不

---

① 同上，页130。

受臣服他人的许诺约束的人对自身所具备的权力一样"(卷8,章3,节1;3:334.3-7)。此类人群获得的政治秩序可以是上帝直接加之于他们的(如在古代以色列),也可以间接依靠征服获得(因为上帝"在战争之日赐予了胜利");如若不然,那么共同体就"从上帝那里获得了选择他们自己统治者的自由"(卷8,章3,节1;3:334.13-28)。①

英格兰君主的教会至高权力属于第三种类型——由共同体自愿授予的权力。英格兰的基督徒"不处于任何臣属关系中,他们是为了自己最大的利益和安全,才如此自愿臣服的"(卷8,章3,节2;3:336.22-25)。② 共同体是伊丽莎白担任君主职司的权威之源,同时,它也负责界定国王权威的范围,这一权威包括了国王对教会的至高权力。君主对英格兰教会的至高权力"的确是普遍的统治权,但在国王拥有统治权的

---

① 由于一切权威都直接或间接地来自上帝,无论一位统治者用何种方式掌握一个国家的合法统治权,"我们都必须承认,他们的合法选择都得到了上帝的批准,他们自己就是上帝的副手(Godes Livetenantes),而且他们的权力就是上帝的权力"(卷8,章3,节1;3:335.2-4)。

② 广义地讲,对胡克而言,同意是所有民政和教会的合法统治权与立法权威的基石。"在所有的社会团体之中,那些将对每个人各自加以约束的东西,必须经过他们的同意而加以批准。最违背公正的事情莫过于,一个人由于不服从既没有通过他自己、也不曾借助他人之口间接或直接地表达过同意的权威而承受伤害。"(卷8,章6,节7;3:393.12-17)这一原则曾在《法则》的卷1,章10,节4;1:98.23-100.15和卷1,章10,节8;1:102.18-103.27中得到阐明,在卷8中,这一原则又屡屡被胡克重提(尤其是卷8,章3、卷8,章6和卷8,章8)。在该原则所适用的情势(如胡克所处的英格兰)中,上帝并未以直接的方式确立统治权,也没有为生活的方方面面颁示《圣经》中的律法或自然法,见本文的第9和第26个脚注,以及《法则》卷1,章10,节8;1:102.24-31。

某些部分，他仍然要依靠全体"（卷8，章3，节2；3：336.26 – 28）。这种对王权权威的宪制理解似乎已经可以令胡克胸有成竹地制定规程，以确保（1）唯有经过共同体认可的人员才能获得对英格兰教会的至高权力；（2）不合适的统治者可以被共同体从职位上罢免。① 但胡克并没有这样做。关于第（1）点，在英格兰这类王国里，共同体已经建立起了一种世袭君主制，随着前任的离世，合法的继承人将自动掌握权力，而不需要共同体的任何正式批准。相反，"［继承人］依赖于［共同体同意］的原因在于那个原初的转让事件（first original conveyance），在那个时候，整体将权力交给了一个人，而这个人再将权力传递给其他人，凭借合法的出生，他们自然而然地出于此人、降生于世，无论是自然缺陷还是法律上的缺陷，都不能剥夺他们的继承权力"（卷8，章3，节2；3：338.28 – 339.4）。② 至于第（2）点，胡克设问

---

① 在为选举君主制、反抗和废黜张目时，16世纪的其他理论家使用的原则与胡克的原则是类似的。参见 Arthur Monahan，《理查德·胡克：反宗教改革的政治思想家》（"Richard Hooker: Counter - Reformation Political Thinker"），见 *Richard Hooker and the Construction of Christian Community*，前揭，页210；J. P. Sommerville，《胡克、萨拉维亚与国王神圣权利的出现》（"Richard Hooker, Hadrian Saravia, and the Advent of the Divine Right of Kings"），见 *History of Political Thought*，1983，4.2，页231 – 236；W. D. J. Cargill Thompson，《"政治社会"的哲人：作为政治思想家的胡克》（"The Philosopher of the 'Politic Society': Richard Hooker as a Political Thinker"），见 *Studies in Richard Hooker*，Cleveland，1972，页43 – 47。

② 胡克对"同意"的宽泛理解构建起了一种合法有效的属人权威，此处则是对这一理解的某一方面所做的实际运用。"如果我们所属的社会曾有一段时间是未经同意的，那么在那时受到他人的统辖，同样是我们同意的，即使在类似的普遍协定（agreement）建立之后，这种同意也不会被撤销。"（卷1，章10，节8；1：103.18 – 21）

道:"如果统治权确实产生了不便,政治体是否就能随时收回它转让出去的统治权力?"他的回答是否定的,"我们必须假定,最高的统治者们在这种情况下不会与自己作对,固执地死死抓住那些一旦使用,就会带来公共损害的权力。但毫无疑问的是,除非在统治权真的被没收的情况下,我看不出在他们的同意之外,政治体还具备哪些自我救济的正当途径"(卷8,章3,节2;3:339.20-27)。

考虑到胡克在《法则》这部著作中的意图,我们就不会讶异于以下这一事实:胡克阻止人们将国王权威在共同体中的根基(communal basis)升级为质疑女王权威、乃至证成不服从与反抗行为的出发点。尤其是在君权神授的论证信手拈来的意识形态语境下,我们似乎需要解释:为什么胡克在最初设立君主的阶段为共同体赋予了如此重要的作用。一种颇具说服力的观点认为,胡克的宪制主义(constitutionalism)在一定程度上是为了在王权绝对主义(royal absolutism)面前保护教会的安全,从而确保他关于国王权威的构想——即国王权威应当受到法治的限制——不仅受到神圣法和自然法的限制,还应受到英格兰教会法的限制。① 尽管我们并不否认胡克宪制主义这一面的重要性,但我们当下的评估会凸显宪制主义在胡克维护对王权和教会秩序的服从时发挥的重要作用,这种宪制主义旨在捍卫教会,使之免于被胡克称为长老派煽动者的人们造成的威胁。胡克被认为是一名反对长老派的论辩家,他将英格兰共同体召唤出来,作为国王权威的基础,与其他国教会的支持者对至高王权的神权理解相比,胡克的做法至少有两点优势:

---

① McGrade,《福尔杰版胡克著作集》,前揭,第6册上,页244-246、358-359、364-375;Lake,《国教徒与清教徒?》,前揭,页201-212。

首先，我们来考虑一下胡克的主张：胡克认为，国王对教会的统治权是由共同体授予的，而非直接来自上帝。如果将国王权威的范围视作上帝直接界定的东西，那么其自然的后果就是，人们会求教于《圣经》，并由此决定君主是否应当对教会施行统治（比尔森就是这样做的）。然而，一旦我们承认是《圣经》界定了国王权威的范围，这就无异于邀请读者通过查阅《圣经》来确定上帝为王权设下的限制。而这一点恰恰就是长老派早已着手从事的工作，他们主张上帝在《圣经》中授意的是长老制的教会，而非国王对教会的统治。通过将国王对教会的权威奠基于英格兰共同体的同意之上，胡克得以主张，这片王国的法律和传统才是权威所在，而臣民们在决定国王对英格兰教会的统治权是否合法之时，应当向它们求教。与比尔森恰恰相反，胡克断言：上帝只是意在将《圣经》为国王权威提供的样板与安排应用于古代以色列，而非伊丽莎白时代的英格兰（卷8，章6，节13；3：407.7 - 12）。[①] 与那些由上帝直接授权的国王们不同，

> 至于那些最初凭借于被统治者的协定和被统治者的同意而被拥立的君王，只有通过国王和被统治者之间协议的条款，才能表明其权力可以合法地延伸到何处：这些条款，不仅指最初协议的条款……还包括之后所有以自由自愿的方式俯就达成的［协议］——它们既可以通过明示的同意达成，让实定法为其见证；也可以通过默许的方式达成，不可追忆的习俗将使人们

[①] 胡克诉诸《圣经》事例表明，至高王权是教会政治体的一种合法形式，但不是唯一的合法形式。卷8，章1，节7；3：330.3 - 8 和卷8，章3，节5；3：350.11 - 24。

对这种默许心知肚明。(卷8,章3,节3;3:340.8-17)

除了将共同体、而非上帝指认为界定国王权威范围的担纲者,胡克还确认,决定谁应当行使君主权力的责任也在于共同体,而不是由上帝直接承担。这样一来,他就再一次阻绝了那可能为对抗王权提供合法性的途径。承认上帝直接任命统治者在某种意义上类似于《旧约》中上帝对君王的选任,无疑会将人们的注意力集中到上帝对教会和政治事务的直接参与上来,而这一倾向恰恰是胡克深恶痛绝的,因为这给那些狂热分子留下了一扇方便之门,他们相信自己获得了一种假定的、神的直接委任,让他们在英格兰执行上帝的意志。在这一点上,他和比尔森的差异显得尤为鲜明。罗马天主教的观点意在论证国王可以被教皇权威废黜,臣民们也应当在教皇的鼓动下揭竿而起,将他们的国王赶下王位。为了回应这种主张,比尔森考虑了耶户(Jehu)的例子。正如《列王纪下》章9所述,作为一名官长(magistrate),耶户的权力是由一位先知的话授予的,在上帝的命令下,他弑杀了自己的君主。比尔森说,耶户的弑君行径"是由上帝亲自明言命令的,耶户这样做是出于自己的职责。因为上帝可以随心所欲地将王国赐予或收回,而人却无法这样做"。比尔森质问他虚构的天主教对话者:"现在,不妨再看看你的观点——上帝可以将王国赐予他所意愿之人,选任国王的臣民担任有罪主公的复仇者,故而,教皇也可以做同样的事!"尽管耶户的事例并没有为教皇赋予罢黜君主的权威,但这还是令比尔森做出了过多让步,逾越了胡克可以接受的限度。"受膏的合法君王可以被逐出政府,耶户的例子将证明这一点的正当性:只要你加上这两条附加条款——

首先，这种许可是上帝特别明令授意的；第二，这一行动是由上帝授予刀剑的官长完成的。"① 比尔森认为，英格兰君主与古以色列诸王依凭同样的根基，这导致他承认，当上帝直接下令罢黜君王时，英格兰的君主也得像以色列诸王那样服从上帝的命令。罢黜的执行人可以是任何心怀不满的官长，而为他授权的则可能是任何一位领会到上帝如是呼召的"先知"（甚至可能包括这位官长本人在内）。上帝直接为君主授权的主张为另一种观点扫清了道路，后者宣称，正如上帝直接介入君主人选的决定，上帝也可以直接为君主的罢免授权。与之相反，胡克则将对英格兰政教（state-church）事务发号施令的权威指归于共同体，从而用共同体的授权（communal mandate）取代了神的授权。当授权已经以不可撤销（除非君主自己默许）的方式确立下来之后——英格兰的情况便是如此——就不存在罢黜的宪制基础，也没有理由去期望一种超常的神的授权废黜君主。

这并不是说，胡克的对手们真的是用他们对上帝意志的个人理解呼吁罢黜伊丽莎白女王，但正如胡克所述，长老派的主张倾向于，但凡是没能以所谓"虔敬"（godly）方式履行自身职责的任何教会官员或君主，其罢黜都应得到合法化。胡克指出，已经有不少通过正当方式获得授权的教会官员被长老派宣称是理应除名者，仅仅因为他们被长老派评判为不虔敬。

> 关于［君主］为所有人在一切需要得到指导的事业立法的至高权力，我们不应放过下面这一点，即这一首脑权位

---

① Bilson,《真正区别》，前揭，页333-334。

(Headship)的头号敌人［比如长老派分子］只能承认，国王同样被赋予了这种权力，他不仅能够，而且应该去行使这一权力，在必要的情况下，他有权对教会及其所有性质和类型的事务发号施令：因为在他们看来，只要神职是恶的，就没有他们口中合法的神职（这确实是一个非常显眼的观点）。恶的神职就不是合法的神职吗？那么在这种不合法的神职中，那些由于它们的召唤而成为牧师的人们，是否也要因为神职本身的恶性而遭到罢免呢？难道神职的恶性本身就足以剥夺他们处理教会事务的权利，足以准许那截然属于另一个社会的人们来处理教会事务，即便这个社会的成员早已被断然、永久地剥夺了处理教会事务的权力吗？一些人一旦彻底领会了这个教诲，或许就能很快提出一个与之相同的观点。因为，倘若神职的恶性导致其权利转移给了国王，而国王又与他们同样恶劣，这个权利又该传递给谁呢？没有别的办法，所有的权利都必须尽数依次转移，交给民众中的虔敬之人，即便布朗那帮人（［译注］指罗伯特·布朗［Robert Browne］和其他的分离主义者）都能获得它。正是因为将明智之人、伟大之人、贫乏之人和愚钝之人混在了一起，所以克尼佩尔多林（Knipperdoling）和他的追随者就一定会把主的工作攥在自己手里，到最后，为教会制定法律就必将变成他们的权利。（卷8，章6，节14；3：408.24 - 409.24）

提及克尼佩尔多林，读者们容易回想起明斯特（Münster）①

---

① 15世纪30年代，克尼佩尔多林（Bernhard Knipperdoling）是再洗礼派接管明斯特事件中的一位领导人物。

和《法则》的序言,在序言中,胡克花费大量笔墨,详述了神对基督教共同体事务的直接参与受到夸张时产生的荒谬和暴行,这种夸张损害了那些客观可证的组织架构,而上帝正是借助这一构架来指引教会的(序言,章8,节6-14;1:42.15-51.22)。的确,上帝领导着教会,但他在这么做的时候,采取的方式是使自己的意志免受激进分子的伤害。"即便在自己的错觉中也仍旧强大的邪灵(evill Spirit)"(序言,章3,节10;1:18.4-8)所造成的幻象和激励,被他们错认为上帝的意志。长老派断定,教会当权者(其中既明确地包含教士,也隐晦地包括了君主)唯有达到一种在理论上由上帝所界定的标准,方可获得领导教会的授权,但在实践中,界定与推行这种标准的却极有可能是误入歧途的幻想。胡克针锋相对地指出,上帝规制教会之国王首脑(royal head)的唯一人间代理者(human agent)是作为一个整体的教会,通过教士会议(convocation),它借助议会(parliament)(王权也包括其中)发声。从这一视角出发,胡克拒斥了那种倾向于宪制主义的君权神授论证,这种拒斥,也正是抵御他在《法则》开篇就已阐明的长老派的种种威胁、捍卫国王权威的一种方式。

不过这并不是要否认,在强调共同体在君主的设立中的作用时,胡克的部分动机是以宪制主义的方式推进一种关于王权的有限性的理解。他在长老派的威胁面前捍卫君主属灵的权威,这一意图与他的另一种关切是吻合的,那就是将他如是保卫的权威赋予议会中的王权,而不是单独交给王权。胡克承认,他有意确保自己捍卫的权威不会堕落为僭政,他明确指出,由于共同体一旦批准授权,就不能再从君主手中收回权威,国王权威得到限制因

此就是必要的（卷8，章3，节2；3：339.27-29）。国王权力的最佳形式是

> 受到最合理、最完美也最公正无偏的规则的约束，这种规则，就是法律。我所指的不仅是自然与**上帝**的法则，也包括与之相关的国家和民政方面的法律……在这方面，我没有别的选择，只能高度称赞他们的智慧。正是凭靠他们，这个国家的根基才得以奠定，尽管在这个国家中，没有哪个人或哪项事业不是从属于**国王**的权力。但正因如此，**国王那既高于全体、又在全体之中的权力才会受到限制，对一切国王所行之事而言，法律本身就是一项规则**。（卷8，章3，节3；3：341.22-25，卷8，章3，节3；3：342.14-19）

这一限制既适用于作为国家首脑的王权，也同样适用于作为教会首脑的王权：

> 因此，这条法律并非没有经过深思熟虑：除了之前就已经被《圣经》**正典**的权威宣判为异端的；或者在前四次大公会议和其他某次大公会议上，根据前述《圣经》**正典**的明确文字被宣告为异端的；或是**教士**会议上的**教士**一致同意的情况下，被这个王国的议会高等法院判决为异端的——**国王所任命的教会法官不得将任何事情裁断为异端**。（卷8，章3，节3；3：348.9-18）①

---

① 正如这一段落所示，胡克同样认为，正当有效的大公会议做出的决定应当得到英格兰教会君王领袖的尊重。

作为教会首脑的君主[①]

在概述了英格兰至高王权的本性和基础之后,胡克转而在卷8,章4中对神学上的反对意见进行讨论,这类观点反对"我们赋予英格兰国王的教会首脑头衔"(卷8,章4,标题;3:356.19-20)。只要不去捍卫女王作为"教会首脑"(Head of the Church)的身份,胡克本可以轻而易举地避免在这一问题上的正面冲突。的确,比起这个更易引发争端的头衔,女王本人更青睐"教会统治者"(Governor of the Church)的名号,而且议会授权的誓词也要求承认伊丽莎白女王是"本王国……一切精神与教会事物及其事业的……至高统治者"(1 Eliz. c. 1. ix)。但即便如此,胡克还是毅然为教会"首脑"的名号辩护,从而表明,争论的真正焦点并非头衔,而是与头衔联系在一起的权威(卷8,章4,节12;3:380.6-14)。

长老派对国王的教会首脑职位的批评,是围绕这样一种断言展开的:即这一头衔是对本应属于基督的权威的篡夺。胡克指出,这种批评无法成立,因为女王的教会首脑职位和基督的教会首脑职位之间存在着一目了然的差异。首先,它们在层级上存在区别,基督掌握的首脑职位不从属于任何人,"而其他人掌握的权力却都附属于他的权力"(卷8,章4,节5;3:361.8-13)。然而,长老派却否认这一差别。通过引用卡特莱特(Cartwright),

---

[①] 对本节的主题所做的更加深入的探讨,参见 W. J. Torrance Kirby,《胡克的至高王权学说》(*Richard Hooker's Doctrine of the Royal Supremacy*, Leiden, 1990),章4。

胡克让我们看到，拒斥这一差别的反对意见是基于如下的主张："基督拥有一种双重的优越性，一是在他的教会之上的优越性，二是在诸王国之上的优越性。"

> 只是作为人子，[他] 是教会的首脑和统治者；也只是作为神子，[他] 是诸王国的首脑和统治者。作为人，他在教会中拥有位列其下的官员，他们是教会的人员。基督只有以人子的身份，才能成为教会的首脑和统治者，也唯有作为神子，才能担任诸王国的首脑和统治者。在教会之中，作为人的基督，拥有自己麾下的职人，他们就是教会的人员。正如对民政官长而言，其职司属于诸王国和共和国，民政官长作为首脑，既不低于基督，也不从属于基督。这是因为，民政官长就和我们的救主基督一样，其权威的唯一直接来源就是上帝。(卷8，章4，节6；3：363.9-22)

因此，一个教会不能拥有一位人类首脑，和一个王国可以拥有一名人类首脑的道理是相同的，因为"作为人子"的基督已经在教会中充当了这一角色。基督在教会中占据的位置和君主在国家中的地位几乎是一样的。在两种情形下，"首脑"都直接从属于上帝，并有责任在他的治域中指挥自己的所有下属。因此，尽管国王在政治共同体中占据的首脑职位是上帝的安排，但在教会之中，这种地位却会侵犯基督的权威。

作为答复，胡克辩驳道：这种反对意见仰赖的前提（1）抛弃了三位一体这一关于圣父和基督关系的正统理解；（2）用聂斯托利派（Nestorian）的基督论错误地分隔了基督的人性和神性。首先，胡克指出，"圣父确实作为万有之上的主和王工作，但他并没有抛

开圣子、而恰恰是通过圣子来工作,在与圣父终始共在的万世之中,圣子从圣父那里获得了圣父自己持有的权柄"。接着他问道:

> 在哪位福音传道者、使徒或先知那里,我们曾发现,教会至高统治者基督与诸王国首脑基督如此不能相称?……可以肯定的是,如果作为神与人的基督已经为了聚集和保存他的教会安排了某些做法(鉴于这的确归于他对教会的统治之下),那么我就有理由认为,它足以表明:基督是作为神和人在教会政府中做工,且并不比他在统治国家(government of commonwealths)时的地位来得优越……因此,除非我们能够证明,在我们救主对教会的统治中,所有的工作都仅仅是通过他的人性之力完成的,我们就只能承认,认为基督在尘世的统治中与圣父相称、在教会的统治中则不能与圣父相称,是一个昭然若揭的错误。(卷8,章4,节6;3:364.8–11,卷8,章4,节6;3:366.10–24,卷8,章4,节6;3:367.1–6)

长老派的错误无异于"一种谬见,他们认为,基督作为低于其父的中保,确是以中保的方式做着一切关于教会统治的工,但事实上,基督对教会的统治恰恰是归于他的君王职位,而基督的中保身位则是归于他的教士职位"(卷8,章4,节6;3:368.1–5)。基督,作为上帝以同体之言所造之人,是上帝创造和统治存在物一切方面的神圣代理人,其中也包括了教会(卷8,章4,节6;3:364.5–366.3)。因此,否认基督作为上帝统治教会是错误的,同样,"认为民政权威来自上帝,而不是间接地来自基督,或者完全不从属于基督"(卷8,章4,节6;3:368.11–13)的观点也是错误的。卡特莱特设想基督在统治诸王国和教会的方式上存在层级差别,不仅误解了三位一体中第一位格与第二位格的关系,还相当异端地假定了基督的人性和神性的分离。一旦基督的本性和基督与圣父的关系得到正确解释,基督对教会的首脑职位和女王对教会的首脑职位在层级上的区别,就成了一种有效的区分。

针对国王的教会首脑职位,长老派的第二种反对意见的核心在于,他们拒绝承认每个国家或地区教会应当具备一个其权威受空间(和时间)限制的首脑。这种反对意见声称:"首脑官长们(Head Magistrates)之所以派遣人们去各地任职,是因为他们不可能无处不在地行使首脑的职责。但基督从来不是从他的肉体中来的,也不是从他肉体的任何部分中来的,因此他不需要任何分身,无需让一些人为他充当某个教会的首脑,让另一些人充当另一个教会的首脑。"(卷8,章4,节7;3:370.2-7)作为回应,胡克指出,长老派错误地削弱了基督对教会的无形统治和其他人对教会的外在统治的区分。尽管基督的确"在精神上总是和他的身体——教会的每个部分结合在一起……但基督可见的、肉身的在场和这里的每个可见教会的距离,就像天国与尘世之间的距离那样遥远"(卷8,章4,节7;3:370.18-23)。

基督以不可见的方式(invisibly)统治着教会,① 但这不是为了对每个可见(visible)教会的外在统制(external regiment)发号施令。与此同时:

> 可见的统治对**教会**而言是必要之物。如果没有形形色色

---

① 基督不仅以不可见的方式统治着神秘教会,而且也统治着"属于每一可见教会的每个基督教政治社会"(卷8,章4,节7;3:373.18-22)。

的可见统治者,我们也不可能看到,统治着散落于世界各处人众的可见政府究竟是怎样维持下去的……因此,尽管我们的救主总是凭借这种永久的连结,始终在精神上与其奥体(mysticall body)的各部分结合在一起,但是那些被赋予了至高权力的首脑们绝非是不必要的,指引他们的权力的,正是可见政府的运转。(卷8,章4,节7;3:370.23-371.4)

针对卷8,章4中讨论的长老派反对国王教会首脑职位的最终意见,胡克的回应同样基于他对可见[教会]与神秘[教会]的区分。胡克认为,"基督作为首脑,是生命的源泉、灵性的滋养,是浇灌在教会身体之上的属灵恩典的源头",而官长们"作为首脑,则是基督为了教会的外在统治安排的主要工具"(卷8,章4,节8;3:374.10-13)。相形之下,胡克指出:长老派将教会的属灵统制(regiments)和外在统制混为一谈,他们声称"教会统制的外部权力仅仅和圣言、圣礼与律则有关,并仅按基督的安排付诸实施,而这一权力的运用同样是他的属灵统治:所以[他们认为],我们只能徒劳地想象,在教会之中存在一个与[基督的]属灵权力不同的可见和外在的权力"(卷8,章4,节9;3:376.13-22)。

作为回应,胡克要求在术语的使用方面保持明晰。并且,基于"属灵"(spiritual)这一术语的不同含义,胡克区分出几种基督统治属灵事物的不同方式,由此为这一术语提供了若干说明。尽管许多事物都可以被正确地称为"属灵的",但它们可能是以各异的方式被称为"属灵的"。基督是在如下意义上独自管辖属灵事物的,他是"那个源泉,无论是凭借圣言、圣礼、律则还是别的方式,神圣恩典的惠泽都是从他那里涌流而出,流淌到全体当中"(卷8,章4,节9;3:377.19-22)。执圣礼、布圣言的权力同样是属灵的权力和基督的权力,但它们并非在同样的意义上是属灵的权力和基督的权力。布告圣言的权力是"属灵的,因为这一职责恰恰是有关圣灵(Spirit)的,[而且是属基督的],因为正是他建立起了这一权力"。然而,将它称为属灵权力,并不是说它是"以内在而不可见的方式运作的,也并非是由于他亲自运用这一权力,所以是属于他的"(卷8,章4,节9;3:377.24-28)。基督直接统治着内在的属灵事务,但那些与内在的属灵事务联系在一起的外在属灵行为和秩序,则是通过基督的各级代理人、按照基督的制度来统治。秉持这一区分,胡克指出:

> 那种统治[可见教会]的权力……确乎同属第二类属灵统制,即那种外在的、可见的统制,同样,就其处理的事务而言,这种统制也是*属灵的*,而且由于它所做的一切都是经由他首肯的,因此也是属于他的……因此,我们并没有徒劳地想象,而是真切、正确地认识到,在教会之中,有一种外在、可见的权力,经人之手运作,且出于其本性就和基督自身统制中的属灵权力相区隔。(卷8,章4,节9;3:377.28-378.11)①

---

① 将国王的权威等同于在外在的法庭中进行统治,而不对基督的内在统治产生影响,同样限制了国王权威的范围。例如,"指定人们相信什么"的属人法,并不管这些意见是否真的"得到人们发自内心的赞成",因为这"是属人法力所不及"之事。相反,"由于意见一经公开表明就既有可能是合适的,也有可能是不利的,因此,属人法必须对它们做出论断"(卷8,章6,节4;3:389.25-390.14)。参见 McGrade,《福尔杰版胡克著作集》,前揭,第6册上,页364。

真正的问题,并不在于教会之中衍生性的属灵事务是否应由某种属人权威照看,而在于谁应当掌握这种属人的权威。"因此事实上,问题在于:我们所说的作为首脑的官长,是否真的运用或行使了那种权威的任何部分,这种权威不属于基督,而是属于其他应当拥有它的人。"(卷8,章4,节12;3:381.15–18)胡克在卷8,章,3中已经指出,在英格兰教会中,教会的统治权是由君主正当地行使的,而在卷8,章4中,他只需强调国王对于教会的权威同样为上帝所认可,"正如他所有的合法权力那样"(卷8,章4,节6;3:369.21–23)。

胡克对可见教会和神秘教会关系的讨论,还为他对可见教会成员的宽泛界定提供了一项额外收获。在卷8,章1中,我们已经看到,胡克对基督徒资格的宽泛定义,就曾使他得以在人身的层次上将英格兰的教会与国家等同起来。而在这里胡克则是用它来中伤那些否认君主对于教会权威的企图,后者的凭据正是宣称君主并不是真正的基督徒。毫无疑问,只有一位基督徒官长才能在她的领土内担任教会的首脑(卷8,章4,节7;3:373.5–7),但在胡克对"基督徒"的宽泛界定之下,这位官长在可见教会中的成员资格就几乎不再会受人诟病。"的确,在那个独一的属灵身体〔神秘教会〕之中,林林总总的可见身体〔可见教会〕的首脑们或只能位于较低的部分,甚至有可能从这里被排除出去,但是他们仍应获得尊荣,在另一个教会中占据着至高地位。"(卷8,章4,节7;3:372.9–12)虽然——或者更确切地说,因为——凡人没有能力确切地判断君主是否是神秘教会的成员,只要君主声称自己具备这种成员资格,并且避免直接地否认信仰的基本信条(诸如基督的统治权威〔lordship〕),她在可见教会中的成员资格以及与之俱来的首脑职位就是可靠的。

国王的教会特权：教会立法权

在确立国王的教会统治权、并回应了针对这一权威的神学异议之后，胡克进而勾勒了这种统治权应当具备的种种权力和特权。对于这一讨论和作为一个整体的《法则》的一贯性，章6至关重要，这一章论述了君主（如今她稳固地立身于议会之中）①制定教会法律的权力。为了突出这一章的重要性，我们必须在胡克的语境中考察身处议会之中的王权为教会立法的权威，这个语境就是胡克对属人法在教会中的角色的理解和他的解释学。②

《法则》的一个核心主题就是英格兰基督徒应当服从构建他

---

① 君主在教会事务中的基本权力是否决权。"关于我们的国王在制定法律这件事情中的最高权力，它主要依赖于一种否定的声音的力量，拒绝给予国王们这种力量，无异于拒绝承认他们，将他们仅仅视作名义上的国王，而不是实行其统治的国王。"（卷8，章6，节11；3：404.6 – 10）

② 有关本节讨论的问题（尤其是胡克的理性主义解释学，他对公共性的一致意见在识别理性引导上的作用的理解，他关于确证的教诲，以及这些内容如何支撑教会法），参见 Egil Grislis，《胡克的解释学问题》（"The Hermeneutical Problem in Richard Hooker"），见 *Studies in Richard Hooker*，前揭，页 159 – 206。Egil Grislis，《胡克笔下的信仰确证》（"The Assurance of Faith According to Richard Hooker"），见 *Richard Hooker and the Construction of Christian Community*，前揭，页 237 – 249；M. E. C. Perrott，《胡克与伊丽莎白时代教会中的权威问题》（"Richard Hooker and the Problem of Authority in the Elizabethan Church"），见 *Journal of Ecclesiastical History*，1998，49.1，页 29 – 60；Daniel Eppley，《胡克与圣杰曼：〈圣经〉解释学和君主权力》（"Richard Hooker and Christopher St. German: Biblical Hermeneutics and Princely Power"），见 *Richard Hooker and the English Reformation*，前揭，页 285 – 294。

们教会的属人法,对于这一点,胡克始终坚持它的重要性。在《圣经》中得到揭示的神圣法和理性法已经勾勒出安排教会基本方面的方式,但它们仍然为教会生活留下了许多尚待界定的方面。尽管不归理性法或《圣经》法安排的事情是无关紧要的,但这并不意味着个人就可以在这些事情上为所欲为。与所有可见教会一样,英格兰教会在某种意义上是"一个可见的属人社会",因此它需要且具有"为自己的外在统治立法的权力"(卷3,章1,节14;1:205.19-28)。① 在一个共同体中,如果没有确定的行为标准,争执与混乱就一定会产生,为了维持和平与秩序,由属人智慧制定、并由人类代理人实施的法律就是不可或缺的。② 倘若教会悬置它的属人法,并"准许每个人追随自己想像中的圣灵给予他的启示,或是允许每个人按照自己的假设、听从某些德性卓著之人似是而非地从上帝那里得来的启示——除了在教会中引发彻底的混乱,它还有可能造成别的影响么[?]"(卷5,章10,节1;2:46.18-27)。长老派试图清除一切经由属人权威设计的"教会中的秩序、法律与宪制",这种计划"有可能把教会得以在尘世间长期维持的威严与记忆统统夺走,在当今这样一个世界里尤其如此"(卷2,章7,节1;1:175.8-13)。因此,

---

① Cargill Thompson,《"政治社会"的哲人》,前揭,页35、56;亦参见《法则》卷1,章15,节2;1:131.10-16,卷7,章14,节3;3:219.23-33,卷8,章1,节2;3:319.2-9,以及卷8,章3,节5;3:354.14-355.4。

② 《法则》卷1,章10,节3-4;1:98.5-99.15,卷3,章10,节7;1:244.10-245.7,卷3,章11,节14;1:261.24-30,卷8,章2,节1;3:331.11-332.15,卷8,章3,节4;3:349.2-13,卷8,章6,节4;3:389.8-21;3:390.7-14,卷8,章6,节5;3:391.2-11。

"上帝是教会中的和平的缔造者,而不是混乱的缔造者,他必定要成为这些人的和平决议的缔造者,在这些事情上,他们自己已经决定按照教会的法度思考和行事,除非他们发现有某种必要的原因迫使他们反其道而行之"(序言,章6,节6;1:34.9-13)。

秩序在教会之中至关重要,为了确保这一点,上帝以其意志确定地命令人们:当臣民发现法律令人反感,却又无力说服教会官员修改法律之时,他们应当违逆自己的判断行事。胡克承认:

> 那些被上帝委任裁断争议性事务的教士和法官,他们都有可能,而且时常在他们的裁决中受到蒙蔽。对于这一点,上帝并非一无所知。然而在上帝看来,有时候,最好还是让那个错误的判决明确地继续生效下去,直到做出这一判罚的那个权威察觉到了这一疏忽,或许他就会在事后修正或推翻原先的判决,这样总比让冲突与不和发生、却迟迟无法终结要好。(序言,章6,节3;1:31.16-28)

紧接着,他又做出了这样的一番声明:

> 在这类具有争议性的事件中,无论裁断的最终决定是什么,上帝的意志都要求他们服从。是的,尽管在他们私人的意见看来,这似乎完全背离了正道。(序言,章6,节3;1:31.16-28)

为了表明基督徒服从犯了错误的教会权威并没有遭受天谴(divine condemnation)的危险,胡克为我们提供了如下例证:

> 毋庸置疑,在犹太人那里,[权威]的许多判决常常在

当事各方看来极具争议［乃至是有误的］，但在这种情况下，上帝的确还是允许他们去做在他们的私人判断看来似乎［不正确］的事，哪怕这些事情看起来确实是［神圣］法所不允许的。(序言，章6，节3；1：31.28－32)

为了那些悬置了他们自己的判断、而在行动上与他们教会权威的声音保持一致的人们，上帝"允许"了神圣法所"不允许"的事情。①

然而，这样的主张似乎与胡克之前的信念无法相容，在他看来，教会的属人法一旦违背了神圣法，就不具备约束力，② 也正是这一点，使《法则》的一贯性遭到了质疑。福克斯（Rory

---

① 针对那些因为缺乏更好的指引而接受异端信仰的人，只要他们坚持"信仰的根基"，胡克假定，神会在相当程度上予他们宽恕（divine leniency），参见《论称义、作为与信仰的根基是如何被颠覆的》（*A Learned Discourse of Justification*，*Workes*，*and How the Foundation of Faith Is Overthrowne*），见《福尔杰版胡克著作集》，前揭，第5册，页105－169，尤其是5：118.2－7；5：142.7－143.24；5：161.16－162.21。神的宽恕是胡克解释学原则的自然结果，这种原则承认，就解释《圣经》而言，即使是人类所能找到的最佳向导（理性与教会的一致——见下文）也有可能犯错。见 Eppley，《胡克与圣杰曼》，前揭，页290－293；Grislis，《胡克的解释学问题》，前揭，页179；Grislis，《胡克笔下的信仰确证》，页245。

② "在我们的王国中，除非那些涉及教会事务的实定法"确实"依循理性和上帝的法则来处置所有教会事务，否则，我们就不仅必须承认它们有缺陷，还要竭力地对它们加以改革"（卷8，章8，节3；3：424.2－7）。"因为除了《圣经》之外，还有很多诱惑或许会把我引向那些事物，尽管它们具有很强的说服力，但假如它们和《圣经》相悖，那么它们就得靠边站，就没有任何价值。"（卷2，章5，节7；1：165.11－14）"假如有一天，某个教会—政治体真的做出了《圣经》禁止的改变，那个更革上帝早已永久确立的法律的人，就无疑是最不可容忍的放肆之徒。"（卷3，章11，节1；1：247.4－8）

Fox）就争辩说，胡克要求长老派服从英格兰教会的观点基于和平与团结的重要性，但同样的论点也可以用来要求英格兰的基督徒遵从特兰特会议制定的教令。① 福克斯推测："倘若是受到压力的推动，那么胡克很可能会指出罗马天主教犯有严重的神学错误，并以此论证安立甘宗反抗特兰特会议②的正当性……可清教徒不恰恰就是以这种方式在胡克面前为自己辩护的吗……?"③ 而解决这一困境的关键，同样也是《法则》一贯性的关键，就在于胡克的如下信念：为英格兰教会制定法律的人们，亦即议会中的国王和教士会议，同样构成了一种至高的权威，臣民们应当依靠它来对《圣经》进行解释。这样一来，那些基于遵守神法的更高责任而考虑违抗英格兰教会法的臣民，在如何解释神圣法的问题上，就必须向教会权威求教。

以权威口吻解释《圣经》的权力属于议会中的王权和教士会议——胡克的这个论点，可以用如下方式加以概括。圣灵的引导对于《圣经》的正确解释是必要的，在此问题上，胡克与长老派并无分歧。但胡克强调，圣灵引导基督徒对《圣经》达成真正理解的一般方式，是赋予理性以力量，从而赢获一种正当、有效的

---

① Rory Fox,《胡克与"教会政治体"的不一贯性》（"Richard Hooker and the Incoherence of 'Ecclesiastical Polity'"），见 *Heythrop Journal*, 2003, 44，页43-59。

② [译注] 特兰特公会议（Council of Trent）是天主教会的第十九次公会议，16世纪天主教会在特兰特（意大利北部）召开，故称。会议于1545年召开，历时十八年，于1563年闭幕，会议的目的是反对宗教改革运动，维护天主教的地位，并提出在天主教会内部进行改革，耶稣会在会上起了重要作用。

③ Fox,《"教会政治体"的不一贯性》，前揭，页56。

《圣经》解释。"正确的阐释建立起基督徒的信仰,错误的理解则引发过失:理性一定能展现正确的解释与错误的解释之间的区别。"(卷3,章8,节16;1:233.18 – 20)① 当共同体在何者可以算是"合理的"解释这一问题上产生分歧之时,胡克建议,教会整体——尤其包括那些信仰事务上的博学之士——的认可,应当被人们认可为达至合理的《圣经》解释的最为确定可靠的向导。② 依据此等前提,何人在《圣经》解释方面一锤定音的问题,就变成了何人被授权代表英格兰的基督教共同体发言的问题。而对胡克来说,问何人被授权代表一个共同体发言,实际上是问何人有权为一个共同体立法,因为对正当有效的属人法而言,这种权威施加的对象的同意是一个决定性的要件。③ 因此,当胡克在卷8,章6中为王权的教会立法权威辩护时,攸关成败的要害并不只是对种种规制无关紧要之事的教会法的服从,而是对一个解释学难题的解答:如何界定正信和正行(orthodox and orthopraxis),又有哪些事情可以被视作无关紧要之事(adiaphora)。

卷8,章6论证的核心主张是,由于议会中的王权以及教士会议代表英格兰的整个基督教共同体发言,颁布那些具备约束力的教会法律正是后者授予它的权威。在这一讨论之初,胡克勾勒了他的基本原则。正如:

---

① 参见 Haugaard,《福尔杰版胡克著作集》,前揭,第6册上,页156 – 157。

② 《法则》卷1,章8,节2 – 3;1:82.27 – 84.4,卷2,章7,节4 – 6;1:177.34 – 183.19,卷5,章7,节2;2:35.29 – 36.11,卷7,章15,节15;3:241.22 – 242.8,Grislis,《胡克的解释学问题》,前揭,页178 – 182;Lake,《国教徒与清教徒?》,前揭,页152 – 153。

③ 见本文的第9个脚注。

> 制定民政法律的自然主体是**国家**：我们可以肯定，由于同样的道理，制定教会法律的权力的原初主体是教会的整体，这些法律就是为它制作……自然本身确实充分地赋予**教会**为置身于她自身之中的孩子们制作法律和秩序的权力，因为自然而然，所有整体的存在都比属于它的部分具备更大的权力，**教会的整体可以凭借其一视同仁的理性驱使处于该教会界限之内的成员，并用严格的服从约束他们**。（卷 8，章 6，节 1；3：386.2-17）

有卷 8，章 1-3 中的论证充当背景，胡克重申了他的原则："所有自由独立的社会都应该自己制定法律，这一权力理应属于整体、而非政治体的某个部分——这是一条再自然不过的道理。"（卷 8，章 6，节 5；3：390.20-23）① 而在实践中行使这一权力的，正是代表整个共同体发言的议会中的王权以及教士会议。

> **英格兰的议会及其附属的教士会议**，是本王国境内所有政府仰赖之本，甚至就是整个王国的身体——组成它的是国王和这片国土上臣服于他的万民，因为他们或是自己现身于此，或是已经将自己的个人权利自愿让渡给了国王。（卷 8，章 6，节 11；3：401.22-28）

> 所以那些涉及宗教的立法原本来自整个英格兰王国和教会的权力，没有什么能比它更与自然法和我主耶稣基督之意志相契。"（卷 8，章 6，节 11；3：405.21-25）

---

① 亦参见《法则》卷 8，章 6，节 3；3：387.10-14 与卷 8，章 6，节 7；3：393.12-394.5。

共同体整体的同意之重要性也在胡克的以下主张中得到了反映，在他看来，有必要让平信徒在教会立法中享有一席之地，以防止教士在统治平信徒时滥用权力。

> 鉴于每种身份的人都想扩大他们自由的边界，这一状况〔只有教士被授权为教会立法〕可能对处于其他地位的人们造成多大的伤害，难道不是显而易见的吗？和平与正义，是通过保护每个阶层的权利、使所有人的地位都如其所是处于均衡之中来维系的，要想实现这一点，最好的方式莫过于让国王——这位他们共同的家长，最能不偏不私地施予其恩惠者——在制定法律的过程中掌握最高统治权，对这些法律，所有人都必须遵从（卷8，章6，节7；3：394.8－16）。

当然，教士所受的训练足以证成他们在教会法的制定过程中理应发挥某种特殊的作用。"不过，在各种各样的智慧之士已经为教会法的设计献出其力所能及的一切后，恰恰是所有人的普遍同意将法律的形式与活力授予了他们，如果没有这种同意，这些智慧之士对我们来说，不过就是一群对病人提出忠告的医生罢了。"（卷8，章6，节11；3：304.13－22）①如果没有教会整体的承认，教士的建议就仍然属于私人判断，无法凭其自身具备强制性的约束力或针对良心的约束力。在罗马天主教的实践中，教会整体——而不仅仅是教士们——制定教会法

---

① 亦参见《法则》卷8，章6，节12；3：406.9－407.4。

规的权威甚至也得到了承认,① 而这一权威并不违背《圣经》中的任何禁令。② 非但如此,胡克还引用了包括《罗马书》章 13 和《彼得前书》章 2 的《圣经》文本来证明,代表教会整体发言的权威所制定的教会法律不仅具备强制性的约束力,还同等具备针对良心的约束力。"因此,由上帝亲自制定的法律确实做出了如下规定:藐视这些法律,就是藐视身处法律之中的上帝。"(卷 8,章 6,节 9;3:395.26 – 28)③

于是,透过反长老派论战的视角,我们看到了胡克宪制主义具备的进一步优势。由于议会中的王权以及教士会议所制

---

① 胡克问道:西班牙的菲利普在允许低地国家发布特兰特会议的教规教令时,"难道不是"唯独附上了"一条明确的特别条款,要求会议不得损害或削减国王及其封臣长期以来享有的特权,这些特权不是触及了事关教会生计的财产判决权,就是牵涉到教职任命或是教会在此类事务上的其他权利"。一位国王既然可以禁止任何事情,也就可以禁止任何会议教规在他的领土内生效。因此,"如果有人对先前所说的这位天主教国王的法令采取许可态度,并认为它是好的和合法的,那么无论他是谁,他都必须承认,即便是大公会议颁布的教规,其效力也只不过是明智之人关于他们所处理的事务的意见,直到得到了公众的同意,它们才能获得法律的地位.;而在为这些教规给予公众性的同意,从而使一个基督教王国服从这些法律时,国王的权威据有首要地位"(卷 8,章 6,节 8;3:394.27 – 395.18)。在玛丽女王治下,当王权与议会的权威被用以在英格兰复辟天主教时,甚至罗马天主教徒也愿意承认:这种权威凌驾于英格兰教会之上(卷 8,章 6,节 11;3:402.2 – 403.10)。

② 一种反对意见认为:"将制定教会法律的权力分配给宗教会议中的教士,本身就是基督教真理的一部分。"为了回应这种观点,胡克指出,耶路撒冷会议(认为《圣经》将教会立法权授予教士会议的观点所依据的正是本次会议)并不证明后来的教士会议同样具备这一权威。此次会议之所以比其他会议具备更高的权威,是因为它是一次特殊的、得到圣灵引导的会议(卷 8,章 6,节 6 – 7;3:391.12 – 393.11)。

③ 参见《法则》卷 6,章 9;3:395.26 – 401.2。

定的教会法代表了教会整体的集体智慧，这些法律就是教会共识的象征，胡克将这一共识界定为英格兰基督徒在判断《圣经》解释合理性时应当参照的标准。这样一来，"教会凭借其属灵权威思量并厘定为真或善的事物，必定和理性彼此一致，并支配所有其他次级判断"（卷5，章8，节2；2：39.11-14）。① 鉴于胡克对教会权威在决断真理时的作用抱持这种理解，我们之前引用过的胡克的主张——即臣民有服从教会法的义务，即便法律与他们的良心抵触——就必须在他为这一教导追加的解释中得到限定。他要读者们确信，"人们打心眼里深信不应为之的事情，我们谁都不希望他们去做，但（我们说）这种关于何所不为的信念，应当是一种牢靠地立在他们心头的信念"（序言，章6，节3；1：31.22-25）。正当有效的反对教会法的意见不能只立足于"单纯的或然性"（meer probabilities），而必须建立在"论证的理据"上，"一种具备必然性和论证性的意见是这样的：一旦它被提出，就能为任何人所理解，使人们只能心悦诚服"（序言，章6，节6；1：33.16-20）。② 无疑，如此无可置喙的意见足以说服教

---

① 在这一段话之前，胡克就已指出，教会的教义从属于"《圣经》直白传达的教诲"（2：39.8），不过，胡克的这一说明几乎无法撼动教会的权威，因为眼下的问题在于如何解释那些无法在共同体中达成一致理解的经文段落。围绕这些经文展开的论战本身就足以表明，这些段落并没有"直白地"传达它们的启示。

② 与这种论证性的主张截然相反，"[长老派]主张之错谬和不充分……使他们自己与一种强大的推定相违背，那就是上帝并没有促使他们的内心去思考此类事情，正如他并不曾使它们可以得到证明那样"（卷5，章10，节1；2：47.5-9）。

会,因此,除非有人能提出这样一种意见,它"立足于如此清楚明白的证据,足以表明那些司掌更革[教会法]之权的人们,可以同样准确无误地在良知和内心中做出[教会法需要修正]的判断,否则,敦促[教会法的]更革就会造成无谓的麻烦和妨碍"(卷4,章14,节2;1:338.10-15)。① 因此,清教徒的异议并不正当,因为倘若没有足够有力、足以说服教会权威的证据支撑,对任何信念的真理性百般信从都是违背理性的。纵然权威的看法在某个具体的问题上犯了错,而另外一个人碰巧是正确的,即使后者提供的反证足以与前者分庭抗礼,个人主观信念的力量也不足以成为不服从的依据。针对他的清教徒读者的立场,胡克以教会代表的口吻提出告诫,当他们无法战胜教会的时候,"你们在这一情形下的信念就必须暂时搁置,否则,你们就是在没有任何正当或必然理由的情况下扰乱上帝的教会,并由此冒犯上帝"(序言,章6,节6;1:33.14-16)。

胡克在卷8,章6中指出,议会中的王权以及教士会议拥有代表教会发言、并进而为教会立法的权威。将这一看法和胡克的解释学联系在一起,我们可以发现,胡克对特兰特教令的指摘和长老派对英格兰教会法的类似指控存在着决定性的差异,用福克斯的话说,胡克认为特兰特教令"既不符合《圣经》、也不符合历史,并且……是完全错误的"。② 由于只是赢得了教士阶层的赞同,特兰特教令仅仅是建议性的,无法在良心层面要求任何人的服从。的确,倘若有人真心认为它们是荒谬的,他就一定会违抗

---

① 胡克也承认奇迹的迹象将成为有力的证据,足以证明清教徒更革教会法律的努力得到了神的认可,但他显然不认为,这些迹象即将出现。

② Fox,《"教会政治体"的不一贯性》,前揭,页56。

这些教令。但英格兰教会的法律是由作为整体的教会制定的，享有充分有效的法律地位，因此，它们具备《圣经》中明确指出的针对良心的约束力。鉴于胡克对如何辨识合理的《圣经》解释的教导，我们将看到，为什么教会整体制定的法律能够得到《圣经》的授权。特兰特公会或任何教士团体都不具备最高等级的证据，以证明他们制定的法律合于理性；而英格兰的教会法律却已经赢得了整个英格兰教会，而不仅是一部分人的同意，它具备最高等级的证据，足以证明它对上帝意志的解释的合理性。况且，英格兰的基督徒并未在特兰特公会上得到代表，而后者正如其他所有的代表团体那样，经过其同意而颁布的法令，只能对它所代表的人民产生约束力。同样，这不仅是一个有关权威的问题，还是一个关于合理性证据的问题。倘若英格兰基督徒担心统治其教会的法律陷入谬误，他们可以呼请当局对这些法律进行审查。如果当局拒绝按照改革的要求行动，持异议者便可以安下心来，确知自己对《圣经》的解释缺乏说服力。然而，由于并未参加特兰特会议，英格兰的基督徒就无法对这次公会声明的正当性怀有同等的信心。用胡克的原则来衡量，对英格兰基督徒而言，经过英格兰教会整体批准的法律在证明自身与对《圣经》的合理解释相一致方面，具备可能达到的最高等级的证据，它甚至超过个人的信念，也无疑胜于其他教会的教士提供的建议。

然而，对教义的界定概念确实没能捍卫普世教会信仰的一致性。如果英格兰的教会当局获得授权，有权为英格兰基督徒界定基督教的真理，那么其他的教会当局同样有权布告自己关于基督教的理解，它们的理解可能有所不同，却具备同等的权威。胡克自己同样表达了这种担忧：在卷8，章3中，他提到一种反对至高王权的观点,这种观点认为,"如果每个君王在教会中都是教会事务的最高支配者,这将在基督宗教的运作中引发巨大的分歧"(卷8,章3,节5;3:355.7-9)。胡克承认,"重大事项中的分歧会招致接踵而至的巨大麻烦,对于这样的事情,基督宗教必须始终小心翼翼地予以规避",不过胡克声称,在当前的情势下,教会之间的差异是无法避免的,但这种差异,并不会为福音的真理带来更严重的伤害。

> 防范[分歧]的方法并不像一些人想象的那样,是要把所有教会的最高权力都集中到唯一的一位牧师手中,相反,他们政府的构架,尤其在那些本质性的事务上,总是依据唯一的法则的规制,并且这种法则的力量不亚于那种被所有王国都接纳的诸民族之法(law of nations)……即使在存在多个统治权的情况下,它也会促成一致,而不会像过去那样,一个普世性的宁录[教皇]独自一人通过僭政与压迫,就对基督教世界的状况造成可怕的麻烦。(卷8,章3,节5;3:355.12-23)

对众教会和教皇统治权之间的差异而言,这是一个更好的选择。在胡克看来,大公会议以正当的方式制定的法律,之所以无法得到16世纪的基督徒们的普遍遵守,是因为种种大公会议都遭到了"旨在推动邪恶目标的……傲慢野心与僭政"的滥用(卷1,章10,节14;1:109.17-23)。① 时至今日,对于一个真正

---

① 参见 W. B. Patterson,《胡克论普世关系:英国宗教改革中的教会会议至上主义》("Hooker on Ecumenical Relations: Conciliarism in the English Reformation"),见 *Richard Hooker and the Construction of Christian Community*,前揭,页283-303。

的大公会议所坚持的立场，胡克所有的建议就是让每个教会去遵从在它看来是上帝意志的东西。"称赞人们为上帝做出的正当辩护，就像在犹大的宗教实践与以色列所遵循的方式不同之时，它所做的那样。"（卷8，章3，节5；3：355.24－31）

根据福克斯的批判，这类差异似乎会削弱基督徒之间的团结与仁爱，在胡克关于清教徒必须服从英格兰教会法的主张中，这一点的重要性扮演着核心的角色。但胡克区分了国家层面和国际层面的基督教团结。虽然每一个可见教会都要求一种奠基于一致的团结，但凭借在基本问题上的一致以及无关紧要事务上的相互宽容与接纳，同样可以维持不同可见教会之间的团结（卷4，章13，节2－3；1：328.18－329.27）。此外，由于召开一次有效的大公会议是不切实际的，如果不牺牲上帝所认可的教会立法方式、并尽最大可能制定不违背上帝意志的教会法律，实现信仰与实践事务上的普遍一致就是一个不可企及的目标。不过，在英格兰教会之中达成一致却是可能的，实现的办法就是服从法律，制定这种法律的方式使我们在可能的范围内获得了最大程度的确信：教会法确实与上帝的意志相合。如果用胡克的原则来衡量，对教会而言，英格兰基督徒拒绝承认特兰特教令有效性的行为，既不是非理性的，也不是灾难性的。而长老派蔑视统治英格兰教会法的做派，不仅不理智，还有可能给教会带来致命的危险。

国王的其他教会特权

除了在教会立法过程中发挥领导作用的权威之外，胡克还为国王召集教会会议、任命主教和监督教会法庭的权威辩护。国王召集教士会议的特权,依据的是女王作为英格兰教会首脑的权威。原因在于,"[在基督教国家中]教会与基督宗教的事务属于公共事务,因为那些更加庄重的集会,其重要性和用途有时候和尘世事务一样重大。似乎在两类事务上,至高权威发号施令的能力都不相伯仲"(卷8,章5,节1;3:381.23-382.2)。

胡克主张君主具备任命主教的权威,基于君主的尘世权利及其教会统治权。一种被胡克拒斥的看法认为,君主之所以可以任命主教,是因为她不是"完全的平信徒,而是[分享了]上帝授予的教士权力"。在胡克看来,这是"一个徒劳而多余的转换",因为"我们不能说国王们创造了,而只能说他们仅仅是设置了主教"(卷8,章7,节1;3:413.11-16)。"每位主教都通过祝圣(consecration)而拥有"将一位主教和其他的教士区分开来的属灵权力,并且"唯有主教们才得祝圣"。"国王并不对祝圣进行更多干涉,而只是用他的令状,呈报这样一位受到拣选的、即将进行祝圣的主教。"(卷8,章7,节1-2;3:413.16-27)

在任命主教的过程中,君主增设的东西首先是某一个特定主教辖区的尘世资产,"他座位或宝座的所在之地,以及属于他的获利、卓越地位[和]荣耀"(卷8,章7,节1;3:413.16-23)。国王特权"独具一种在人们看来最适宜于他的尊荣"是自然的,因为主教教区的财产是由君主们首次确立的,而且正是君主的特权"创制了尘世的各类贵族"。"与之类似,他本着自己的愿望、为属灵贵族授予荣耀的卓越权威也就不难理解了,主教同样是王国的贵族。"(卷8,章7,节3;3:414.24-415.9)主教从君主那里获得的主教职位的另一面是"一种属于教士全体的特殊资财,以及他将对之行使主教权力的人民"(卷8,章7,节1;

3：413.18-20）。在教会史上，这种权力曾通过若干不同的方式授予主教，其中也包括了人民的选举（尽管这种方式总是伴随着"骚乱的惨案与教会的分裂"，并且，是国王的任命将英格兰教会从这些灾难中解救了出来）（卷8，章7，节2；3：414.1-23，卷8，章7，节5-7；3：418.1-419.22）。让国王掌握授予此类权力的特权才是最恰当的，因为主教"不可能安然地对国王的任何一个臣民行使主教权威，除非身处所有臣民的主权者之下"（卷8，章7，节7；3：420.30-421.22）。因此，对那些掌握着选举主教权利的英格兰人而言，合适的做法就是只选举那些被君主挑中的人员。事实上，"他们的选举如今只是一个形式。正是仅仅凭借着国王的许可，主教才得以设立，而主教的祝圣则造就了主教"（卷8，章7，节3；3：415.10-27）。

在胡克为之辩护的国王的教会权力中，最后一种特定权力是"国王统帅、裁决教会事业的至高权威"（卷8，章8，节1；3：421.24-25）。对这一辩护而言，至关重要的一点是讲清楚声称胡克为君主主张的这种权力是什么。其意涵肯定不是主张君主可以自己指定教授上帝之言和执行圣礼的方式，也不是说君主们可以自己裁决信仰事务，或者执行开除教籍的惩罚（卷8，章8，节1；3：421.25-422.11）。"在通常被认为是纯粹属于教会的事业上，国王和君主并不"适宜进行个人裁决（卷8，章8，节7；3：430.13-16），但是君王们在专门知识上的匮乏"并不能禁止他们对于那些［教会］法院的主权权力，正因如此，我们坚持认为，所有法庭无一例外属于国王"（卷8，章8，节7；3：430.7-12）。教会裁判权需要这个国家的教会法能够令行禁止，但并不要求使君主具备自行裁决信仰事务的权力。正如国王教会权威的其他方面，君主的首席裁决权最终也依赖于共同体的授权。施加强制、在必要时确保教会法庭的判决得到纠正的权力"是……通过公共的同意，附加在国王的王座和王冠之上的"（卷8，章8，节4；3：424.28 - 29）。

收束卷8的是一段关于国王"免受教会司法惩罚"的未竟思考（卷8，章9，标题；3：436.1 - 2）。胡克在引入这一主题时指出，他的意图是考察这一问题的两个方面，而不是要对它做出某种最终裁决。

> 对这个问题本身，我们不下论断，而是将每种意见的理由摆出来，这将最有利于明智之人判断哪一种看法最有可能正确。我们的目的，不是要责难任何一方，除了改革者们坚持的立场，我们对待其他的观点是要进行探究，而不是给出裁决。（卷8，章9，节2；3：436.28 - 437.5）

文本和胡克的注解都表明，胡克的意图确如其所言，是真诚地希望对问题的两面都做一番检讨，[①] 但我们看到的这一章只包含了一种倾向于让国王免受教会司法裁决的正式论点，以及另一种倾向于反对这一论点的现实关切。"大多数人"相信，国王不应凌驾于一切属人裁决之上，作为对这一观点的强化，胡克以一种讲究修辞的方式发问道：

> 在施予尘世的伟力中……考虑到人性的脆弱，倘若世界果真将国王们不应服从任何人这一点奉为圭臬，甚至即使当他们

[①] McGrade，"最后三卷与胡克的亲笔注释"，见《福尔杰版胡克著作集》，前揭，第6册上，页245 - 246。

堕入重大的错乱、也不容任何具有强力的权威居于其上——我们将看到什么呢？"（卷8，章9，节1；3：436.6；3：436.21–26）

可是，"许多博学有识之士则相信"，国王不应处于此世中的任何强制性权威之下（卷8，章9，节1；3：436.26–28）。胡克认为，正如物理运动需要一个不动的推动者作为源头，正义的施行也要求有一个不受裁判的法官，

> 因为如若不然，正义的进程就会陷入无限的循环，而每一个至高者之上就会有更高的至高者，无休无止、没有尽头——此等情形，断然不可。据此我们就能推断，存在一个正义的最高首脑，所有人都臣服于他，他不隶属于任何人。（卷8，章9，节2；3：437.6–19）

胡克用对历史例证的讨论结束了本章，这些史例，尤其是安布罗斯（Ambrose）剥夺狄奥多西一世（Theodosius）参与圣礼资格的史例，曾被长老派（和罗马天主教徒）用以证明：国王应当服从教会的责罚。胡克认为，这类史例无法证明君主应当在正常情形中服从教会法庭。首先，胡克指出，在这些关于皇帝被开除教籍的史例中，故事本身的讲述就给人们留下了这样的印象：

> 这两位皇帝犯下的罕见罪过，致使他们的主教采用了非同寻常的疗法来诊治这样一种绝症。由于历史将它们记录了下来，并将它们提升为奇特而又可敬的典范，下列这种观点就变得更为可信了：**主教们是勇敢大胆的，皇帝们则是温顺谦逊的**……但更有力的观点则认为，这里所作的一切都是出

自双方一时的狂热,而不是某种稳固的司法权威——众所周知,后者是凭借着一种人们普遍接受的教会秩序,从而具备了踞于前者之上的权威。(卷8,章9,节5;3:443.20-31)

胡克还指出,开除教籍在司法层面有很多不当之处,"迄今为止,执行的方式愈发清楚地显示出,这些事例丝毫不能证明在那个时候教会的统治者拥有将皇帝和国王开除教籍的司法权威"(卷8,章9,节5;3:443.33-444.21)。

就此,胡克总结道:那些被援引的典型史例并没有提供真正的证据,

> 以证明教会法官有权将他们自己的最高统治者传唤到宗教法庭、当面对其进行审查与判决,一旦他被判有罪,他们还可以用开除教籍的方式对其施以惩罚。[不过,当开除教籍可以被视为就教士而言]一种忠诚、虔敬而神圣的拒斥,正是它,将极端臭名昭著的背教者排除在圣徒们神圣的圣餐仪式——尤其是基督圣体与宝血的秘仪之外,直到他们以谦卑的姿态表明自己的忏悔为止。我们承认:就这一点而言,每位国王都必须受到任何一位上帝的牧师的管辖。(卷8,章9,节6;3:444.24-33)

如前所述,这种形式的开除教籍并未侵犯这位官长行使教会至高权威的权利,因为,他仍然是可见教会的成员。对于国王服从教会劝惩的其他形式,胡克为我们留下了最终断言:"在人们能给出更好的理由、证明国王不能合法地免于教会法庭的辖制之前,我们必须、并且是确凿地肯定:前面所说的国王的豁免权是

合法的。"(卷8,章9,节6;3:445.15–18)

结语

在第八卷中,胡克勾勒了一种国王的教会统治权理论,这一理论,立足于那些在之前几卷中展现的原则。以这些早先阐明的原则为基础,胡克提出的主张澄清并证成了国王对教会的统治权,回应了清教徒对国王教会首脑职位的神学异议,维护了那些属于作为教会首脑的王权的特权,并为王国的教会法具备权威的主张提供了支持,使一丝不苟的良心得以稳妥地信靠这一权威,将它视作正信与正行的标准。尽管卷8是以一种未经雕琢的形式留存至今,但对胡克的英格兰教会构想而言,它仍然可以充当一块合适的拱顶石。胡克呼吁英格兰基督徒服从他们教会的法律,而卷8正是这种呼声逐渐积成的高峰,这个教会,在许多意义上是"他们的",但尤其是在他们一起作为一个基督徒的共同体,且这个共同体决定了它的政体、制定了它的法律的意义上,这个教会是"他们的"。既然如此,承认他们教会的领袖、服从他们教会的法律,就在胡克笔下呈现为英格兰基督徒最合理、也是最神圣的行动。

看得见的庄严

——莎士比亚与胡克笔下的仪式和秩序

柯恩（Eileen Z. Cohon） 著

刘亦凡 译

一

虽然，莎士比亚和胡克的伟大声名是在截然不同的领域中树立起来的，但在观念上，这两位伊丽莎白王朝的同时代人却有着许多引人注目的相似之处。名流如约翰逊（Samuel Johnson）博士者就曾准确指出：莎士比亚在构思尤利西斯吟诵"秩序"的台词时参照了胡克。① 而最近，人们或是将胡克视为这位剧作家的良师，或是断言：至少当莎士比亚讨论人的选择自由、以及人选择触犯秩序的悲剧倾向时，胡克是这位剧作家

---

① 参见《威廉·莎士比亚剧作选》（*The Plays of William Shakespeare*, ed. Samuel Johnson, London, 1765），第七卷，页437。在约翰逊博士引用的两段引文中（《特洛伊罗斯与克瑞西达》第一幕，第三景，行78–137；《论教会政治体的法律》，卷1，章3，节2），莎士比亚和胡克使用的语汇、乃至二者笔下"秩序"一词的概念都极为相似。

在宗教领域的对应。① 但可以肯定的是,莎士比亚对胡克著作的了解,远在《特洛伊罗斯与克瑞西达》(Trolius and Cressida)或四大悲剧的写作之前。而且,这种了解不仅远比某种基督教人文主义的志趣相投来得具体,更不像许多学者自己对胡克著作的了解那样,通常只限于《论教会政治体的法则》的卷一。在《理查二世》《亨利四世》和《亨利五世》组成的四联剧中,可以清楚地看到,莎士比亚对胡克的这部论著是多么熟稔。

1593 年,胡克出版了《法则》的前四卷,以响应非国教徒秘密集会法令的颁布。这一法令,旨在促使天主教和新教内部的异议者遵奉国教。② 1597 年,该书第五卷问世。在这一系列著述中,胡克相当中肯地描绘了宗教派系(与诸如《对议会的几点告诫》这类文件)对权威和法律构成的威胁(序言,章 8,节 1):"教会政府的仪轨、习惯和秩序"正在饱受诘难(卷 1,章 1,

---

① Theodore Spence,《莎士比亚与人的自然》(Shakespeare and the Nature of Man, New York, 1942);John F. Danby,《莎士比亚的自然学说》(Shakespeare's Doctrine of Nature, London, 1949),页 18 – 53;Hiram Haydn,《反文艺复兴者》(The Counter – Renaissance, New York, 1950),页 620 – 667;J. V. Cunningham,《哀叹或惊愕》(Woe or Wonder, Denver, 1951),页 108 – 109;Virgil K. Whitaker,《莎士比亚对学问的运用》(Shakespeare's Use of Learning, San Marino, Calif., 1953),页 203 – 208;Geoffrey Bush,《莎士比亚与自然境况》(Shakespeare and the Natural Condition, Cambridge, Mass., 1956)。上述学者已经就莎士比亚的人文主义及其与胡克的相似性作出了讨论。其中,部分学者(如 Spencer、Cunningham 和 Haydn)认为:尽管莎士比亚营造的世界最终很难与胡克彼此调和,但他对胡克著作的了解、以及他们在秩序这一概念上的相似性,仍然意义深远。

② C. J. Sisson,《胡克先生的明智婚姻与〈论教会政治体的法则〉之诞生》(The Judicious Marriage of Mr. Hooker and the Birth of "The Laws of Ecclesiastical Polity", Cambridge, Eng., 1940),页 64。

节3）。① 当时的英国人很有可能已读到过或听说过布坎南（Buchanan）的《论苏格兰的王权》（*De Jure Regni*）和迪普莱西－莫尔奈（Duplessis－Mornay）的《反暴君论》② （*Vindiciae contra tyrannos*）。这类声名狼藉的政论小册子坚称：在宗教信仰及其相关事务上，国王必须接受其臣民的监查，而一旦臣民发现他不够称职，他们甚至可以革除君主。毫无疑问，当时的英国人也不会对卡特莱特（Cartwright）、特拉弗斯（Travers）、菲尔德（Field）和威尔考克斯（Wilcox）这类激进派牧师起草的请愿书置若罔闻。在惠特吉福特大主教（Archbishop Whitgift）（［译注］即约翰·惠特吉福特，1583—1604年任坎特伯雷大主教）眼里，正是这些牧师鼓噪破坏教士威仪、妄图简化教会仪轨，理应被冠上清教徒③ 的恶名。他们依据直觉发现的知识行事，认为仪轨事务的决定权应当由上帝的真正侍从掌握。④ 而胡克则敏锐地预见到，对英格兰王国而言，一个突出醒目、组织起来的清教团体究

---

① 本文采用的胡克著作均为 John Keble 编辑的版本，见《理查德·胡克著作集》（*The Works of Mr. Richard Hooker*，Oxford，1888）。

② 《反暴君论》的译者拉斯基（Harold J. Laski）认为，此书的作者是迪普莱西－莫尔奈。［译注］迪普莱西－莫尔奈（1549—1623）是当时胡格诺派领袖纳瓦尔的亨利（即后来法国波旁王朝的第一代国王亨利四世）的亲密顾问，也有人认为，此书是由迪普莱西－莫尔奈的密友朗盖（Hubert Languet，1518—1581）写就，或认为此书系迪普莱西－莫尔奈和朗盖合作的产物，转引自刘训练，《自愿的奴役与反抗暴君的自由》，见《大观》（2013年第1卷，总第10卷），法律出版社，2013年6月。

③ 《约翰·惠特吉福特著作集》（*The Works of John Whitgift*，Cambridge, Eng., 1852），卷1，页171。

④ 参见 Donald McGinn，《告诫争议》（*The Admonition Controversy*，New Brunswick，1949），页114-116、372-373、414-418。

竟意味着什么。它将导致国教会的分裂（序言，章8，节1），从冷峻的政治之眼看，这种分裂将威胁王权的至高性，使女王的特权（prerogative）遭到侵犯（序言，章8，节2）；不仅如此，它还会对所有的学问和戒律构成威胁（序言，章8，节3）。在胡克看来，这些问题绝不仅仅是关乎穿戴和职俸（vestment and benefice）的争议，而是涉及法律及其庄严外观。他的著作清晰而一贯地将激进派教士们描摹为政治秩序的主要威胁。

仪式之于胡克，正如它之于胡克捍卫的国教，象征着宇宙和社会秩序。它的功能，是令伊丽莎白统治的世人意识到他们对上帝的种种义务。仪式的重要性在于，它能使个体意识到秩序和传统，而不在于需要凭借它才能得到上帝的救赎。它是引人敬畏之物，一种"看得见的庄严"（卷4，章1，节3），却并不是神圣的东西（卷3，章3，节4）。

在这部里程碑式著作中，胡克在宗教与政治（religiopolitical）两端的蓬勃进展逐渐抵达顶峰，对此，莎士比亚当然清楚。① 与之前的几部历史剧相比，莎士比亚的第二四联剧大有不同。这部四联剧以《理查二世》为始，激活了"仪轨"这一概念。② 其

---

① 莎士比亚与其时代的思想牵连，如今已不是学者们关切的议题，但在过去，不少重要的研究著作都确证了莎士比亚对胡克的了解，参见 Lily B. Campbell,《莎士比亚的"历史"》(*Shakespeare's "Histories"*, San Marino, Calif., 1947)，以及 E. M. W. Tillyard,《莎士比亚的历史剧》(*Shakespeare's History Plays*, London, 1944)。

② 参见蒂利亚德（Tillyard）的著作。正是因为《理查二世》在仪式这一主题上表现得十分突出，康托洛维茨（Ernst Kantorowicz）在他的大作《国王的两个身体》(*The King's Two Bodies: A Study in Medieval Political Theory*, Princeton, 1957) 里凭借对此剧的分析，阐明了由自然身体和政治身体构成的"君之两体"这个中世纪概念。

中，仪式的效力和意义构成了第二四联剧情节与主题的一个完整部分。在此之前，这位剧作家已经思虑过像叛乱和篡位这类主题，并且始终同情地站在被废的合法君主一边，每当他笔下的角色侵犯自然的等级秩序，接踵而至的总是一场浩劫。在《理查二世》《亨利四世》上下部和《亨利五世》中，莎士比亚的王权观也并无新颖之处，但在这部四联剧中，焦点发生了变化。不仅外在的符号（outward symbol）完全被整合到了这些剧作的结构之中，而且它们也紧紧步趋《法则》的出版——《理查二世》在此书前四卷出版后完成，后三部则是在第五卷之后。

尽管莎士比亚聚焦的是君主制，而不是国教会，但他和胡克一样关注仪式的外部呈现（outward display）。仪式表征了统治担负的一系列传统和责任，正是这些传统和责任，将国王和他人区别开来。诚如蒂利亚德（Tillyard）所言，《理查二世》是最具仪式性的一部莎剧。正是在《理查二世》中，莎士比亚开始考察仪式授予人们的诸多义务，频繁地通过仪式表征（symbol）重述情节，而在他的其他剧作中，这种情形从未出现。理查的权位遭人篡取，或者更准确地说，被迫拱手让人（given away）——这便是全剧的主要情节，在自我罢黜的那一幕里，理查亲身呈现（reifies）了这一情节，而国王的废黜几乎和一场加冕礼一样富有仪式性。秩序良好的国家也在剧作家描摹之列，但这个国家不仅是在谋臣给国王的建议或冈特（Gaunt）的英格兰愿景之中，还出现在御花园那一幕里。在这个全剧情节几乎无法染指的地方，园丁们将御花园比作一个治理得当的国家，将自己的职份比作一位谨慎勤勉的国王，而此时对观众而言，理查作为国土守卫者的失败已经昭然若揭（第三幕，第四景，行 29 – 47）。① 在这部作品中，莎士比亚首次展现了王权的仪式维度，并且这也是莎士比亚第一部郑重其事（in a formal way）讨论仪式概念的作品。

理查尽管懦弱无能，但他明白自己合法而神圣地是一位国王，但他拒绝承担与王权联系在一起的种种义务（obligations of monarch）。在篡位这一幕里，莎士比亚几乎就像是在考察清教徒的立场：面对一套惨遭仪式扼杀、背叛的制度，应当做什么？对一位国王或者任何人而言，如果传统的制度已经腐化衰朽，他能否抛弃这些制度所有的荣华表象？理查和君主制的仪式是一体（one and the same）的吗？在《理查二世》和之后的三部历史剧中，莎士比亚区分了权位（office）与人（man），并在君主制的制度中考察了胡克试图在国教会中澄清的问题。他的结论是，即使理查否认自己的权位，他也仍旧是一位国王。《理查二世》和后三部历史剧的情节表明，对权位的滥用并未损害权位配享的尊重（respect due the office），尽管篡位者们（和理查）不断侵害君主制的制度，但君主制的制度和加冕礼的仪式从未被削弱。当胡克被要求为国教会中的天主教残余做出辩护时，他这样说道：

> 诚然，我们从前人那里得来的诸多仪式，并不是属于这个或那个教派的东西，而是基督在人间的教会（Church of Christ）的古老仪式和习俗，就连我们自己也是它们的一部分。对它们，我们抱有和我们之前的祖祖辈辈完全相同的关心（interest），这些相同的仪式和习俗正是从我们的祖祖辈

---

① 本文征引的莎剧文本，均参 George Lyman Kittredge 编辑的《莎士比亚全集》（*The Complete Works of Shakespeare*, Boston, 1936）。

辈那里传递给了我们。(卷4，章9，节1)

神圣仪式的意义，并不会因为它的某些代理者不配其位而逐渐褪色。传统本身超越了它所有的继承者，纵然仪式就其自身而言并不神圣。

理查宣称，在他加冕时涂上的膏油是无法被洗去的（第三幕，第二景，行54–57），但他要做的恰恰是蔑视仪式，这也是他一直以来在做的事情。但这还不是理查在位时的第一宗不端之举：先前，他夺走了被逐的博林布鲁克的皇室头衔和权利，明知它们按惯例是由博林布鲁克合法继承的特权（第二幕，第三景，行120–122）。濒死的冈特将这种恩惠与国王的权位作比："……如果不仰靠合法的继承，你如何能是国王呢？"（第二幕，第一景，行196、198–99）。而在博林布鲁克看来，这些特权是被人从他那里"剥夺"了去（第二幕，第三景，行120–121）。由于以这种方式蔑视惯例，理查扰乱了国家的自然秩序，这一秩序奠基于传统的权威，并通过外在表征成为看得见的秩序。因此观众并不会惊讶，理查最终也夺走了自己的特权和头衔。

在自废之前，理查对已经出现的混乱征兆视若无睹（第二幕，第四景，行7–14）。正如他吩咐手下"抛弃恭敬、惯例和仪式性的礼节"（第三幕，第二景，行171–173），理查也漫不经心地解除了自己权位的表征。他对他们说，他和所有人一样要呼吸，因此和他们并无不同。理查没有意识到，正因为他既是凡人、也是国王，他无法否认担在他身上的王权。正如任何人都对国王这一权位负有责任，理查本人（the man）也对他自己的权位负有责任。但他早已忘记，国王和普通人一样，都要为自己的政治行动负责,于是,他干脆拒斥自己的权位。

> 现在国王可怎么办呢?他必须投降吗?
> 国王只好投降。他必须被废黜吗?
> 国王只好逆来顺受:他必须
> 失掉国王的尊号吗?以上帝的名义,随它去吧!
> 我要放弃我的珍宝来换取一串念珠,
> 放弃我辉煌的宫殿来换取一个隐居之所,
> 放弃我灿烂的服装来换取一件贫民的袍子,
> 放弃我镶花的酒杯来换取一只木碗,
> 放弃我的王杖来换取一根朝圣者的拐棍,
> 放弃我的臣民来换取一对圣徒的雕像,
> 放弃我广大的国土来换取一座小小的坟墓,
> 一座小小的坟墓,一座默默无闻的坟墓。(第三幕,第三景,行 143–154)①

全剧在理查试图抹去象征国王尊荣的圣膏时迎来了高潮。一方面,故事的情节仿佛重现了一场加冕礼的光彩、庄严和仪式,但另一方面,理查废除了自己的主权,发现"自己和其余人一样,都是叛徒",因为他和别人一样,"在这里衷心同意把一个国王身上的威仪全部解除"(第四幕,第一景,行 248–250)。为了看清自己的哀伤和罪孽,他讨来了一面镜子:

---

① [译注] 本文中的大多数莎剧引文都参照了朱生豪、梁实秋二位先生的中译。如非出于贴合作者本意的必要,一般不做改动。参《莎士比亚全集》第 3 卷,朱生豪译,北京:人民文学出版社,1994 年;《莎士比亚全集》,梁实秋译,北京:中国广播电视出版社,2001 年。

> 啊,谄媚的镜子!
> 恰似我风光时追随我的人们,
> 你们是在骗我!这一张脸
> 就是每天在他的屋宇之下
> 养活上万人的那一张脸吗?
> 这就是像太阳一般令人不敢逼视的那一张脸吗?
> 这就是曾经对着那么多的荒唐面加赞许,
> 终于被博林布鲁克弄得面上无光的那张脸吗?
> 脆弱的光荣在这脸上照耀着。(第四幕,第一景,行279—287)

说完,他把镜子摔碎在地上。在这段台词中,理查颇有意味地提及了自己的"屋宇"(household)。他将自己比作王宫和英格兰的主人,无时无刻都有责任要他履行。与理查将王国比作房屋相似,胡克在讨论教会时也使用了相同的房屋意象,并将摩西比作它的照管人。他这样描述摩西照管房屋的责任:"在这间[上帝的]屋室里,摩西是上帝的委命者和受托人(his by charge and commission),他要统治这所房屋,但他同样要像一个仆从那样来统治"(卷3,章6,节2)。即便理查不欲求权位,他依然有侍奉的义务。

在另一段讨论中,胡克指出:

> 在君王的居室里,必然要有统治这间房屋的官员。和屋里的仆人不同,他们像房屋的主人——君王一样,能够恰当地进行裁断。同样地,上帝的居室中必然也有为统治设立的秩序。和房屋里的其他东西不同,它们是上帝早先就亲自安

排好的。如果上帝只是将这类秩序放在一边,这将同他的爱与智慧相悖,因为正是这类秩序,为恰切地管理他的教会所必需。所罗门王为他的臣仆们规定的人数、等级(degrees)、位序(orders)和仪表,就是这样彰显了他的智慧([译注]参见《旧约·列王记上》3-4)。因此,远比所罗门王伟大的上帝从来不是把他治理自己居所的秩序放在一边,而是作为一面镜子,使人们能从中看到他的深谋远虑、他的关怀和他的智慧。(卷3,章6,节18)

倘若理查没有破坏自己屋室的秩序,他可能也会在镜子里看到自己的"深谋远虑、关怀和智慧"。然而,理查看到的只是那"脆弱的光荣",并最终打烂了自己的镜象。意味深长的是,和胡克一样,莎士比亚在这段台词里将居室和镜子两种意象联系在了一起。

在这部戏剧中,理查曾多次把自己和太阳相提并论,这一比喻也延续到了《亨利四世》上篇。在16世纪,将君主类比为太阳当然不是个例,① 但在《理查二世》之前,莎士比亚从未把它用作浓缩剧作情节的范例。如今,观众通过回溯这对意象,就能够索骥剧中国王命运的起伏。胡克在《法则》卷1,章3,节2中描绘了"自然中断她的进程"可能引发的混乱和无序,一直以来,人们始终把这个段落和《特洛伊罗斯与克瑞西达》中尤利西

---

① 关于这一意象,见 W. H. Clemen,《莎士比亚笔下意象的发展》(*The Development of Shakespeare's Imagery*, London, 1951),页59;J. Dover Wilson 编,《理查二世》(*Richard II*, Cambridge, Eng., 1939),序言页12-13;Richard D. Altick,《〈理查二世〉中的交叠意象》("Symphonic Imagery in *Richard II*"),见 *PMLA*, LXII (June, 1947),页339-365。

斯关于"秩序"的著名演说联系在一起。在这个段落里，胡克将太阳比作"天上诸光的君王"，正如莎士比亚不断将太阳的意象同第二四联剧和之后的剧作建立联系。毫无疑问，《理查二世》勾勒了一场由于秩序遭到干预、最终爆发的浩劫。在全剧临近结尾处，约克公爵对儿子的出卖和博林布鲁克对"奸诈之子的忠实父亲"的赞许（第五幕，第三景，行60），使亨利四世治下的不和逐渐浮出水面。在最后的几个场景里，博林布鲁克虽然表现出国王的样子，但却不得不紧紧依赖这些外在之物，不计一切地巩固他继承王位的合理性。

通过《理查二世》，莎士比亚创造了一部以仪式性为情节的核心特征的戏剧。对于仪式，"太阳王"理查有着过度的迷恋，但他对仪式彰显的责任一无所知。在之后的几部历史剧中，莎士比亚的思考同样与仪式有关，但正是在《理查二世》中，莎士比亚肯定了仪式的价值与重要性。《亨利四世》上、下篇描摹了法与不法者的斗争，而在很大程度上，这项工作就是通过展现不同角色对仪式和权威的态度完成的。

在《亨利四世》上篇中，霍茨波（Hotspur）挑战国王，拒绝交出自己在战场上捕获的俘虏。霍茨波的父亲和叔父深知他的火爆脾气和鲁莽性情，并据此认为他很快就会起兵反叛。霍茨波宣称，"激怒一头雄狮比追赶一只野兔更让人血脉跳荡"（第一幕，第三景，行197–198），他已经准备好要"从脸色苍白的月亮上摘下光明的荣誉……跃入深不可测的海底，揪住溺死的荣誉的头发"（第一幕，第三景，行202、205）。华斯特（Worcester）表达了对当初协助博林布鲁克谋逆的悔意，希望能给霍茨波浇盆冷水，作为推翻理查的同谋，华斯特和诺森波兰"背负羞耻

(scandaliz'd）活着，在世人悠悠之口里，永远遭受无情的毁谤和唾弃"（第一幕，第三景，行154）。

胡克在试图断定天主教滥用了哪些教会仪式时，十分谨慎地给"背负羞耻"一词做了限定。他区分了这个词在清教徒那里的用法及其本身的含义：

> 在粗俗人等身上，有一种普遍的狂妄：凡是能令他们［清教徒］感到厌恶、不满的事情，都被他们称为"可耻"（scandoulous）之事……但在基督的教会中，"蛊惑"（scandalize）的意义并不是这些清教徒所理解的那样——人们背负羞耻（are scandalized），指的是他们受人动摇、误导、煽动，并因此走向了罪恶。（卷4，章7，节2）

莎士比亚同样暗示了这个词语的双重意义。在《亨利四世》上篇中，华斯特和他的同道之所以"背负羞耻"，是因为他们受到了蛊惑，犯下了罪孽；而在另一方面，胡克笔下清教徒的性情和关于"背负羞耻"的理解，同样适用于描绘他们，凡是能令他们厌恶的事情，他们都迫不及待地想要更换它们——"（他们）放任地跟随'私自运用理性'这条私人法则，而罔顾本应在理性中生根的公共法则，由此，他们为混乱的滋生预备了土壤"（卷1，章16，节1）。

霍茨波容易受叛乱的想法蛊惑。他活泼善变、热情洋溢，而且天真。更重要的是，他雄心勃勃。为了赢得自己在英格兰的应得之位，霍茨波将步步为营。和他的初衷同样高贵的是，他的行动功败垂成，最终沦为一片"没织好的野心"（第五幕，第四景，行88）。在胡克对人的理性的一段讨论中，我们看到了霍茨波的影子。胡克评论道,一些清教徒"宁可执拗地追随自己或野心勃勃、或堕落腐化的喜好,也绝不肯令自己的意愿与理性的思想保持一致……他们不肯曲折自己的区区小智去发现理性最浅显的教导,而正是这种教导指明了他们的意愿本应维护的东西"。(卷3,章8,节8)

自始至终,霍茨波都被华斯特和诺森伯兰的阴谋诡计驱使着。在许多方面,他和胡克描述的那些清教徒相像,同现行的传统与权威格格不入。当胡克谈到清教徒心中的热望时,他的脑海里无疑会浮现出清教徒最主要的一类怨言:他们没有过上最富庶的生活,诸如此类的抱怨,时常挂在他们嘴边。[①] 一个世纪后,一位清教牧师在追问国教徒究竟意欲何为时,言简意赅地挑明了这类怨言的实质,他自答说:"(他们想要的)无非是英格兰最好的教区和总铎区职位"。[②] 同样,霍茨波的性情中不仅有热诚和激情,还有私人荣誉和热望。

霍茨波那种对法律不加遮掩的蔑视,在福斯塔夫(Fallstaff)

---

① 例如,可参见《清教徒托马斯·伍德书信选,1566—1577》(*Letters of Thomas Wood, Puritan*, 1577—1577),载于 *Bulletin of the Institute of Historical Research*, V(November, 1960),页 18 - 22;John Stubbs,《一处对或将吞噬英格兰之巨口深渊的发现……》(*The Discoverie of a Gaping Gulf whereunto England is like to be swallowed…*, London, 1579),页 87。[译注]作者此处引征的约翰·斯塔布斯(John Stubbs)是伊丽莎白时代的政治小册子作者;本书于 1579 年出版,主要针对法兰西王兄安茹公爵向伊丽莎白女王提交的婚议,反对时年四十六岁的女王与抱定天主教信仰的公爵订亲。

② 见 Ethyn Williams Kirby,《在下议院的布道》("Sermon before the House of Commons"),见 *American Historical Review*, XLIV(April, 1939),页 530。

身上也彰显得淋漓尽致。① 他随心所欲地遵从或是违背英格兰的法律，一旦有机会，他就要公然表现他对传统和习俗的藐视。在莎士比亚构想这个角色的时候，他步趋《亨利五世之赫赫战功》（*The Famous Victories of Henry the Fifth*）这出为他提供了大量素材的剧作，将福斯塔夫等同于约翰·欧卡叟爵士（Sir John Oldcastle）。在亨利五世统治时期，欧卡叟被指控为罗拉德派的异端信众（Lollard heresy），但凡提及过此人的14、15世纪作家，大多都同时谴责他违背正信、参与谋反。不过，国教改革之后，欧卡叟摇身一变，成了一名新教殉道者，即使是16世纪的天主教作家，也从未有人像莎士比亚那样，将欧卡叟描绘成福斯塔夫那样荒诞不经的放荡者。② 在《亨利五世之赫赫战功》这部剧作中，欧卡叟也从未暗示过，英格兰的法律将在亨利四世死后归自己所有。剧中，欧卡叟在第一次见到他的新国王亨利五世的时候，不过是恭维了几句他的相貌；他也没有像其他角色（如奈德［Ned］）那样要求新国王任命自己担任大法官（II. 1010 – 13），③ 最终破伤了自己与国王的友情；他更不像莎士比亚笔下的福斯塔夫，言语间充斥着《圣经》里的意象。莎士比亚不仅改动了角色

---

① 参见 Lily B. Campbell，《莎士比亚的"历史"》前揭，页213；Campbell 认为，福斯塔夫这个角色打破了戏剧的历史模式，幽默的幕间短剧"将人们本欲装点打扮的历史剧掩藏了起来"。

② 见 Geoffrey Bullough，《莎士比亚的叙事和创作资源》第四卷：《晚期英格兰历史剧》（*Narrative and Dramatic Sources of Shakespeare*, Vol. IV, *Later English History Plays*, New York, 1962），页170。

③ 本文征引《亨利五世之赫赫战功》的版本，可在 John Quincey Adams《前莎士比亚时代的主要剧作》（*Chief Pre – Shakespearean Dramas*, Boston, 1924）中找到。

的原型,他甚至直接忽视了 16 世纪关于欧卡叟的种种描述。那么,既然莎士比亚对这一角色做出了多处本质改动,为什么直到科巴姆(Cobham)家族向他施压、迫使他将角色改为福斯塔夫之前,莎士比亚始终没有放弃"欧卡叟"这个姓名?毕竟,他在此之前就知晓欧卡叟的真实命运。在《亨利四世》下篇的收场白里,莎士比亚告诉我们,欧卡叟是位殉道者,因此福斯塔夫并非此人。尽管他借此提出了自己的辩解,但无法否认的是,在他的笔下,福斯塔夫一度就是欧卡叟。

有学者曾经暗示,在性格上,福斯塔夫实际无异于一个败坏的清教徒,[①] 而之所以欧卡叟的后人要求莎士比亚更改角色的名姓,也正是因为他们厌恶自己知名的祖先受到此类中伤。不过,就福斯塔夫而言,无论是严苛自律的典型清教徒,还是以虚伪著称的品性恶劣的清教徒,二者的心志特点都与他的性情相去甚远,更重要的是,《亨利四世》上篇不是一场反清教的宣传。然而,福斯塔夫也的确是个处处触犯律法的角色,他的行径给国家带来的破坏和混乱,丝毫不亚于一些批评者对清教徒反国教活动后果的警告。而欧卡叟这个原型身上的叛逆倾向究竟是无法无天的恶习(lawlessness)还是以身殉道的大节(martyrdom),则完全取决于人们的看法。与其他 16 世纪新教徒不同的是,莎士比亚将欧卡叟视为对主权和社会秩序的威胁,而不是一名无畏的圣徒,并且,他处心积虑地将欧卡叟和激进的改革派联系在一起,揭示出他们共同的不忠倾向。

---

① 见 Samuel Burdett Hemingway 编,《新编莎士比亚集注本》(*The New Variorum Edition of Shakespeare*, Philadelphia, 1936),《亨利四世上篇》,页 452–454。

我们第一次在剧中见到福斯塔夫时,他正在谈论法律。福斯塔夫问哈尔(Hal),等他当上了国王,会不会绞死犯法的盗贼?但很快,福斯塔夫的问题就变成了一项指令:"你做国王之后,不要再绞杀盗贼了吧。"(第一幕,第二景,行65-70)福斯塔夫对社会秩序和稳定的危险性即刻就通过这段对白呈现在观众和年轻的王子面前。为了满足自己的目的,福斯塔夫可以改变法律,他从《圣经》里征引字句,为自己辩白,人尽皆知,清教徒和他一样钟爱这种策略。他厌烦那些"浮夸的胡扯"(第一幕,第二景,行91),至于王子——他判决道,足以"带坏一个圣徒"(第一幕,第二景,行102)。福斯塔夫声称:"你知道在天真纯朴的太初,亚当也会犯罪堕落。那么在眼前这种人心不古的万恶时代,可怜的杰克·福斯塔夫还有什么办法呢?你看我的肉体比无论哪一个人都要丰满得多,所以我的意志也比无论哪一个人都要薄弱一些。"(第三幕,第三景,行185-189)由此我们看到,他和《亨利五世之赫赫战功》里的原型并不相像,而更像是一首反罗拉德派歌谣里描绘的欧卡叟:

> 战斗对骑士来说太无情,
> 那本是皇城消受的事情,
> 日夜用《圣经》和人谈心,
> 剩点儿时间就该躺下休息。[1]

福斯塔夫还将自己和清教徒的许多其他特点联系在一起。他

---

[1] 见 Bullough,《莎士比亚的叙事和创作资源》,第4卷,前揭,页170。

这样辩白自己给饮食订下的规矩:"如果年老和作乐也是罪行,那么我认识的许多老人家都要下地狱了;如果胖子就该受厌恨,那么法老的瘦牛该讨人欢喜。"(第二幕,第四景,行518–521)(清教徒当然十分重视关于饮食的法规,一般而言,他们都赞成遵守《申命记》中的禁令。胡克在讨论神法与人法的区别时,关于饮食的法规就是他举的一个例子[卷1,章16,节7]。)福斯塔夫还说,他想当个织工、唱唱圣诗(第二幕,第四景,行146–147),就像那些被菲利普二世从弗兰德驱逐出来的加尔文教徒一样。[①] 他讲话时频繁地提及《圣经》,把那些通常会让人联想到清教徒的特点归于自己,而在提及自己性格的其他方面时,福斯塔夫同样以这种方式引经据典。人们多半认为,福斯塔夫引用《圣经》是为了给自己谋得好处,正如他会让恶魔得到它应得的东西(第一幕,第二景,行131–133),福斯塔夫也要做自己的立法者。

凡此种种,都是以玩笑的口吻道出的,因为福斯塔夫原本就是个滑稽角色。而莎士比亚则为福斯塔夫赋予了一些更显著、也更可笑的清教徒特质。其中最意味深长的一步,莫过于大胆地将上述特质与福斯塔夫对法律的全然蔑视结合在一起。从这一结合中产生的既不是一名清教叛教者,也不是任何一种刻板形象,通过福斯塔夫这个非同寻常的角色,莎士比亚构想了一个足以打破这种脸谱化分类的独特形象。简而言之:和国教会中的分裂派系一样,福斯塔夫运用《圣经》的语言,定义、解释自己的弱点,

---

[①] Eben Bass,《福斯塔夫与王位继承》("Fallstaff and the Succession"),见 *College English*, XXIV, April, 1963,页505。

并为之开脱。莎士比亚对福斯塔夫这一角色的发展,和胡克对16世纪左翼改革派的描述如出一辙。

福斯塔夫最可耻的行径,是在霍茨波的尸体边演绎的。一直以来,哈尔对这位英勇战死的叛乱者都始终抱有敬意,他本来是要用"柔和的体面仪式"好生安葬霍茨波的遗体(第五幕,第四景,行98)——之后,作为亨利五世,哈尔还为阿金库尔战役的阵亡者做过相同的仪式:"让我们举行一切敬神的礼节,高唱起'耶和华啊,荣耀不归于我们'的赞美诗;郑重地把死者安葬入土。"(《亨利五世》,第四幕,第八景,行127-129)而福斯塔夫不仅侮辱死者,甚至毁坏了霍茨波的遗体、玷污了神圣的仪式。

胡克这样解释基督教丧仪的要求:"设立丧葬职责的目的,首先是本着自然的要求,展现对逝者的爱;其次是给逝者以荣耀——既包括一般地适合人的荣耀,也包括特殊地适用于逝者品性的荣耀。"(卷5,章75,节2)可以肯定的是,哈尔做到了胡克笔下的这些要求。而福斯塔夫这个偶像破坏者,则让我们回想起被胡克攻击的清教徒:

> 然而,无论犹太人的习俗是否远在我们救世主基督的时代之前,我们从未听说,教会、基督徒或是可靠的信仰曾将这类习俗裁断为不当、不宜或不合于基督教,直至这可悲的时节,在驱除迷信及其泛滥的名义下,这些佐证和巩固真正宗教的最有效的方法,才被人们**剥夺**(plucked at)、甚至连根拔起。倘若夺去了那**理当**(ordained)在葬仪里展现的上帝的教会对逝者的独特期待,并仅凭那种鄙陋的方式安葬死

者的遗体,那么到底还剩下什么东西,能让世界认识到我们是基督徒呢?(卷5,章75,节4)

与胡克一样,莎士比亚在"撕裂传统"的意义上使用了"剥夺"(pluck)一词:理查二世"剥夺了"博林布鲁克的"皇室头衔和权利";在《亨利四世》下篇中,他还会在亨利四世责难哈尔图谋王位时,再度使用这个词(《亨利四世》下篇,第四幕,第五景,行118、131),而当大法官向刚刚继位的亨利五世解释自己为何要严厉惩罚还是王子的他时,这个词又出现了一次(《亨利四世》下篇,第五幕,第二景,行86)。而在这里,那位"约翰爵士"([译注]意指福斯塔夫)的行径则相当清楚地指明了一种"惨遭剥夺"的宗教。

在《亨利四世》上篇的进程中,哈尔已经表明过自己要像国王那样节制、尽责的意图。不过,他的筹划还要经历曲折反复,因为在《亨利四世》下篇中,他再一次和福斯塔夫鬼混到了一块儿。作为王子,哈尔在这部剧作中的挣扎已不是哈尔这个人的挣扎,因为他还必须学会拒斥福斯塔夫这个人。再一次,法律和法律连带的义务得到了考察。

全剧开篇,尽管霍茨波已经兵败身亡,约克大主教表明了他继续叛乱大业的意图。这位主教:

> 把叛变变成了宗教
> 他的思想公认是诚恳而神圣的
> ……他举义的动机被认为是由于天意;
> 他宣称自己是在保卫一个流血的国家,
> 这国家被伟大的博林布鲁克踩躏得喘不过气;

所以人们不分贵贱都赶去追随他。

（第一幕，第一景，行 201 - 202；206 - 209）

"把叛变变成宗教"正是胡克谴责清教徒的要点。他们每天都"被引向全新的、更危险的意见，在这些意见中，时不时会出现与他们最初追随的东西截然相反的倾向——就是这样，这类倾向从谬误中不断滋长，在神圣权威的庇护下蒙面前行"。胡克几乎就像是在勾勒《亨利四世》下篇中叛党的行径。在伙同协助博林布鲁克谋逆时，他们的计划是"打倒所有的统治"；亨利四世登基之后，不满的叛党又转而着力于"自立新君"；而最终，他们共同化身为约克、纷纷披上宗教的斗篷，用"破坏和劫掠"（序言，章 8，节 12）填塞自己的欲壑。

在这部剧作中，福斯塔夫和大法官是最关键的两个角色，因为哈尔最终必须在这两个人之间做出取舍。事实上，自《亨利四世》上篇关于法律和正义的玩笑式讨论起，莎士比亚一直都在考量哈尔为取舍所作的斗争。而现在，王子必须严肃地作出决断，不容半分戏言。早在此前，他就已触犯过大法官，他必须决定，在他继承王位之后，英格兰的法律是否要听任福斯塔夫执掌。趁他的父王睡着，哈尔拾起王冠，给自己戴上，思索着王权的肃穆和如影随形的重担。当国王醒来，他却误将哈尔的这一姿态当作是对王位继承习俗和传统的冒犯，并怒斥哈尔目无法度。国王自己预测了哈尔继位后的情形："……第五代的哈利已经给那被节制住的兽欲取下了嘴罩，那野狗要在每个清白的人身上咬一口。"（第四幕，第五景，行 114 - 120；131 - 133）但亨利四世错了：当哈尔穿上国王这一身"袭新而灿烂的御袍"（第五幕，第二景，行44),他意识到自己必须将福斯塔夫抛到一边,因为国王在法律之下(第五幕,第二景,行77-90),而福斯塔夫只想让两头颠倒过来。国王的御袍不是为所欲为的通行证(即便是像理查二世以为的那样),而这一点也正是胡克力图向清教徒们指明的。权威的外饰固然堂皇,但驱策这些威仪的牧师却负有重大的责任:"他们应该把这看作他们的尊荣、他们的安全、他们全部的冠冕和荣耀;因此,他们应当慎重处之,而绝不是在监行圣礼的时候,还以为自己只是被召来穿着亮眼的白衣上下走动"。(卷5,章29,节2)

在《亨利五世》中,哈尔逐渐成长为一个完满形象,一位聪慧、负责的领袖。在他身上,莎士比亚发掘了基督教君王所能拥有的全部优秀品质,这样的美德,理应得到人们的赞颂:

——倘若他们统治有方,荣誉没有往他们的心里填满骄傲;倘若他们运用权力是为了侍奉至高者的尊荣、畏惧他正如自己的臣属畏惧自己,从不爱慕天堂之外的荣华和快乐……倘若他们明知自己的权能会为其一切作为开道,却毋宁行可贵至善之事,不愿自甘平庸、与显贵共谋;倘若他们能有自知之明、在上帝眼前保持充分的谦卑,正如他们早先被人们眼中的上帝拣举起来,高高在上。(卷5,章76,节8)

亨利五世希望自己统治有方。在大法官和福斯塔夫之间,他已经抛弃了后者,做出了取舍,现在,他又坚持自己对法兰西统治权的主张合法正当。他命令坎特伯雷大主教"公正、虔诚地讲一讲,法兰西所奉行的'舍拉继承法'究竟应当还是不应当剥夺我的继承权"(第一幕,第二景,行10-12)。他不仅向教会寻求建议,还想将自己的主张奠立在传统的法律基础上。正是在后者的领域内,围绕亨利继承权的正当性发生了一场持久的论辩。胡克在其著作第1卷中如此描述法的功能:永恒法和"诸民族之法"(law of nations)是由教育和指导支撑的,它们使"理性的自然官能更好、也更早地对是非善恶产生判断能力"(卷1,章6,节5)。在这里,亨利正是通过寻求指导来了解"诸民族之法",因为他决策的依据只能是习惯,而不是发明(innovation)。因此,埃克塞特在面见法国国王时说:

> (亨利)凭万能的上帝之名,
> 他要求您退位,
> 交出您那久借不还的荣衔——
> 那原是,凭着上天的恩赐,
> 又凭着自然和邦国的法度,
> 应该属于他和他的后代——这就是说,交出您的王冠
> 以及根据世代相沿的惯例和传统,
> 那属于法兰西王冠的一切荣耀。
> (第二幕,第四景,行77-84)

在胡克看来,对法律与战争传统的这个方面,人们"对它的了解胜于对它的遵守"(卷1,章10,节13)。这一点,在弗鲁爱林对战争仪式的观察中再次得到了重申。根据他的说法,"拿军饷的竟把祖传的真正的战争法典、临阵的规矩都忘了,这真是四海之内,最令人啧啧称奇的怪事了"。不过,他也没有肯定地告诉我们,古代的名将是否真的遵守了这些法典,或是他自己也会信守它们。(第四幕,第一景,行66-75)

在决定开战的过程中,亨利几经挣扎,因而对荣誉的追求不至于使他骄横无度。亨利想到了康健的人们,他们可能会因为这场战争洒出"无辜的热血"(第一幕,第二景,行25)。除非人们说服他远征法兰西势在必行,否则他绝不轻易动身。为了在战争中赢得荣耀,哈利·珀西不惜一切代价,而亨利的态度却与霍茨波截然不同。他始终守候着上帝,他向身着教袍之人寻求教导;在走上战场之前,他为麾下士兵的勇气祷告,祈求上帝不要因他父亲的谋逆,降罪于他的士兵;他施济贫民,并希望用自己的苦行使父亲的罪行得到宽宥;最后,他这样表达他毫无保留的谦卑:"不过我所做的这一切并没有什么价值,因为到头来,必须我自己忏悔,向上天请求宽恕。"(第四幕,第一景,行320-322)

亨利非常清楚,在浮华的外表之下,人是相当脆弱的。当他丢开一切荣衔,他在自己身上看到的不过是一个赤裸裸的本相:

> 虽说他(国王)的心思寄托在比我们高出一层的事物上,可是好比一头在云霄里飞翔的老鹰,他有时也不免降落下来,栖息在枝头和地面上。所以,当他有理由害怕的时候,他就像我们一样,感到了害怕;不用问,那心头的滋味也跟我们的感觉差不多。(第四幕,第一景,行108-115)

亨利将自己乔装为普通一兵,与士兵们交谈,之后,在一个人独处时,他开始沉思那将他和别人区别开来的仪式排场究竟是何物:"啊,威仪!让我看一看你的价值是多少吧:你受人崇敬之处究竟安在?除了地位、名衔、外表引起人们的敬畏与惶恐外——你还有些什么呢?"(第四幕,第一景,行261-264)尽管父亲关于国王难以入睡的感慨很快将亨利的思绪引向了别处,使他咒骂起这令他丧失了普通人自由的"辉煌无比的威仪",但亨利还是担起了这些威仪赋予他的职责,率领他的士兵步入战斗。

亨利意识到了排场的重要功用。国王必须在他的臣民心头激发敬畏惶恐。关于外在表征的这一功用及其必要性,胡克告诉我们:

> 为宗教行为设定外在形制的目的,在于实现教会对心灵的教化……我们可以设想:在自然之中存在某种理性的依据,使得无论过去还是现在,普天之下没有哪个国家在采取重大公共行动时(不管这种行动是民政的还是属灵的、世俗的还是神圣的),不使用某种看得见的庄严——它的奇妙卓异之处的确令平民大众聚精会神、举目一致。(卷4,章1,节3)

正是宝剑、御杖、加冕的圣油和君主制的其他外部标志区隔了国王和普通人,教化了他的臣民。

同样,国王的排场(pomp)也将亨利与其他人区别开来。如果威廉知道那个表面上与普通人无异的士兵是国王,他绝不会冒犯对方。也正是他提醒了亨利,冠冕堂皇本就是国王的职责(第四幕,第七景,行52-60),恰如胡克所言,"所有秩序良好的政体都是通过某种特殊的外观秩序,在众人眼前区分出不同种类的人"(卷5,章78,节13)。亨利从威廉这件事上吸取了教训,因此,他奖掖诚实的威廉。从沮丧于自己身上的负担,到质疑仪表的价值,这位国王最终回归了他继承的古老形制,也只有在向法兰西公主索吻的时候,他才欣允某种权变:"过于精密的习俗不

适用伟大的君王。"(第五幕,第二景,行293)

莎士比亚在《理查二世》中形成的想法,最终在《亨利五世》那里完成。理查这个做作软弱、战战兢兢的国王,最终被一位雷厉风行的领袖以暴力取代,直到《亨利五世》,习俗的概念才完全与正当统治的建制合为一体,而这也正是胡克希望在罗马教会传统和新的权威之间实现的调和。

获取并维持"适度"的身位是一桩艰难的任务。与过去的某些方面决裂、又在其他方面同过去携手同行同样艰难,因为总会有人想借此将传统通盘抛弃。而莎士比亚和胡克则以各自的方式,反对削弱那些发挥恰当功用、始终提醒人们过往传统的仪式。前者在此之前就应思虑过这些问题,它们是基督教人文主义传统的一部分。而对胡克而言,以法律和批判清教徒的革新为中心的《论教会政治体的法则》,则更像是一则催化剂。其重点,与其说是像他的前辈那样阐述旧教会的陋习,不如说是应对宗教激进主义的挑战。在《法则》出版之后,莎士比亚处理叛乱和王权的进路与先前截然不同,而正是莎翁的天才,使他得以将这些观念塑造成"形",并把它们搬上舞台。

霍布斯与胡克、政治与宗教

——对《利维坦》结构的一个评注

斯塔特（Stephen State） 著

刘亦凡 译

一

17世纪英格兰的宗教论争可以分为两个部分：其一发生在神学内部，与教义考辨、《圣经》注释和阐释等主题密切相关；其二则关心宗教在政治共同体中的位置，因此更多是一种政治关切。不过，神学和政治这两类议题也并非彼此殊绝：一方面，《圣经》解释有着明显的政治意味；另一方面，和教义争论一样，围绕宗教权威的争论同样令国教徒和清教徒分裂为两大阵营。只需看看胡克的《论教会政治体的法则》，我们就能发现这一点。在这部著作中，胡克不仅指出了清教徒在圣礼、洗礼、预定论等教义问题上的谬误，也同样就教会权威和统治权的政治问题发表了见解。1604年，当约翰·斯宾塞（John Spenser）在《法则》前言中将此书写作的语境标记为"我们内战的浩劫"[①]时，他并

[①] 参见 J. Spencer，《论教会政治体的法则》前言，收于 J. Keble 编《胡克著作集》（*Hooker's Works*, Oxford, 1888），卷1，页123。

没有夸大其词。

本文试图就胡克关于教会政治体的理解和托马斯·霍布斯对基督教王国的思考进行一个比较。霍布斯常常被后人视为世俗世界（secular world）的先驱：施特劳斯（Leo Strauss）认为，通过在《圣经》阐释的基础上树立主权者的权威，霍布斯实际上（隐秘地）全盘削弱了宗教；① 麦克奈利（F. S. McNeilly）也曾用相似的口吻指出，霍布斯"满怀不敬地将人们对神圣权威的呼求和关于公共秩序的考量混同在一起"，"如果他真的维护过神学，那

---

① Leo Strauss,《霍布斯的政治哲学》(*The Political Philosophy of Hobbes*, Oxford, 1952), 页 71 - 72。同时，也有几种不同于从"尘世化"前提出发的霍布斯论说值得我们注意，例如 W. B. Glover,《上帝与霍布斯》，见 K. C. Brown 编,《霍布斯研究》(*Hobbes Studies*, Oxford University Press, 1965); J. G. A. Pocock,《政治、语言与时间》(*Politics, Language and Time*, New York, 1971); 收于 R. Ross 所编《霍布斯在他的时代》(*Thomas Hobbes in his Time*, University of Minnesota Press, 1974) 中的几篇文章; M. M. Goldsmith,《霍布斯的政治科学》(*Hobbes's Science of Politics*, New York: Columbia University Press, 1966); N. N. Henry,《弥尔顿与霍布斯: 魂眠论与中间状态》("Milton and Hobbes: Mortalism and the Intermediate State"), 见 *Studies in Philology* 48 (1951), 页 234; S. I. Mintz,《猎杀利维坦》(*The Hunting of Leviathan*, Cambridge University Press, 1962); R. J. Halliday、T. Kneyon 和 A. Reeve,《霍布斯对上帝的信念》("Hobbes's Belief in God"), 见 *Political Studies* 31 (1983), 页 418; L. Damrosch,《作为改革派神学家的霍布斯: 自由意志论争的多重含义》("Hobbes as Reformation Theologian: Implications of the Free Will Controversy") 见 *Journal of the History of Ideas* 40 (1979), 页 338; E. J. Eisenach,《霍布斯论教会、国家与宗教》("Hobbes on Church, State and Religion") 见 *History of Political Thought* 3 (1982), 页 215; P. Springborg,《利维坦与教会权威问题》("Leviathan and the Problem of Ecclesiastical Authority"), 见 *Political Theory* 3 (1975), 页 289。

他也只是在政治这滩醋里腌制神学的意义上维护过神学"。① 通过对霍布斯与胡克的比较，我希望在本文中澄清上述看法对霍布斯的误解。因为至少在 1604 年的语境中，宗教的确被视为内战的导火索，而在许多时人看来，从公共秩序的关切出发讨论宗教问题，也并不是对神圣权威的不敬。并且亨利八世改革之后，在种种调和信仰和政治生活这两方主张的努力中，霍布斯的立场并非没有先例，对我们而言，看到这一点同样关键。

最后，此处对于本文的导引还涉及本文标题中的最后一部分——"《利维坦》的结构"。在对比霍布斯与胡克的过程中，霍布斯如何考虑《利维坦》前两部分的"理性"论证和后两部分的"宗教"（或圣经）论证之间的联系，成为我所考虑的一个问题。目前，关于《利维坦》各部分的关系，似乎存在三种截然不同的看法。第一种看法认为，《利维坦》的后半部分并非真诚之作，它不是为了蒙骗审查者安排的矫饰，就是以隐微写作的方式传递了某些信息，在明眼的细心读者那里，这些信息只会削弱它自身的力量。第二种看法与第一种看法相去不远，在某种意义上，这种观点将《利维坦》的后半部分视为前半部分的来源和基础。一位论者甚至主张，在《利维坦》一书中，霍布斯真正严肃对待的只有后半部分，而《利维坦》的前半部分不过是霍布斯对 17 世纪方法论风尚的一次戏谑式的让步罢了。② 第三种看法认为，《利维坦》是分属两种理论领域的两大部分构成的整体，它们不仅使用

---

① F. S. McNeilly,《解剖利维坦》(*The Anatomy of Leviathan*, London, 1968)，页 24-25。

② F. C. Hood,《霍布斯的神圣政治》(*The Divine Politics of Thomas Hobbes*, Oxford University Press, 1964)，页 24。

了不同的论证,更使用了截然不同的两种类型的论证:《利维坦》前半部分的论证是关于抽象公民的论证,它是非历史的、无时间性的。而《利维坦》的后半部分则是针对一个特定基督教王国(the Christian Commonwealth)的论证,它在时间上存在边界,并且需要一类在纯粹的理性王国中无法获得的"历史性知识"。①

不同于上述三种看法,本文试图提出一种新颖的方式,以检视《利维坦》中"理性"和"宗教"两种论证的关系。我将指出,对霍布斯而言,遵循理性的政治是依据《圣经》的政治的必要组成部分。当然,基督教王国确实在一种特殊的意义上存在于时间之中,但它的出现(更恰切地说,它之能为人们理解[intelligibility])之所以可能,则是仰赖于霍布斯在《利维坦》前半部分中对种种政治概念的澄清。《利维坦》的前半部分完成了概念的发蒙,从而为政治思考的关键术语提供了定义。凭借《利维坦》前半部分的工作,霍布斯得以在《圣经》领域——这个多少为胡克所回避的战场中——与清教神学家展开论战。除了别的东西,《利维坦》更是为释经打造的工具。

二

为了便于我们对霍布斯的讨论,胡克关于教会和国家同属"一个王国"(one-kingdom)的理论首先需要得到某种澄清。在胡克那里,"教会"这一概念实际具备两个维度。其一是被他称

---

① J. Pocock,《霍布斯思想中的时间、历史与末世论》("Time, History and Eschatology in the Thought of Thomas Hobbes"),见氏著《政治、语言与时间》(Politics, Language and Time, New York, 1973),页148。

之为"神秘的"或"无形的"维度,它是由圣灵和内在恩典的共同运作赋予的;而使教会得到另一种有形的维度的则是这样一个事实:教会是一种"相互的友伴关系和团体"(mutual fellowship and society)(《胡克著作集》,前揭,卷1,页351)。教会的第一个维度只有上帝才能评判,但后一个维度却能用理性和公共的标准来评判,并且在胡克看来,正如中世纪罗马教会的实践显示的那样,教会的第二种维度定然会受制于政治之误。尽管上帝将无形的教会赐予了人类,并使之无需借助一种外在的政体形式就可能永久存续,但自君士坦丁时代以来的历史彰显了教会面临的一大难题:"教会是一个有形的团体和政治体,因此,它不能缺少政治体的法律。"(《胡克著作集》,前揭,卷1,页406、342 - 346)与霍布斯一样,胡克认为:有形的教会不止一个,英格兰教会就是这样一个范例。所有有形的教会,都是基督教教会政治体(Ecclesiastical Polities)。每个政治体都有用实定法组织人类生活的权威,受这种权威辖制的领域,甚至包含了与拯救无关的种种事务;而每个特定的基督教政治体或教会政治体,则都有权威"为上帝的教会安排公共的属灵事务"(《胡克著作集》,前揭,卷1,页352 - 353)。

有趣的是,虽然《圣经》是一本有用的指南,但政治体的诸原则都不是直接从《圣经》中得来的。不仅如此,尽管某种具备权威的政府是必要的,却并不能说"某种特定的政体形式……对所有政府皆为必要"(《胡克著作集》,前揭,卷3,页334)。在胡克看来,君士坦丁大帝的改宗,标志着基督教历史的一个分水岭:公民和信众的分离状态自此终结,宗教自此进入了公共领域。这一看法,同样为后来的霍布斯延续。由此,英格兰这一范例就尤为引人注目，因为它在政教模式上与古代以色列人如出一辙："在这里，并不是一部分人属于国家、另一部分属于上帝的教会，而是这相同的一群人完整地隶属于同一个最高统治者，仰赖于这位统治者的至高权威。"（《胡克著作集》，前揭，卷3，页340）胡克用手中的哲学利器解释了教会和政治体的统一，从而，教会和政治体就成了涵摄于同一实体下的两种偶性（different accidents of the same subject）。

不过，就胡克目前的处理而言，我们有必要指出一些潜藏在表面之下的深层问题。在早期的英格兰教会看来，教会的无政府状态既是英格兰受清教影响的必然结果，也是教会亟须防范的一种状态。因此，对一个追求令行禁止的教会来说，尘世主权者大可被视为一位理想的信仰护卫者。而对一位国王而言，宗教诫命（clerical sanction）能够大大提升他的地位，因此，他自然也会欢迎一个稳定的教会等级制。如果詹姆士一世（King James I）可以宣称"没有主教，就没有国王"，那么教会似乎就同样不难想到"没有国王，就没有主教"。对教会而言，麻烦的是君主制始终试图要它安分守己，而对君主制来说，麻烦则在于某些不安分的教士可能会不断侵扰方才摆脱天主教恶劣影响的政治领域。换言之，"麻烦"就是英格兰王国中教会权威的问题。

胡克以一种有趣的方式与这个问题迎面相逢。考虑两个与之相关的问题最有助于我们评估他的立场，在我们稍后考察霍布斯的立场时，这两个问题都将变得至关重要：其一是主教的地位，其二是主权者对教会统治权（Ecclesiastical Dominion）的主张的性质。在某种意义上，主教们确实是从上帝那里获得权威，建立起一种与俗众（common herd）截然分离的秩序（《胡克著作集》，前揭,卷2,页456)。但主教的这种权威并不直接是神圣权利(jure divino)。基督教牧师们之所以与他人不同,是因为"鉴于他们作为合法、真正的统治者的权威是根据政治体已然安排好的秩序、在国家之中赋予他们的,因此正是基督教会中的圣职授任,缔造了合法的牧师"(《胡克著作集》,前揭,卷2,页526—527,着重为胡克所加)。诚然,主教们"属于上帝"(of God),但只有经过教会政治体恰当的圣职授任行为,主教才是合法的主教。因此,真正有权安排有形教会的宗教事务的,是通过主权者——在宗教会议和议会中的国王——发挥作用的国家,对于无形的教会如何显现为公共、合法且有形的教会,主权者有权做出规制。

那么,如何看待使徒传承(Apostolic succession)呢?在这个问题上,胡克只有一条狭窄的出路。他试图在天主教和清教两种立场之间寻找一个中间地带,前者将宗教权威系于教皇一身、并视之为使徒统绪的传承者,后者则"完全否认使徒有什么传承者"(《胡克著作集》,前揭,卷3,页154)。前一种立场将葬送英格兰教会,彻底将它与天主教会分离开来,而后一种立场又将侵蚀国教实践中的主教等级制。

通过为教会最初的使徒和教父们赋予某种独一无二的特性,胡克为这个棘手的问题指出了一种明智的解决方案。最初的使徒和教父们的权威直接源自上帝,具备神圣权利;而之后的主教虽然是他们的合法传承者,却是通过一种不同的方式获得权威。在胡克笔下,教士等级制的发展更像是历史的偶然进程,而不是神的意旨。他设想了一个教会处于无秩序状态的阶段,在这一时期,围绕宗教事务的争论严重危及了社会生活的和平安定。此时，国家（commonwealth）（尽管我们并不清楚，胡克指的究竟是哪一个国家）做出了一个旨在矫正这一弊病的决定，只要这样做是理性的（也就是说，有益于和平），这种做法就合于自然法。因此，即使安立甘宗的教会制度并不直接受《圣经》（神的实定法）指引，甚至它的主教也无一是教会早期教父的传承者，安立甘宗的教会体制依然是一种合法体制。

与其清教徒论敌针锋相对，胡克的核心论点之一是：《圣经》并未事无巨细地为我们的政治生活规定某种模式。他写道：

> 短时间内，在各教会的统治者之间，确实爆发过那些竞争、冲突和争论，而且他们没有充足的补救措施来消解这些争端，除非……有人被授予主教的权威、凌驾于他人之上，由此得以在各个教会的统治者之间维系秩序，并在那些由于多个行动者的平等地位而引发的混乱和是非之外……占据一种超拔的地位。（《胡克著作集》，前揭，卷3，页156）

这段评论中出现的种种预设，无疑会令《利维坦》的读者感到似曾相识——例如：混乱源自多个行动者之间的平等地位，又如：人为缔造一个更高的权威以避免冲突和争论是理性的（并也因此是自然法的一种功能）。胡克论说的要害在于：主教传统的"经久延续"并非由上帝指定，一旦作为个体的主教沾染了"傲慢、僭越和无法改化的行径"（《胡克著作集》，前揭，卷3，页165），教会政治体就有权撤除他们。但由于教会政治体通过自然法（而不是《圣经》或神的实定法）这个中介具备了制定实定法的神授权利，它就同样有权制定与宗教实践有关的法律，英格兰偶然地在其历史中采用了主教等级制、并将权威授予给主教，就是这样一个例证。换言之，主教是从国家那里获得了他们"有形的"权威，但这种权威并不是"神圣权利"。所有形式的合法政府都普遍具有控制宗教事务的权利，"更迭宗教、制定教法，乃至所有与这些类似的活动，都隶属于统治权的范围"（《胡克著作集》，前揭，卷3，页328）。

出于"他们自身的利益和安全"，英格兰人相当碰巧地决定了他们特殊的政府形式。胡克断言，他们的政体是通过统治者和被统治者之间的"同意和妥协"（composition）构筑起来的。统治权的确切范围，部分是通过统治者和被统治者之间的原初约定（如果原初约定是可能的话）加以权界，部分是源自默示同意（胡克称之为"默许"）①基础上的惯例沿习（《胡克著作集》，前揭，卷3，页351）。尽管我们并不清楚，伊丽莎白一世的宫廷是否会接受"法治"原则，但根据胡克的理解，英格兰的主权者理应受到法治的约束。并且，在胡克看来，历史上原本系于政治体宗教事务方面的权威也逐渐经由同意，完成了向主权者的转让。出于利益与安全的理由，主权者被人为地发明出来、掌握教会事务的统治权，以避免宗教上的冲突与纷争。从效力上看，主权者已经成为上帝的副手，尽管上帝并未直接赋予他这样的地位：

>……基督教世界的秩序应当由君王的政权来安排，尽管

---

① 参见 C. Cross,《伊丽莎白一世时期英格兰教会中的至高王权》（*The Royal Supremacy in the Elizabeth Church*, Historical Problems: Studies and Documents 8［London，1969］），页36："胡克在伊丽莎白本人最厌恶的那些英格兰政体特征（如'默许'）基础上，为王权至高性辩护。"同见 P. Munz,《胡克在思想史中的位置》（*The Place of Hooker in the History of Thought*, London，1952），页103－105。

> 上帝的律法并未在任何一处明令他们这样做；然而，上帝的律法的确为君王们赋予了权利，而我们也曾经将这种权利提升到如此崇高的地步：凡其权力能够为上帝的统治服务之处，君王就有权要求臣民在此范围内的一切事务上做到普遍服从。因此，上帝的确许可主权权威的作为，这种权威正是君王从人们那里得来的。（《胡克著作集》，前揭，卷3，页346）

英格兰主权者的教会统治权，不能简单理解为授予国王的某种教士职能。一位国王有可能同时是一名教士，但一般而言，国王在教会事务与教义方面的权威并不是一种做决定的权威——例如，国王并不单独决定与教义相关的问题，这些事务是由其臣属即主教、大主教和长老们在宗教议事会中共同处理的。主权者的工作只是为他们的行动授予合法性。只有经由主权者的任免，教士才能采取行动，而时常需要澄清教义的宗教议事会，也必须参照主权者的谋虑方可行事，如果没有主权者的认可，这些议事会在教义方面得出的慎虑和结论就只不过是意见，不可能合法生效。同样，主权者不能凭空"造"出一名主教，主教们（在前文所述的意义上）作为使徒的继承者，必须适时地加入这一神圣序列，但他们是经由主权者的"推举"（places them forward）才加入这一序列之中（《胡克著作集》，前揭，卷3，页354－419）。尘世主权者本人并不视察教区、参与教廷改革、处理异端、平息分裂，但他不仅对这些事务具备权威，更是"他的代理者们"能够上诉到的最终源头："种种考量都能表明这种做法行之有效：国王的人身免于躬行这些事务，但

国王的权力同时能够、且必须为这些事宜施加力量。"(《胡克著作集》，前揭，卷3，页438)

而在教义问题上，即使主权者为教义授予了合法性，这种合法性也不必然会激发信仰或确保真理。正如霍布斯不久后指出的那样，主权权威颁布的教义并不能指引信仰，但它对宗教事务的处理而言是必要的。教义由主权者颁布，有助于在未来巩固宗教公开维系的东西，以避免那种可能摧毁政治体的争论：

> 为公共团结之需，人们的公开认信很可能是必要的，禁止人们触犯某些特殊的规定也同样是必要的。因为在某些问题上……曾经爆发、且很有可能持续下去的关于真伪曲直的争论，给许多灵魂带来了剧烈的伤害。只有法律能确立一种不可违逆的确定性，从而挽救因为上述争论产生的恶。(《胡克著作集》，前揭，卷3，页357)

英格兰主权者在担当尘世事务时受到宪制与法律的限制。同样，在教会事务的实践中，他也要受到教规的限制，尽管胡克同时异常保留地指出，"和我们的期许不同"，这些限制的确切性质"并不总能得到人们整齐一致的同意和确定性"。值得玩味的是，霍布斯在主权者应当拥有教会统治权这一点上认同胡克，但霍布斯不能苟同于胡克之处，恰恰在于后者对英格兰主权者性质的理解。在胡克看来，主权者在尘世事务中应当被理解为议会中的国王，受宪法的限制，正如在教会事务中，主权者应当被视作宗教议事会中的国王，依循公认的教会法行事(《胡克著作集》，前揭，卷3，页408)。

在胡克眼中，教会法的一般原则要求人们在传统能与"上帝的律法"相容时,遵循长期沿袭的传统。更具体地说,他令现存的安立甘宗传统得以接续"《圣经》正典"(即对那些确定的《圣经》经文的正统描述)和最早的四大公会议的权威。除此之外,正统立场是"由王国议会的高级法院规定,经宗教会议中的教士同意做出的共同决议"(《胡克著作集》,前揭,卷3,页359)。这显然是胡克面临的最敏感的问题之一。主权者在宗教事务上的权威至少包括否决权(《胡克著作集》,前揭,卷3,页411),对于这一点,清教徒断然无法接受。可以想见的是:不仅是清教徒,许多老派的主教也很可能将这一立场视作对他们"神圣权利"的侵犯。胡克宣称,教会的典章制度至少已在原则上得到"充分同意",而在细节上,教会制度则应与现存法律和安立甘宗的实践保持一致。但这种看法,必然会招致清教徒的反对,因为他们质疑的,正是安立甘宗的历史实践(尽管胡克认为它持续了"漫长"的时间,但实际上,这种实践并不"漫长")和它强加给清教徒的教义。

我们已经明确:对胡克而言,无论主权在基督教王国中呈现为何种正当形式,它都必须同时担负教会统治权。在他看来,英格兰的主权将议会和宗教议事会中的国王置于法治之下,这里,"法治"中的"法"既指政治法,也指教会法。而种种形式的主权的共同之处,正在于它们享有规制宗教事务的权利。恰如胡克所见,宗教是政治共同体中潜在的无常之物,为了维护公共团结,宗教最终必须受到教会政治体的主权者的规制,否则,"我们就剥夺了在这个世界上共同生活的所有可能"(《胡克著作集》,前揭,卷1,页282)。

三

现在，当我们把目光转向霍布斯的基督教王国，也许我们就能从中看到某种奇妙的反讽：胡克拒绝将《圣经》视为安排教会秩序的准心，而霍布斯则刚好相反。正是胡克，不满于清教徒仅从《圣经》出发得出政治结论，认为他们完全忽视了另一种神圣的指引：自然理性和理性在自然法之中得出的结论；而在霍布斯看来，尽管政治生活的种种准则可以从自然理性和语词的恒常约定中得出，基督教政治生活的特定准则却必须诉诸《圣经》。① 不过，我们不应在这种反讽上走得太远。在胡克那里，迈向《圣经》之外的权利和需要，正是由《圣经》本身提供的（《胡克著作集》，前揭，卷3，页345），并且，他也会赞同霍布斯的这一看法：在面对《圣经》时，人既不能抛弃感觉和经验，也不能抛弃"那无疑是上帝之言的自然理性"。

霍布斯关于基督教王国的论述起始于对《圣经》的考察。这种考察，甚至涵括了那些不时被《圣经》暗示为"超出理性"的内容。的确，启示本身是超自然的，因为那些被启示带入经卷的事迹都处于一个超出自然事件的序列之中。但霍布斯却多少有些自相矛盾地主张：《圣经》与理性并不冲突，面对二者间显见的矛盾，我们应当在悬置判断的同时，将它们囫囵咽下，因为"错误不是我不善于解释，就是我们的推理错误"（霍布斯《利维

---

① 霍布斯，《利维坦》（*Leviathan*, New York, 1962），页271。

坦》，前揭，页271）。① 脱离文本和常识、自以为是地借助荒谬的形而上学为这些显见的矛盾正名，是我们需要避免的诱惑——在这一点上，霍布斯流露出他对宗教改革原则的赞同，因为上述做法恰恰是经院神学家犯下的错误，而纠正这些错误，也正是霍布斯希望达成的目标。在他看来，经院神学家或是篡改合乎理性的语词，或是通过曲解永恒的当下、分离出不同的本质来解释《圣经》，正是由于这些错误，基督教王国才陷入了"伪哲学"的黑暗。

在一些改革派神学家看来，只要在回到《圣经》的希腊语和希伯来语文本时隐藏或掩盖理性的作用，就已足以恢复《圣经》的语言。但对霍布斯而言，理性在圣典的解释中仍有一席之地，它的首要任务，就是阐明《圣经》中的先知语言（prophetic language）。上帝如何对人言说？相信上帝曾对人言说，又意味着什么？霍布斯的许多同时代人都从《圣经》的先知语言中发覆出多种寓意，但在霍布斯看来，他们得出的往往是错误的寓意。这一点尤为关键。现代读者倾向于将霍布斯和同时代人的对立视为不信者与信徒的对立，但事实上，我们应当更准确地将这种对立描述为发生在信徒之间的哲学或语义学争论。与他的同时代人一样，霍布斯本于自身的信仰接受《圣经》（霍布斯，《利维坦》，前揭，页271），但他从《圣经》的先知语言中得出的，却是与其同时代人截然不同的寓意。这种对立，在他们对教义的不同看

---

① ［译注］为便于读者核看，译者在翻译《利维坦》引文时，除了根据上下文和文从字顺的原则改动部分字词，基本保留了黎思复、黎廷弼二先生的中文译法，见霍布斯，《利维坦》，黎思复、黎廷弼译，北京：商务印书馆，1986年。

法上表现得最为突出,但在涉及教会秩序的看法上,霍布斯、胡克和其他国教徒仍然活在同一个世界之中。①

故伎重演者在霍布斯的时代并不鲜见,他们为《圣经》的先知维度赋予了革命性的意味。正如我们之前指出的,胡克对《圣经》解释蕴含的政治意味十分敏感,尤其是那种自称为上帝立言、对上帝言说,从而扰乱公共秩序的政治意味。然而,这些和平扰乱者的主张在《圣经》中似乎也存在根据。《圣经》不就是那些自称与上帝对话之人的纪事吗?因此,当霍布斯着手限定先知话语、并抨击那种认为奇迹可能在当代重现的信仰时,他并不是在发明一个尘世化的世界(secular world),和胡克一样,霍布斯意在捍卫一个被反复的灵感和无常的狂热包夹围攻的国家教会。在宗教改革时期的小册子中,"凯撒的归凯撒"这句出自《圣经》的箴言出现了无数次,这句箴言的反复出现清楚地表明:必须像勒住缰绳一样抑制个人的宗教狂热。这些狂热的信徒认为,他们无需借助一个等级教会的指导就可以直接阅读和理解《圣经》的原始文本,并由此进一步扰乱公共福祉。

---

① 参见 M. Molesworth 编,《霍布斯英语著作集》(*The English Works of Thomas Hobbes*, London: 1889),卷 4,页 296 页及卷 1,页 x – xi;T. Hobbes,《一部真正的教会史》(*A True Ecclesiastical History*, London, 1722),页 55 – 65。遗憾的是,霍布斯的这部著作没有收录到 Molesworth 编辑的《英语著作集》中。在 Howard Warrender 新近编纂的霍布斯著作中,这部著作得到了收录,借此,我们还需要用很长时间修正关于霍布斯宗教立场的流行看法。参见 State,《霍布斯与法律和宗教论辩》("Thomas Hobbes and the Debate over Law and Religion", University of London, 1980),未刊稿,伦敦大学博士论文,章 2。霍布斯及其同时代人对教会秩序的看法,参见 E. J. Eisenach,《霍布斯论教会、国家与宗教》("Hobbes on Church, State and Religion"),见 *History of Political Thought* 3 (1982),页 215 – 243。

那么，究竟在什么意义上，《圣经》的各卷经文是具备权威的呢？在清教徒欧文（Roger Owen）看来，"无需借助传统、教会和经文以外之物的帮助，仅凭经文给我们的建议、以上帝的名义和威严"，①《圣经》就具备权威。没有一个国教徒会接受这种看法。在这个问题上，霍布斯会赞同胡克的观点：《圣经》本身还预置了其他事情——释经的原则、文法，以及一种确定的文本序列。在霍布斯看来，《圣经》的权威问题与《圣经》的真实性问题已经被混同在了一起。虽然所有的基督徒都相信圣经是上帝之言，但除了那些曾以超自然方式从上帝那里获得启示的人们，没有人能确切地知道这一点。自然法同样神圣，我们可以在《圣经》与自然法的和谐一致中发现证明《圣经》真实性的根据，但真正的问题在于："《圣经》是凭借着什么权威成为合法的'经'？"对此，霍布斯的回答是：《圣经》的合法性来自主权者的规定。

正是在这里，霍布斯的立场常常会令一位现代读者感到不安：那早已被尘世事务玷污了双手的职司，能够承担起圣典的制断吗？但霍布斯指出，被基督徒奉为正典的经文是在公元4世纪才确立下来的。从历史上看，这一观点是准确的，同时它也遵循了胡克为英格兰国教会划定的立场。对一名基督徒而言，如果接受某些经文与解释的权威是一项义务，那么它首先是对位居主权者人格中的基督教王国的义务。对他来说，主权者的"命令早先就具备法律的效力"（霍布斯，《利维坦》，前揭，页284）。在君

---

① Roger Owen，转引自 G. S. Wakefield，《清教徒的奉献》（Puritan Devotion, London, 1957），页12。

士坦丁大帝以前，基督徒作为个人完全可以在宗教问题上追随自己的意见，而在君士坦丁大帝之后，为"公共之善"（bonum publicum）计，管住人的舌头（而不是人的信念）就变得尤为必要了。

霍布斯指出，尽管"教会"这个词具有许多意指，但其中最恰切者指的是在其主权者中获得人格（personified）的教会，只有这样，它"才有权具有意志、宣告事项、发布命令、受人服从、制定法律或做出其他行动"（霍布斯，《利维坦》，前揭，页340）。因此，君士坦丁大帝之前只有基督徒，而没有这种恰当意义上的基督教会。由此我们看到，对霍布斯和胡克而言，君王皈依基督教这一事件都标志着教会性质的重大转变。在此之前，公共权威这种属于政治体（胡克）或国家（霍布斯）的特征，为教会所缺失。基督教君主仍然是其臣民的君主，而上帝也"从未规定信他的君主都应当废除其王位，使他只是服从上帝自己，或……剥夺这种君主维系和平所必需的权力"（霍布斯，《利维坦》，前揭，页393）。对于和平的维系而言，主权者的宗教权威是必要的。

激进的清教徒当然会拒斥霍布斯的上述立场。如果一个人可以服从《圣经》中的基督，他凭什么还要服从一个世间的主权者？我们已经看到，胡克对这一质疑的回答是：在基督教政治中，自然法高于《圣经》的指令。霍布斯同样会赞成如下说法：基于自然法的政治本身就是神圣的，因为上帝指导人们的方式之一就是自然理性的命令（霍布斯，《利维坦》，前揭，页262）。不过，霍布斯比胡克走得更远，他更深入地围绕《圣经》解释这一清教徒的立论之基展开了正面论战。当他走上这条更远的道路，我们就能更清楚地看到：在《利维坦》前后两部分之间，存在着一种必然的共生关系。

四

根据波考克的看法，在进入《圣经》解释的领域时，霍布斯明确运用了一种不同于《利维坦》前半部分的知识：历史知识。① 但如果考察一下霍布斯关于《圣经》权威的说法，我们或许有理由对波考克的这一看法表示怀疑。根据这种看法，一个17世纪的英国人并不知道《圣经》历史是否是一部准确的历史，也不清楚这种历史是否真的处于时空之中；对于这些事情，他只是信以为真。这种意义上的《圣经》"知识"只不过是一种信念，而根本不是一种知识。清教徒同样宣称自己"信"《圣经》，但对霍布斯（和胡克）而言，问题恰恰在于清教徒曲解了《圣经》，并从中得出了错误的结论。为了正确理解我们信仰的事物，就需要有人给我们装备上恰当的分析工具。这正是被《圣经》所呼唤、由霍布斯在《利维坦》前半部分里提供的东西——一种发人之蒙的教科书。

在霍布斯看来，《圣经》历史中的第一个重大事件是亚伯拉罕的故事。我们也许会相信亚伯拉罕曾与上帝立约，但这究竟意味着什么，又包含了哪些暗示？首先，我们需要知道什么是"信约"（covenants），我们需要理解"所有信约的本质"（霍布斯《利维坦》，前揭，页342）。② 《圣经》历史包含了无数政治性概

---

① Pocock，《政治、语言与时间》，前揭，页183。
② 参见 Halliday，《霍布斯对上帝的信念》，前揭，页418。作者在此指出，《圣经》的材料本身就是范例。

念,它的史册上写满了诸如"信约""王国"和"统治"的字眼,也潜在地表述了诸如"权威"和"义务"的概念。但《圣经》并没有明确给出这些用语的限定含义,一旦缺少这些限定,读者就很有可能误入歧途。

《圣经》明确告诉我们,亚伯拉罕与上帝立约,承认和服从"在他的睡梦或幻象中以上帝之名命令他的事情",并将这些指令传达给他的家人。然而,我们却完全可能从亚伯拉罕的故事中得出截然不同的结论,例如:人应当服从上帝在睡梦中给他的指令,他甚至应当服从上帝在睡梦中给他父亲的指令。不仅如此,《圣经》既没有解释信约的性质,也没有告诉我们,亚伯拉罕一家人都要守从的义务是否源自这个性质不明的信约。在霍布斯看来,要理解亚伯拉罕的故事,关键是要认识到亚伯拉罕是一位尘世的主权者。在《圣经》里,我们无法发现这个概念,但它却在《利维坦》第 20 章中得到了详尽阐发。它让我们看到,上帝与亚伯拉罕立约,并没有额外为亚伯拉罕缔造出权威和义务,因为亚伯拉罕的家人本来就必须服从亚伯拉罕。根据信约,所有的家庭都有义务"像亚伯拉罕一家人和亚伯拉罕的子孙那样,通过他们的父亲、主人和尘世的主权者,也就是通过它们自身的主权者,接受上帝的实定指令"(霍布斯,《利维坦》,前揭,页 342 - 343)。

从充满"理性"论证的《利维坦》前半部分中我们得知,家庭"如果不是某个国家的一个部分,其本身就主权的权利而言便是一个小王国"(霍布斯,《利维坦》,前揭,页 155)。同样,早在亚伯拉罕与上帝立约之前,亚伯拉罕一家人的"意志"(wills)就已经连结在亚伯拉罕的意志之中:这是因为,国家出于其本性，要求将杂多的个别意志聚合到主权者的人格之中，而主权者则在关涉公共和平与安全的事务中凭借其权威行动（霍布斯，《利维坦》，前揭，页132）。《利维坦》的前半部分还告诉我们，由于"意见和信条"极易扰乱和平，主权者必须被视为最终的裁断者和审查者，决定哪些事物（包括具体的宗教问题）可以成为公共事物。鉴于天主教徒总是在宗教事务上听从教皇，而清教徒不是追随自己的私人意见，就是追随那些仿佛受到了拣选之人，霍布斯动用自己建立在哲学基础上的《圣经》解释，为主权者对宗教事务的权威辩护。人们既不应服从自己的梦，也不应服从父辈的梦，而是应当服从"他们主权者在外在行止和宗教誓言方面订立的法律"。最终，尽管霍布斯使用了一种与胡克截然不同的论证，但他还是得出了与胡克的国教立场一致的结论。

表面上看，由于摩西权威的基础极易遭到误解，霍布斯对摩西故事的解读面临着相当大的困难。《圣经》的纪事一方面表明摩西曾经行奇迹、与上帝交谈，但另一方面又告诉我们，以色列人并不总是服从摩西。摩西的权威是否真的源自上帝"超常"的偏爱？霍布斯承认，以色列人的确相信摩西的神性，并曾因这种信念服从摩西，但他坚持认为，这不过是我们在《圣经》中看到的事实材料，而事实材料是无法将我们引向自然法则的。要理解那些与摩西的权威紧密关联的事实的意义，我们就必须理解：

> 他的权威像所有国王一样，必须以人民的同意以及服从他的诺言为根据……而这就是他们服从的诺言。根据这一点，他们是自己承担义务，服从他从上帝那里传达给他们的诫命。（霍布斯，《利维坦》，前揭，页344）

原则上，即使以色列人并不总是服从摩西，他也从未失去自己的权威。以色列人应当服从摩西，正如在所有国家中，占据摩西之地位的人都应得到人们的服从，因为摩西是一位尘世的主权者，是"上帝唯一的使者和他的谕令的解释者"（霍布斯，《利维坦》，前揭，页346）。《利维坦》的"理性"论证，再一次使霍布斯得以澄清《圣经》纪事中潜在的含混之处。

在处理完摩西、士师时代和以色列诸王之后，霍布斯对《旧约》做了一番总括性的评论："因此，从上帝国最初创建到巴比伦被虏时止，宗教最高权力和尘世主权一直是并存于一个人手中。"（霍布斯，《利维坦》，前揭，页349）霍布斯的这一总体评估，是与他对"上帝国"（the kingdom of God）概念的澄清联系在一起的。霍布斯宣称，他的某些同时代人试图将这个概念理解为一种比喻。在他们看来，《圣经》中的"上帝国"或是指一种"永恒至福"，或是指来世将临的"荣耀的王国""恩典的王国"。霍布斯的看法则不同："相反地，我发现'上帝的王国'一词在《圣经》中大多数地方都指一种名副其实的王国，由以色列人民以一种特别的方式投票建成。在这种方式下，他们与上帝立约，选上帝为王。"（霍布斯，《利维坦》，前揭，页297）上帝凭借他的力量统治世间万国，则是在上帝决定所有生灭之物的意义上言之。霍布斯的宇宙是一个被上帝预定的宇宙，所有事件都通过次级原因产生，而上帝就是这些次级原因的终极源泉（霍布斯，《利维坦》，前揭，页160；并见《英语著作集》，卷5，页246）。拒绝上帝对世界的主权绝无可能，正如螳臂不能挡车。而当人们认识到并承认上帝力量的全能性，自然法意义上的"上帝国"这个上帝国的深层意涵也就应运而生。不过在《圣经》中，"上帝的王国"最初仍然指的是：

> 经一些人同意后所建立的一个国家，他们服从这个国家是为了求得一个世俗政府，并且在正义问题上不仅管理他们对自己的王——上帝的关系，同时也管理他们彼此之间的相互关系，此外，在平时和战时管理他们对其他邦国的关系。这名副其实地是一个王国，其中上帝是国王，大祭司在摩西死后则是他唯一的副王。（霍布斯，《利维坦》，前揭，页299）

在以色列诸王时期，通过信约建立起来的上帝国的神权政治宣告终结，也是因为人民"表示不愿再由祭司以上帝的名义发布命令进行统治……结果……他们废除了那种特殊的上帝的政府"（霍布斯，《利维坦》，前揭，页348），这一结局，同样为上帝所许可。诸王时期的这一进展，使高阶祭司的地位受到国王权威的辖制，自此，他们只能在国王允许的范围内对宗教事务发挥影响。

霍布斯对《新约》《旧约》的处理有两个重要的相似点。第一，至少在强调宗教事务服从尘世主权者的必要性这一点上，霍布斯从《圣经》考察中得出的结论再一次与胡克相近。第二，霍布斯对《新约》和《旧约》的处理都建立在一个前提之上，即二者都经常使用一种隐喻性或模棱两可的习语。再一次，人们必须先区分出词汇的若干语义，才有可能从繁杂的经文和故事中提炼出正确的政治结论。简言之，在解释《新约》时，霍布斯提出了这样一个问题：对一位深信基督是《旧约》中许诺的王和弥赛亚的《新约》读者而言，他能否期许恢复固有意义上的"上帝国"，从而跟随某位受感的基督之言的阐释者，反抗其尘世主权者的决断？又或者，如果在一个属灵王国里，基督是真正的国王，而使徒是真正的副王，教皇是否有权宣称，在这个王国里，自己是使徒权力的合法继承者？针对这一问题，霍布斯在清教徒和天主教徒之间寻求中间立场的解决方案，仰赖于他对概念的成功澄清。

基督在尘世时曾是一位国王吗？要回答这一问题，我们就要理解"国王"这一概念包含哪些要件。正如霍布斯已经指出的那样，国王是某种类型的主权者，而主权者的核心特征之一是具备制定法律的权利。法律是主权者的权威命令，命令（command）不同于建议（counsel）。只有记住这一点，我们才能恰当地评估《圣经》对基督的描述：基督是"人的渔夫"。这个比喻暗示我们，基督是通过劝导和建议的方式，使人信奉一个将临的王国并为之立约，他既不发出命令，也不颁布法律。因此，《新约》给我们的信息是清楚的：上帝国并不是现存的，它不属于此世，而是属于未来。因此，无论是基督的使者、使徒，还是他们的继承者，都不可能宣称自己受命于比尘世主权者之决定更高的指令。如果说胡克对教皇（和其他宣称具备神圣权利的主教们）属灵权威的反驳，是通过凸显使徒的特殊性和使徒权威的"广博"完成的，那么霍布斯就是通过论证使徒缺乏权威，从而得到了与胡克一致的结论。霍布斯指出，保罗是"动用理性之工"劝人信服基督，而不是凭借自身的权柄命令他人：

> 因此，任何基督的使者命令我们做出的任何事情，如果违抗了自己国家的国王或其他代表国家的主权者的命令，而我们又正是仰望这种主权者来保护我们，试问我们又有什么

义务要服从基督的使者呢？由此看来，事情就很明显了：基督在此世的使者，除非是同时具有世俗权力，否则基督便没有遗留给他们任何统辖他人的权柄。（霍布斯，《利维坦》，前揭，页363）

和前辈胡克一样，霍布斯得出的重大结论是：尽管生活在基督教王国中的人可能在私下坚信自己的选择，但在宗教事务上，他必须公开表明他对政治体权威指令的信从。

本文对霍布斯与胡克的对比还可以引申出另外一番意思：只是因为霍布斯将《圣经》解释置于主权者的权柄之下，就假定他意在削弱宗教的基石——这种假说，仍然有待在语境中详尽考察。胡克对宗教和《圣经》解释的政治意味同样十分敏感，他试图将教会统治权赋予主权者，并以这种方式阐明政治体的原则。正如依据教会法律、位居宗教议事会（和议会）中的国王，构成了他对主权者的核心理解，我们或许可以说，至少在英格兰的政教问题上，胡克对主权者教会统治权的理解更多是从主教的传统出发；但同时，我们也无法设想那种被人们严格视为神圣权利的权利，竟然可以操持在反对国家的宗教领袖手中；我们也绝不可能将教会视为某种与国家格格不入的东西。如果将宗教移出公共政治领域确实是我们向一种纯粹的世俗政治王国滑落的起因（这种猜测，不过是怀揣后见之明者独享的一种奢侈），那么理应为这种滑落负责的，也并不是托马斯·霍布斯。麦克奈利在一件事上是对的：霍布斯确实只是在政治这滩醋里腌制宗教的意义上维护了宗教。只不过，至少从君士坦丁大帝时代开始，政治这滩"醋"就已经变为一泓陈酿了。

最后，我们现在已能更准确地评估霍布斯《圣经》解释的逻辑和《利维坦》两大部分之间的关系。在确切评估霍布斯和胡克立场的相似性之后，我们不难看到：将《利维坦》的后半部分或"宗教"部分视为不真诚之作的看法，并不令人信服。尽管对这一问题的最终评估仍有待对霍布斯神学和教义立场的细致考察，但霍布斯与胡克的对比已足以表明：至少在某些国教徒看来，将《圣经》置于政治体的"利益的安全"之下，是完全必要的。

同样，一旦我们详细考察了霍布斯论《圣经》的结构，那种将霍布斯对《圣经》的讨论视为《利维坦》理性论证的前提或范本的看法，① 也就成了一种需要存疑的观点。在霍布斯看来，《圣经》传递给我们的信息并不是显豁直白的，针对《圣经》内容做出的断言，不能只是包裹在信仰这块布里。正如他的前辈胡克所言，解释《圣经》的技艺"假定我们在上手之前就已经知晓、或是已经在其他科学中习得了那些必要之物"（《胡克著作集》，前揭，卷1，页267、299、271；霍布斯，《利维坦》，前揭，页271）。与胡克一样，在霍布斯看来，作为一系列作品的集合，《圣经》无法宣称自己就是上帝的作品（《利维坦》，前揭，页276；《胡

---

① 关于这一类看法，可参见 Hood，《霍布斯的神圣政治》（*The Divine Politics of Thomas Hobbes*），页1："霍布斯写作的根据是且仅是《圣经》，它是他心目中不容置疑的权威。"以及 Halliday 等，《霍布斯对上帝的信念》，前揭，页418："亚伯拉罕与上帝的信约……被霍布斯视为所有信约的范本。"与这类看法不同，我们更倾向于认为上帝的诚命是无法模仿的，除非我们能够准确理解它；在我们理解亚伯拉罕作为尘世主权者的地位和与之相关的所有细节之前，亚伯拉罕与上帝的信约无法被视作其他信约的蓝本。与其说亚伯拉罕与上帝的信约是一个范本，不如说它是在《利维坦》前半部分中出现的"信约"概念的一个例证。

克著作集》，前揭，卷1，页267、321）。霍布斯在《圣经》解释上的贡献，在于他提供了一系列连贯的解释原则，有了这套原则，《圣经》潜在的含混之处乃至许多自相矛盾的表述就可以得到恰当澄清，使人能够理解。基督教政治的确建立在我们信以为圣的那些语词之上，但如果不事先掌握"这些对所有政治推理来说都至关重要的语词的定义"（霍布斯，《利维坦》，前揭，页271），我们就会像揣着一笔糊涂账的会计那样，只能得出一些毫无价值的结论。

对《利维坦》结构的第三种看法将前半部中的"理性"论证与后半部中的"宗教"论证视为两个泾渭分明的部分。这种看法很可能具备多种版本，在某种意义上，我们有时甚至很难将之前提到的两种观点与它区分开来：第一种看法之所以将"宗教"论证与"理性"论证区别对待，是因为在它看来，前者并不严肃真诚；第二种看法区分两种论证，则是因为它将"宗教"论证视为"理性"论证的范本和来源。抛开这些细琐的例证不论，我希望只在这里聚焦波考克教授的看法。波考克认为，《利维坦》这部巨著之所以分为两大部分，主要是因为这两部分涉及历史要素的程度大相径庭（基督教末世论也属于其列），我们只能在全书的后半部分里嗅到历史的味道；而《利维坦》的前半部分则恰恰相反，霍布斯将它严格限制在遵循理性的政治之中，这一部分里的上帝，"是无需借助历史，就为人所知"[1] 的上帝。这样看来，"宗教"论证完全是建立在信仰之上。此外，在历史中流转传递的《圣经》之言不仅在内容上极为重要，我们对这种神圣语言的

---

[1] Pocock，《时间、历史与末世论》，前揭，页183。

信仰也同样举足轻重,因此在波考克看来:"真正重要的,与其说是我们用以理解上帝之言的理性,毋宁说是我们将上帝之言作为上帝之言接受下来的信仰。"①

到目前为止,波考克准确地指出了《利维坦》后半部分有别于之前的一个特征:即它将关于过往的纪事作为自己的素材,特别值得注意的是,波考克还在信仰和理性之间做出了一种彻底的区分。但当我们追问:圣言的内容如何在历史中流转传递?难题出现了。波考克意识到,霍布斯对历史的处理,通常是将历史视为无法从中提炼出普遍结论的一系列偶然事实。正如个人生活经验的增长可以助长审慎,使我们更有能力揣度特定情势的后果。拓宽对历史的理解,同样有助于在揣测特定历史局势的可能结果时,提升历史性的审慎。但在上述两种情况下,我们都无法确保慎虑的确定性(霍布斯,《利维坦》,前揭,页 30-31)。鉴于人总是能在自己身上翻新"愚蠢"的花样,立足过去的预断同样容易失败。与所有纪事一样,《圣经》中的纪事更多是使人"信",而不是使人"知",我们并不知道纪事中发生了什么,我们只是相信那些知道他人事迹的人(霍布斯,《利维坦》,前揭,页116)。但倘若《圣经》真的为基督教政治提供了一种指南,那么,即使相信《圣经》是神圣的纪事,也需要比信仰更多的东西。《圣经》在历史中的流转传递,必须与其自身的准确含义携手并行。

或许,清教徒、天主教徒、布朗派(Brownist)和第五王国派(The Fifth Monarchy)的门徒也曾和霍布斯一样虔信上帝。但

---

① 同上,页185。

他们的信仰没有得到恰当的理性原则的引导，便就此走上了迷途。如果我们无法以正确的方式靠近《圣经》，它的内容就有可能既不精确、也无用处。《利维坦》的前半部分阐明了那些普遍政治话语（如"信约"和"王国"）的语义，它与靠近《圣经》语言之内容的旅程不可分离。尽管我们信奉《圣经》，但我们不能搁置、甚至忽视那"清楚明白的上帝之言"——我们的自然理性。从这个角度看，《利维坦》的结构是一个融贯的整体，即使在霍布斯看来，事情并不像阿奎那教导的那样，是信仰成全了理性，而是恰好相反：理性成全了信仰。脱离了理性的信仰，不过是愚夫或犯上作乱者的指南；对信仰的持守，需要一本发人之蒙的教科书——而霍布斯的《利维坦》，无论是它的哪一半，正是试图提供这样一种东西。

胡克与英国保守主义

沃林（Sheldon S. Wolin） 著

姚啸宇 译

一

"没有什么是恒久不变的，万物皆流。"将来的研究者很有可能把赫拉克利特的这些话当作 20 世纪前半叶政治思想的一个恰切的墓志铭。一如既往，思想仅仅反映了事件本身的变幻莫测。智识上的不安全感转而使当代的人们乐于接受每种新型的历史"综合"（synthesis），迫不及待地拥抱每一种关于"我们时代危机"的附加诊断。然而当我们放下这种末世论的心态，转而运用一种不至如此戏剧性的眼光，我们就会从英语世界政治思想愈发明显的趋势中看到，保守主义正再一次引起人们的兴趣。① 在这

---

① Q. Hogg（Lord Hailsham），《为保守主义声辩》（*The Case for Conservatism*, Penguin edition, 1947）；L. S. Amery，《关于宪法的一些思考》（*Thoughts on the Constitution*, Oxford, 1947），以及《未来的框架》（*The Framework of the Future*, Oxford, 1944）；B. L. Cohen，《保守主义实例》（*The Case for Conservatism*, New York, 1950）；P. Viereck，《再论保守主义》（*Conservatism Revisited*, New York, 1949）；F. G Wilson，《保守主义实例》（*The Case for Conservatism*, Seattle, 1950），以及《一种保守主义理论》（"A Theory of Conservatism"），见 *American Political Science Review*, 1941, Vol. XXXV, 页 29–43；《政治保守主义的伦理》（"The Ethics of Political Conservatism"），见 *Ethics*, 1942, Vol. LIII, 页 35–45。

层联系中，我们自然而然地要把注意力集中到英格兰，正是在那里，保守主义思想得到了最为成熟的表达。在这里，我们很快就会为当代保守主义者和他们 18、19 世纪的先驱在思想上的连续性所震惊。对霍格（Quintin Hogg）的《为保守主义声辩》（*Case for Conservatism*）而言，"柏克再生"（*Burke Redivivus*）将不会是一个失当的副标题。

但与此同时，拒绝承认保守主义已在某些重要的方面发生改变，同样是一种懒惰的表现。当艾莫里（L. S. Amery）先生警告我们，工党对于英国工会联盟的忠诚带有严肃的宪制含义的时候，当海尔森勋爵细致关注国有化工业的时候，显而易见的是：现代英国的保守主义者发现他自己身处的世界与柏克的时代大不相同，对于如今的这个世界，柏克也只能提供有限的灵感。尽管如此，现代保守主义竟然还是用他们继承下来的各种材料，为他们的观点构造出了一个广泛的框架，这一事实似乎表明，那些古老的观念具有一个"弹性持存"的核心，这个核心是观念以任何可行形式存活下来的前提。换言之，这里的关键并不在于时间或环境为政治观念赋予了相对性，而是无生命力的学说无法以任何形式对变化做出回应。

英格兰保守主义政治思想的力量自然为我们提出了关于其思想起源的疑问。在这层联系当中，柏克是一个无法规避的名字。的确，这个名字有一种难以抵抗的诱惑，让我们就此打住自己的追问，因为在柏克那儿，大部分保守主义的基本观念都已经透过那些举世无双的散文展现了出来：有机的等级制社会、厚重的历史感，还有对纯粹理性主义深切的怀疑。然而，我们果真应当在此止步吗？当然，冷静的政治观念研习者早就已经认识到，得意洋洋地表彰无名前辈们被遗忘的著作,以此拒斥洛克、柏克和马克思等后人的伟大成就,与无视那些为政治思想的伟大经典作出智识准备的前人一样,都是愚蠢的做法。在这里,我们并不想拒斥柏克的伟大,也不会否认他在创造保守主义传统方面所发挥的至关重要的作用,但认识到以下这一点十分必要,即柏克并不是凭空创造出一个保守主义传统的。对历史和习俗的尊重、共同体的意识、对激进改革的深刻厌恶——这些观念都是那个历时一个多世纪的保守主义传统的组成部分。为此,我们必须考察 17 世纪那些伟大的宗教和宪制斗争,留意那些王座和圣坛的保卫者,以便发现保守主义的多重开端。1688 年光荣革命之后,王权至上就不再是保守主义的骨干们关心的一个议题,但它仍然被保留了下来,使柏克得以将保守主义与 1688 年的宪制原则结合在一起;而对于 17 世纪的一些拥王者(如克拉伦登 [Clarendon])来说,由柏克完成的结合是一项他们没有做成、但也早已预见到的工作。①

本文的目的在于说明,胡克——他有时候被说成是英国自由主义发展的一个无心的功臣②——实际上与这一类宪制保守主义(constitutional conservatism)之间的联系要密切得多。这种保守主

---

① B. H. G. Wormald,《克拉伦登、政治、历史与宗教,1640—1660》(*Clarendon, Politics, History and Religion, 1640—1660*, Oxford, 1924); K. Feiling,《托利党史,1640—1714》(*A History of the Tory Party, 1640—1714*, Oxford, 1924),页 27、32、38、482 - 483;关于 17 世纪保王主义当中的宪制要素,参见 J. W. Allen,《英国政治思想,1603—1660》(*English Political Thought, 1603—1660*, London, 1938),页 482 及以后。

② F. J. Shirley,《胡克与同时代的政治观念》(*Richard Hooker and Contemporary Political Ideas*, London, 1949),页 201。

义在 17 世纪开始成形，并最终在柏克那里得到了最为独到的表达。

二

1593 年，胡克《教会政治体中的法则》的前四卷出版发行。① 此时的伊丽莎白时代正沐浴着和平的暮光走向终点，在她的身后，孕育着一个世纪的动荡和成就。在这个阶段，英格兰变成了相互竞争的势力和观念的试炼场：这种竞争是发生在两种人之间，前一种人摆脱了某种经济、宗教和政治的约束，而对后一种人而言，与过去决裂既令人痛苦，又代价高昂。宗教改革释放的力量与一种仍然保持着生命力的中世纪传统产生了冲突，后者的思想样式包括了等级制、共同体和有机整体的观念。理性与信仰、权力与法律、道德和占有欲——这些曾经紧密粘合的事物如今正处于分离的边缘。

在 16 世纪的后半叶，这些张力最明显地体现在政治权威和组织化的宗教团体之间的紧张关系上。都铎王朝统治下的英格兰

---

① 关于剩下的几卷，尤其是有所争议的第 7 卷的讨论，参见 Shirley，《胡克与同时代的政治观念》，前揭，页 33 – 58。第 8 卷则在 R. A. Houk 那里得到了充分处理，参见 Houk，《胡克的教会政治体，卷 8》（*Hooker's Ecclesiastical Polity, Book VIII*, New York, 1931）。关于胡克的生平和《法则》一书的创作过程，一些有意义的新材料已经得到了介绍，见 C. J. Sisson，《胡克先生明智的婚姻》（*The Judicious Marriage of Mr. Hooker*, London, 1940）；但是也要参照 H. Craig 的评论，Craig，《论教会政治体的法则》（"Of the Laws of Ecclesiastical Polity"），见 *Journal of the History of Ideas*, 1944, Vol. V, 页 91 – 104。

与这个难题展开了殊死争斗，获得了某种难以肯定的成功。然而，冲突的根源恰恰埋藏在都铎方案的本性之中。正如一位伟大的当代权威所言，英国宗教改革"是一项国家行为"，从中，都铎君主将教会协定塑造为一种政治指令，而不是指向良心的规定。① 作为伊丽莎白协定的主要支柱，《至尊法案》（Act of Supremacy, 1559）宣称，伊丽莎白是"本王国的最高统治者……在所有属灵或教会事务和尘世事务上，也一并如此"，废止了"与之龃龉的一切外国权力"，而《划一法》（Act of Uniformity, 1559）则规定了公共礼拜的统一形式，并将所有其他的礼拜形式置于合法惩处的范畴之下。至于后来的法规，就只不过是对一项已然明确的原则的补充，这项原则，就是教会及其人员应当被纳入国家控制的政治结构中去。

在其最终形式中，伊丽莎白时代的宗教政策呈现为罗马和日内瓦两种极端方案之间的折衷。诸多复杂的诱因促成了这一最终局面，这些诱因，既包括国族主义者对教皇的不满，后者宣称，自己在属灵事务和主教任命上具备管辖权；也有对耶稣会士的愤恨，他们主张，教皇对国王具备间接权威；还有在修道院的财富与从英格兰流向教皇的经济收益面前，君主和支持它的社会阶层愈发强烈的贪欲。为了应对教皇的挑战，伊丽莎白斩断了英格兰与罗马教廷的财政和司法纽带，并且通过立法制定惩罚措施，对付那些依然坚持旧有效忠义务的天主教徒。针对教皇关于国际支配权的主张，伊丽莎白的回应包含在《至尊法案》要求教会和政

---

① F. M. Powicke,《英格兰的宗教改革》（The Reformation in England, London, 1941），页1。

府官员立下的忠诚誓约当中：

> 女王陛下是本王国唯一的至高统治者……在所有属灵或教会事务和尘世事务上，也一并如此，在本王国内，一切异邦（foreign）君主、个人、教士、国家或当权者（potentate），均没有、也不得在属灵或教会事务上拥有任何管辖权、权力、特权或权威……我完全弃绝和离弃所有异邦管辖权、权力、特权与权威，并郑重许诺：从今以后，我将一心一意地效忠于女王陛下，效忠于她的后嗣与合法继承人……①

由此，英格兰这个国族（nation）就被宣告为一个自然、自足的单位。从那以后，宗教和政治体就会在终极权威之下形成一个有机的统一体，而这个权威是掌握在一个世俗统治者的手中的，服从与效忠也就成了国族性的服从与效忠。

然而，这只是一种宣示性的语言（assertion），而非论证性的语言（argument）。它并没有触及由苏亚雷斯（Suarez）、马里亚纳（Mariana）和后来的贝拉明（Bellarmine）提出的那个核心问题。当这些耶稣会士拥护教皇干预世俗事务、废黜异端国王，并解除臣民对国王的效忠时，他们已经明确地否认了国王至尊权威（royal authority）的完整性。他们主张存在一个诸目的的王国，超越并高于国王至尊权威之上。而臣民的效忠是有条件的效忠，其前提是国王必须遵守施加在自身权威之上的限制——到这一步，

---

① 引自 G. W. Prothero，《法令法规与其他宪制文件选编》（*Select Statutes and Other Constitutional Documents*，Oxford，1894），页 7。

这一观点已明显可以与其教皇论的语境分离,为非天主教的群体所利用。这一转化就发生在清教徒的努力之中,他们企图斩断的,正是宗教事务与伊丽莎白悉心营造的政治—宗教统一体的联系。

"清教主义",正如它被用来形容16世纪后半叶的新教不信奉国教者(non-conformists)时那样,包含了错综复杂的观点。不过那些五花八门的团体都对国教的等级制度抱有深刻的敌意,而且坚信英格兰的宗教实践已经走上歧路,远远背离了《圣经》文本。但在这一点之外,他们在施行哪一种改革类型以及以何种速度推动改革的问题上存在分歧。卡特莱特①(Cartwright)一类的温和派借助宪制体系中的现有渠道来寻求改革,而像布朗(Browne)这样的激进分子则极力主张"我们必须毫不迟疑地紧靠神的王国。"② 除了这些进路上的差别,清教徒普遍认同,宗教和政治两大领域存在一种基本的区别。许多清教徒从这一前提出发指出,政治权力(civil power)本身不具备干预宗教事务的权威;③ 其他人则更进一步主张,乃至强硬地论断,教会领域及其

---

① 关于卡特莱特的总体评述,参见 A. F. Scott,《卡特莱特与伊丽莎白时代的清教主义,1535—1603》(*Thomas Cartwright and Elizabethan Puritanism, 1535—1603*, Cambridge, 1925);以及《教会与国家:16世纪清教主义的政治面貌》(*Church and State: Political Aspects of Sixteenth Century Puritanism*, Cambridge, 1928)。

② 《关于毫不迟疑进行宗教改革的一篇论文……》("A Treatise of Reformation without tarrying for anie……"),见 *Old South Leaflets* (Boston, n. d.), Vol. IV, No. 100, 页4。

③ 卡特莱特关于这一点的论述参见 Pearson,《教会与国家》,前揭,页14、41。

在尘世间的代表拥有更高的优越性。① 在"两个王国"（two kingdoms）的概念之中，就包含了对于有机政治体（organic commonwealth）这一都铎理念的直接挑战。因为，如果"两个王国"的区分被一直保持下去，那么它就会像马基雅维利在政治与伦理之间做出截然判分一样，将政治和宗教之间的纽带一刀斩断。② 清教徒的《圣经》激进主义主张"只有福音的律法是必要的"："哪怕让整个世界都陷入混乱，哪怕让天国与尘世都地动山摇，这都胜过使上帝的荣光受到一星半点的玷污。"③

然而，都铎国家建立在这样一个假定之上：宗教政策的后果是无法被简单限定到宗教领域之内的。对教会协定的捍卫必然包括了保卫政治体自身，这是因为带有立法进程之一切庄重性质的公共政策，已经把 ecclesia anglicana［安立甘教会］和 politia anglicana［安立甘政治体］结合了起来。归根结底，清教徒提出的问题本质上是针对一种特定权威的问题：它是由国家支持的教会等级制的权威，控制了教义、礼仪和宗教人事事务；而且这个国家权威还要解决宗教问题、决定戒律方面的事务，并总体性地监管宗教生活。

《教会政治体的法则》就是针对这一问题的持续回应，以此

---

① 同上，页66。另见卡特莱特在他第一封告诫书中的论述，参《惠特吉弗特作品集》（*Works of John Whitgift*, Cambridge, 1853），第三册，页189。

② 平心而论，我们应当注意到这种极端的结论通常会被避免采用，卡特莱特的情况见《惠特吉弗特作品集》，前揭，第一册，页23，而关于布朗最终的让步，见 Powicke，《英格兰的宗教改革》，前揭，页132。

③ 引自 M. M. Knappen，《都铎王朝的清教主义》（*Tudor Puritanism*, Chicago, 1939），页69、202。

捍卫至高王权（royal supremacy）及其宗教政策。① 如果该政策不仅能在神学上表明自身的正当性，更依赖于合法的权力，由共同体通过立法形式表达的同意所支撑，那么，清教徒的主张就一定会破产。在根本上，这一权力的证成源自"法"的正当性。法为社会提供了一个共同的基础，国家和教会都是这一基础共同的组成部分。正因如此，胡克关于"法"的著名论断——"她的座席是上帝的胸膛，她的声音乃世界的和谐"②——就是意在强调"法"在这部作品中统合诸多重大论题的作用：从宇宙及其法则的本性，到国家及其法律的本性，再到人与人法的本性。

为了理解胡克的"法"的概念和他的总体论证，我们有必要对支撑《教会政治体法则》整体的哲学基础进行一番考察。正如许多注释家所指出的那样，这种哲学高度依赖于阿奎那的哲学体系，后者将宇宙的图景描绘为一种伟大的存在等级序列，其中，不同的存在层级有机地结合在一起，并且可以为人的理性所理解。和阿奎那一样，对胡克而言，宇宙的秩序与常规，源自适用

---

① 对胡克政治思想最杰出的讨论包括：J. W. Allen，《16 世纪政治思想》（*Political Thought in the Sixteenth Century*，London，1928）；Shirley，《胡克与同时代的政治观念》，前揭；A. P. D'Entreves，《中世纪对政治思想的贡献》（*The Mediaeval Contribution to Political Thought*，Oxford，1939）。有价值的总体描述参见 F. Paget，《对胡克〈教会政治体的法则〉第五卷的导读（第二版）》（*An Introduction to the Fifth Book of Hooker's Treatise of the Laws of Ecclesiastical Polity* (2d. ed.)，Oxford，1907）；R. Bayne，《教会政治体：第 5 卷》（*The Ecclesiastical Polity: The Fifth Book*，London，1902）。

② Richard Hooker，《教会政治体的法则》（*The Laws of Ecclesiastical Polity*，Oxford，1888），J. Keble and F. Paget 编，卷 1，章 16，节 8。［译注］本文当中所有对胡克《法则》一书原文的引用，译者将随文标出相应的章节位置，不再另做脚注。

于每一存在等级的"法"的运作——这个等级序列从人法或实定法（positive laws）的领域延伸到天国，在那里，神法"为所有其他的存在物赋予了生命"。"整个世界，"胡克写道，"以及其中的每个部分都结合得如此紧密，以至于每个事物只要依从本性行动，它就能使自己和其他事物得到保存。"（卷1，章9，节1）根据他的定义，"法"是"任一种类的规则或标准，行为凭借它们得到框定"（卷1，章3，节1）。在等级制的不同层级中，法的功能在于指引其主体（无论是人还是上帝）实现自身的恰当目的。因此，在一种十分真确的意义上，正是法的运作与对法的遵循，将宇宙维系在一起。

宇宙中，"法"的多样性进一步表明，知识有多种来源，而不是像醉心《圣经》（Scriptural-minded）的清教徒一直坚持的那样，只具备单一的来源。这便允许胡克汇集各时代的学问知识来对抗清教徒（而且也为我们提供了一些关于他的思想资源的线索）：柏拉图、亚里士多德和西塞罗的异教学问与对圣奥古斯丁、教会教父、波厄修斯（Boethius）、邓·斯各脱（Duns Scotus）、塞维利亚的伊西多尔（Isidore of Sevile）以及奥卡姆（Ockham）的化用，在胡克那里结合在了一起。相形之下，清教徒的要求——"除了上帝明言表达过同意的事情，你们所做的任何事都不算数"——就此显得粗陋不堪。[①] 对狭隘的唯《圣经》主义（scripturalism）的驳斥占据了胡克著作卷1和卷2的篇幅，也为论证教会组织与礼仪当中的民族多样性的正当性（这构成了卷3

---

① 《对议会的告诫书》（"An Admonition to the Parliament"），见 Puritan Manifestoes, London, 1907，页15。

到卷6的主题）扫清了道路。

胡克论证的下一步骤就是表明教会和国家构成了一个单一整体的组成部分，它们分有了共同的基本原则，[①] 而且"教会与政治两种统制（regiments）的差别，只在于二者熟稔的活动不同"（卷7，章14，节13）。这些主题在卷1当中得到了部分彰显，但在卷7与卷8当中才得以详尽阐明。随后他得出结论："对于我们，一个社会既是教会也是国家……完完全全……处于一位最高统治者之下。"（卷8，章1，节7）但在得出这一结论之前，胡克不得不先回答一些根本问题，在很大程度上，这些问题已经走在了16世纪政治思想的前面：即使我们假定，统治者是由教会和国家共同组成的统一共同体的守护者，为什么我们就理应服从他的权威呢？那些统治全部人类事务的诸法则，其来源为何，又为什么能对人们施加约束？权威受限制吗？

总体而言，胡克的回答呈现为一种面向各种政治思考的编织活动，在不同的政治思想线索之间，它完成了一次充分而又重大的综合。首先，他汲取了许多中世纪资源：胡克主要的灵感来源也许是阿奎那，但帕多瓦的马西利乌斯（Marsilius of Padua）、格尔森（Gerson）以及教会会议至上主义者（Conciliarists），也在他思想上打下了深刻的烙印。在胡克关于法律及其基础——后者在于共同体的同意——的讨论中，中世纪的要素体现得最为突出。同样富有中世纪要素的，还有统一体（a unified society）的

[①] 有很多例子可以说明胡克是如何同时为政治的和教会的结论进行辩护的，参见《法则》卷7，章13，节5；卷7，章14，节3、7、10–11、13。

概念——在胡克看来，它既是教会，又是国家，它使 Respublica Christiana［基督教共和国］的传统进一步发扬光大。胡克编织的第二条重要线索是亚里士多德主义。这一点，明确体现为胡克对如下前提的接受：社会是一个自然的团体，对于合于人之尊严的生活来说，它是一个不可或缺的条件。然而，尽管不是不可能，但要清楚地分辨中世纪和亚里士多德对胡克的影响，仍然是艰难的。不少时候，胡克或者是避而不谈，或者是极大地改易了这些思想的本来意涵。举例来说，由于持守基督教伦理，胡克和阿奎那一样，淡化了亚里士多德自足共同体（self-sufficient community）概念中极度尘世化的色彩。在亚里士多德笔下，这个共同体既不需要上帝和奇迹，也不需要福音，就能实现自身的完整。与之相仿，他可能从马西利乌斯关于教会与国家关系的理念中获益良多，但他拒绝像《和平的保卫者》（Defensor Pacis）那样强调法律中的命令性要素，并简单地抛弃自然法。① 最后，托马斯主义体系的抽象性，也由于胡克不断诉诸英格兰历史与经验，得到了修饰和缓解。

这使我们得以发现胡克这一综合中的第三条主要线索：对于英格兰宪制经验和守法政府（government under law）传统的依赖。在布拉克顿（Bracton）和福蒂斯丘（Fortescue）那里，我们可以

---

① 参见《法则》卷1，章3，节1。马西利乌斯对胡克产生的影响，参见 C. W. Previté-Orton，《帕多瓦的马西利乌斯》（"Marsilius of Padua"），见 *Proceedings of British Academy*, 1935, Vol. XXI, 页 165-166、180-183；D'Entreves，《中世纪对政治思想的贡献》，前揭，页 140 及以后；A. Gewirth 也对这个问题进行过简要地讨论，参见 Gewirth，《帕多瓦的马西利乌斯》（*Marsilius of Padua*, New York, 1951），第一册，页 301-304。

读到这一传统的表述。① 此处的关键是，中世纪晚期英格兰宪制观念的形成，是与一个制度化的议会（Parliament）所提供的启发密不可分的，对福蒂斯丘而言，这一点尤为如此。正是作为中世纪宪制观念与独特议会体制之结合体的继承者，胡克才能将议会描述为"这王国当中所有政府的本质所在……甚至可以说，它就是整个王国的身体……"（卷8，章6，节11）

要完整地讨论胡克思想的品质，不可能不提及其根本上的基督教色彩。正如我们将要看到的，这种宗教性的要素已经深深融入了保守主义的传统当中。胡克思想的诸多方面都是为对抗清教徒的主张而服务的，与此同时，它们也参与了保守主义的奠基。

三

如前所述，拒绝将《圣经》奉为唯一的标准，构成了胡克其他重要思考的前提。如果知识的形式是多样的，如果只依赖"单一的主权救济"（a single sovereignty remedy）是愚蠢的，那么在教会组织和礼仪中，在属人的法律和制度中，多样性的存在就是自然的。早先的组织和礼仪模式，并不必然代表一种人们应当光复的原初完美状态。变易与多样化是属人事物与生俱来的属性。对多样性、变化和复杂性的辩护标志着胡克论证中的一个决定性步骤，针对这一辩护进行细致的考察是有益的。它对后来的保守

---

① 布拉克顿被频繁地引用，福蒂斯丘则从未被引用过。但是胡克对君主制的讨论在某些方面和福蒂斯丘十分相似。而且在胡克主持圣殿教堂（the Temple）的这段时间里（1585—1591），胡克与律师们的联系十分密切，他无疑接触过福蒂斯丘的观点。

主义者产生了深远的影响,并且在很大程度上规定了他们看待变化、变革,乃至理性在人类事务中扮演何种作用的态度。

通过限制经文验证(scriptural test)的适用性,胡克可以不受约束地提出如下主张:评判制度与仪轨的标准乃是它们是否"适宜和便利"。"人们的意志、审思(counsels)、品质和状态都是因人而异的……我们不能要求一种尺度适用于所有类型的人。"(卷5,章81,节4)这些观点得到了历史的证实,实定法、政府形式和教会组织的多样性在历史当中得到了展现。由此证明,它们属于事物当中的那种"随心所欲"(arbitrary)的类型,没有受到上帝的特别规定。"一旦我们下降到那类可能为人们提供便利的事物上,我们就来到了一个可以自由自在、随心所欲做决定的领域,一个属人之法得以产生的领域。"(卷1,章9,节1)

在神学中,常常要区分对灵魂得救而言"必要的"事物和"无关紧要的"(indifferent)事物,在拒斥政治中的原教旨主义时,胡克为这种区分提供了一种政治的阐释。[①] 前者包括《圣经》中不可妥协的律令,而后者则划出了一片区域,在那里,人的理性可以一展手脚。胡克虽然以这种方式创造了一个容许变通的领域,但由此,他也不得不提防起来,不能将这个领域让与个人判断的无常。他凭借两种方式确保了这一点:其一,向人们表明,"人类软弱的污点"致使人对理性的使用是不完善的;其二,用

---

① 关于下个世纪保守主义者对这一方法的采用,参见 Edward Hyde (Lord Clarendon),《宗教与政策……》(Religion and Policy……, Oxford, 1811),第一册,页2-3。亚里士多德在处理政治公正的合法方面与自然方面的时候,也做了类似的区分,参见亚里士多德,《尼各马可伦理学》(Nicomachean Ethics),卷5,章7,1134b,20。

一种更优越的集体理性（collective reason）取而代之。

基督教关于原罪的教义塑造了保守主义的人性观念，这一教义，被胡克用来抵消对理性的赞扬可能引发的乐观主义。因为这意味着要对理性的潜能报以更加冷峻的目光，意味着鼓励一种针对人的意志的永久猜疑。如果人的本性更接近 tabula inscripta［未经书写之板］，而不是洛克的 tabula rasa［白板］，那么接踵而至的，将正是针对变革的保守主义怀疑：

> 在我们的状态中所发现的污点和瑕疵，其根源在于人类意志的薄弱与败坏。无论采取怎样的政府形式，它们都会遭到抱怨，这种情形不仅现在如此，并且长久以来基本都是如此，（为了我们所知的任何与他们的心意相悖的事情）这种抱怨将一直持续下去，没完没了，直到世界末日的那一天。（序言，卷3，节7）

这种对于理性的有限信任，仍然是保守主义思想的一个始终如一的标志。我们只需要回想一下柏克的"偏见"（prejudice）学说，以及休谟对习惯的强调。还有证据表明，胡克十分重视情感、象征符号和神秘之物在支持权威方面发挥的作用（卷7，章19，节1-3）。不过，我们应当避免将胡克看低，把他当成"反理性主义"（irrationalism）的先驱者，就像我们应当避免混同柏克对理性的批评与迈斯特（de Maistre）货真价实的反理性主义。像柏克那样的保守主义者主要攻击的是抽象理性关于自己无所不能的宣称，它会把数不胜数的非理性的忠诚和超理性的信念都扫到一边，依照几何学精神（l'espri geométrique）对整体进行重构，但将社会维系在一起的，恰恰是它要扫除的这些东西。

在对理性的局限提出警告之后,胡克进而坚称,个人的理性必须经常听从一种由其他年代的经验与智慧所塑造的历史理性(historical reason)。他告诉清教徒:"'我们比过去时代的任何人都要明智'——世界不会容忍听到这样的话。"(卷5,章7,节3)即便是理性法或自然法也来源于某类集体的智慧:他们不是"得到一两个或少数几个人的同意",而是"作为得到普遍同意的原则而存在的"(卷1,章8,节9-10)。由此出发,他又跨出一小步,得出结论:"既有的事物"代表了"所有人普遍的信仰。"

这一主题已经被后来的保守主义者所吸纳了,他们反复警告,一个由所有推理家(reasoners)出任祭司的社会将面临土崩瓦解的危险:

> 自由的支持者已经做出了庄严的声明,宣称所有这样的法律与戒条都是无效的,因为神法未曾命令或禁止的事情,都被交给了每个人自身心灵的自由……毋庸置疑,这矛盾是显而易见的。那些被神法留下了随心所欲的空间并且可以为人所自由主宰的事情,都服从属人的实定法,而为了共同利益所制定的实定法又会在这些事情上限制个别人的自由,直到公正的规则可以承受的程度。于是我们就必须要么使世界得到维持,要么摧毁这个世界,让每个人做他自己的指挥官。(卷5,章71,节4)

和胡克一样,后来的保守主义者得出结论:"除非社会或政治体整体的正确声音能够驾驭自身当中具有同样性质的所有私人的声音,否则就不可能出现和平与安宁。"(序言,章6,节6)"公共理性的法则"必须对"私人的理性"施行统治。而且,并不是某个特定时代的集体理性比私人的理性更为优越，而是一种为人们共享的一致性，将过去的人和现在的人联系在了一起：

> 因此就像任何人只要能够维持自己的存续，他过去的行为就是好的那样，一个属人的公共社会五百年前的行为也属于现在的这个社会，因为共同体（corporation）乃是不朽之物。我们活在我们的先辈之中，而他们也在他们的继承者中继续保持着生命。（卷1，章10，节8）

在保守主义的传统中，诸如多样性、连续性、复杂性与民族差异（national variations）等价值已经和某种反普遍主义（anti-universalism）结合起来，这类反普遍主义与洛克、杰弗逊等早期自由主义者的普遍主义假设形成了对比。洛克试图从1688年的事件（[译注]此处指英国1688年"光荣革命"）中构建出一种不受时空限制的政治理论，而《独立宣言》则为了"所有人""不证自明"的权利而摒弃了英国人的权利。在上述两个案例中，为自由主义传统创造前提的，是革命事件与对传统主义的反叛，它们有助于将自由主义论证塑造成一种普遍性的语言。而另一方面，保守主义主张，历史是在民族的特殊性中展现自身的，一种民族传统的存在，为抵制超民族的普遍伦理提供了前提。保守主义对压制民族特殊性的普泛原则（broad principle）抱有本能的敌视。当柏克警告法国的激进派们，政治决不能与数学混同时，这种敌视清晰地显现了出来。

胡克在这一问题上的立场是复杂的：他必须与清教徒的普遍主义进行战斗，捍卫国族教会；但普遍性同样是他的体系的一部分。① 都铎时代的清教主义不厌其烦地坚称,英格兰应当遵从"最好的改革教会"的典范。"改革对法国有益吗?"《致议会的忠告》的作者们这样要求道,"难道它可能对英格兰有坏处?这条律则是否适用于苏格兰,是否对这片王国有益呢?上帝想必已经在你们的眼前树立了这些典范,来激励你们快速彻底地进行改革。"② 作为回应,胡克指出,无视多变的情势和次生的后果,就施行宽泛的普遍规则,本身就存在某种局限:

> 除了大量的经验之外,我们无从获知这些变化,正是从经验当中我们找到了所有原则的真正界限所在,明白了它们能在多大的范围内发挥作用,看清了它们在何处失败、为何失败,理解了它们在何种程度上、以何种方式导致了那些有名无实、相互矛盾的行为。多变的事态要求我们有比庸常之才更敏锐的智慧、更迂回曲折的言辞和更勤勉深邃的辨别力。唯有在普遍规则的限度为人所充分了解之后(在公共与教会事务当中尤为如此),那些规则方能成立,因为在公共与教会事务中,埋藏着各种隐秘的例外状况,而没有什么能比遮蔽了常识的云霭更能遮挡人类理解力的眼睛了。(卷5,章9,节2)

胡克在这里只是重复了亚里士多德和阿奎那过去的主张:绝对意义上的至善在任何时间和地方都是至善,而达到特定情势的至善,则需要我们动用审慎(prudence)或者"实践智慧"

---

① 比如在他关于永恒法与理性的道德法的理论当中就是如此。
② Frere and Douglas 编,《对议会的告诫书》,前揭,页19。

(practical wisdom)。① 既然《圣经》没有指定任何一种教会政体的形式，国族教会就不是一个怪胎，而是对"不同时间和不同地点"的反应（卷3，章2，节1）。同样，这也并不必然意味着抛弃基督教普世社会的概念："海域的主体只有一个，但是在不同的区域它拥有不同的名字。所以大公教会也是如此，它被分成了许多不同的社会，每个社会在它自己的内部都被称作一个教会。"（卷3，章1，节14）

至此可以看到，胡克之所以不信任根本性的变革，其根源在于他对孤立无助的个体理性缺乏信心，还因为他敏锐地意识到情势的力量。在17世纪的宪制斗争中，克拉伦登在他对极端议会派的反复警告中表达了这些观点，他警告人们："小心！不要挪动界标、摧毁地基。"② 在后一个世纪，休谟谈到了他对"狂热"（enthusiasm）的怀疑，布莱克斯通（Blackstone）也表达了他对于"现代改良运动中狂热情绪"的鄙夷。然而，在这些后来的保守主义形式中，普遍主义的构架明显地削弱了，而民族的特殊性则得到了强调。

不过，仅仅是反对变革，并不能解释英国保守主义非比寻常的生命力，更无法解释，为什么恰恰是一些保守主义者扮演了改革者的角色。保守主义者和改革者之间的真正议题，是变革的范围。换句话说，保守主义者欢迎有限的变化，因为他们相信现有

---

① 参见亚里士多德，《尼各马可伦理学》，1134b，15－20；1140b－1142a。
② 引自Wormald，《克拉伦登、政治、历史与宗教，1640—1660》，前揭，页218。[译注] 典出《旧约·申命记》19:14："在耶和华你上帝所赐你承受为业之地，不可挪移你邻舍的地界，那是先人所定的。"另见《旧约·箴言》22:28："你先祖所立的地界，你不可挪移。"

的安排不可能毫无可取之处。如果社会仅仅是人类技艺的产物，或者完全就是一个自然的安排，那么，社会在根本上的败坏就是可能的。然而，保守主义将社会视作一个神的造物，而且，和自然神论中的上帝不同，保守主义者的上帝不是一个不再创造和工作的奥林匹亚观赛者（Olympian spectator），他仍然在历史中保持着积极的影响。社会的起源可能部分是自然的，但在根本上是神圣的。因此，保守主义者必须解释的问题就不是社会的价值，而是善的创始者的造物中存在着邪恶这一事实。

在胡克和后来保守主义者的论证当中，邪恶与缺陷是人之命运无法避免的一部分。考虑到人之本性和属人技艺的限度，那么就一定会存在"每类政府都要承受的各种瑕疵……永远有人的技艺无法治愈的邪恶、人的智慧难以弥补的缺口"（卷1，章1，节1；卷5，章9，节2）。虽然，唯有上帝达到了完美或实现，但人仍有提升与改善的空间。人和他的作品处于一种"可能性"的状态之中，也就是说，他们被一种变得"比当下更完美"的欲望充盈着。"并且，在这个世界上，并不是所有东西都能使其他事物变得更加完满，因此那些能够完善其他事物的东西，都是好的。"（卷1，章5，节1）[1]

当透过"可能性"的镜片来看待社会时，保守主义者就处于这样一个位置，他既要捍卫一种秩序，秩序中的问题和缺陷是一个更宏大计划的一部分，超出凡人的理解。与此同时，他也承认，具有局限性的人类技艺或许能找到实现可能之物的办法。这种

---

[1] 试比较奥古斯丁，《上帝之城》，卷19，页13。［译注］本文作者在引用原文的过程中遗漏了一个单词，使文义不通，译者在核对原文后予以订正。

学说，成了一种关于保守和变革的学说。它已经超越了教会至上主义者曾经使用过的保守主义论证，后者认为，每个社会都必定能够消除自身的缺陷，根据这种看法，缺陷就是创新，而变革的方式就是恢复原状，① 而在胡克看来，变化是嵌于历史之中的：

> ……而普通大众的错误体现在如下方面，他们只考虑什么东西是古老的，在考虑它是否优良的时候，又只看它是否还在延续；假如并非如此，那么他们就立即对之加以谴责，而从来不去探索变化可能产生的原因。你们这样生来高贵的人是不会具有这种粗野品质的，你们的学识和判断力使你们完全足以认识到教会的历史有多么古老，它的秩序可以发生变动而不会伤害到任何人。（序言，卷4，节4）②

胡克与后来的保守主义者一起，将变革放在了告诫性的语境当中。变革（reform）并未被视为创新（innovation），而是使潜在的完美之物变得完善。简而言之，变革是一种保持延续的办法（a method of continuity）。胡克也表达了典型的保守主义式的警告，他告诫政治家如果想要维持延续性，那么他就一定要瞻前顾后，既要顾及先辈，又要想到后代子孙。在"我们伟大先辈"目光注视之下工作的政治家必须避免操之过急，引发"如此危险的

---

① Ewart Lewis 博士在此问题上（当然也包括其他方面）提出的建议，使我受益匪浅。

② 鉴于这些思考，最近一位作家的表述就显得过火了，他认为胡克"过度地怀疑创新和改变"：Rev. N. Sykes，《理查德·胡克》（"Richard Hooker"），见 F. J. C. Hearnshaw 编，《16 与 17 世纪一些伟大思想家的社会与政治观念》（*The Social and Political Ideas of Some Great Thinkers of the Sixteenth and Seventeenth*, London, 1926），页87。

后果",避免它"竟使我们的子孙感到,与其让他们纠正这些恶果,还不如我们自己来阻止它们更为容易"(序言,章8,节14)。为了消除恶,人们释放出了更大的恶。最好的办法是"忍耐可以承受的痛苦……而不是在危险的救济上冒险"(卷4,章14,节2)。①

正是延续性的价值、变革的材料处于现有事物秩序当中的信念,使保守主义从17、18世纪的自由主义思想中解脱了出来。后者热衷于将一个"自然的"和前社会的人当作政治理论的基础,乐于承认在不义的政府中推行激进变革的必要性,并且庄重宣示:一代人不能成为另一代人的约束——所有这些观点都表明了一种信念,即相信社会和人是可塑的,同时也传达了一种预设,即行为的既有模式很容易就能被改变。

四

我们已经看到胡克是如何运用亚里士多德主义的中世纪概念来对政治、理性和变革的领域加以界定的。尽管这种概念在那些次要的论辩当中是一个有用的武器,但是在政治义务(political obligation)论辩的主战场上,它并不能提供什么帮助。因此,胡克在准备权威正当性的论证时,将目光转向了统一体(unity)的观念。他的理念是一个统一的教会和一个统一的国家完完全全地结合在一起。胡克指出,清教徒对等级制和权威的攻讦,会把一个生机勃勃的整体分裂为"几个相互隔离的权威"(卷8,章1,节4)。16世纪清教主义的关切是宗教而非政治,这一点意味不

---

① 对于改革会产生的不计其数影响的警告,参见卷5,章9,节1。

了什么。对胡克及其同时代的人而言，宗教乃是国族统一体的主要道德黏合剂：它既有宗教目的，同样也有社会功能（卷5，章1，节2）。① 因而作为国家保卫者的政治权威也要关心教化的内容和谁在施行教化的问题。

宗教与政治体彼此融合，是保守主义思想持久的意旨之一。它在逻辑上与胡克的那种政教关系（church – state relationship）概念联系在了一起。而且在某种意义上，它既解释了托利党对于国教会的关切，也说明了托利党在17世纪晚期与18世纪对持异见者的疑忌态度。这一点在克拉伦登的坚定态度中有所体现："教会与国家以这种方式被锻造、编织在一起，而且事实上，他们像这样彼此包含，就像希波克拉底的双生子一样，他们只能悲欢与共……"② 18世纪，当革命激进主义颠倒了清教徒的逻辑，为了保全政治，要将政治从宗教当中分离出来时，柏克重新回到了胡克的立场，指出宗教"是维系人类社会的重要纽带之一"并且还是"公民社会的基础。"③ 这种看法造成的结果是，很多保守

---

① 但是胡克明确地对某些人提出了警告，他们像马基雅维利一样，把宗教当成"一种纯粹的政治工具"来使用（卷5，章2-3）。

② W. D. Macray,《叛乱史》(*Histoty of the Rebellion*, Oxford, 1888)，卷4，页40。

③ 《关于一神论者的请愿所作的演说》（"Speech on the Petition of the Unitarians"），见《作品集》(*Works*, London, 1815)，第10册，页44。17世纪另一位保守主义者表达的类似情感，参见 Sir Philip Warwick,《关于政府的论述，并以理性、圣经和国家法律进行检验……》(*A Discourse of Government, as Examined by Reason, Scripture, and Law of the Land……*, London, 1694)，页134；至于迪斯雷利（Disraeli）的观念，可参看 W. F. Monypenny and G. E. Buckle,《迪斯雷利的一生》(*Life of Disraeli*, New York, 1910—1920)，第5册，页265。

主义者都把政治看作一个部分，它属于那个更加包罗广泛、且在伦理层面更具优先性的整体。当代保守主义理论家中最具才干的一位宣称："如是，我无法将我的政治信仰和我关于真理的最终看法完全分离。"① 拒绝把政治从一个更广阔的背景之中解放出来，这一观点带有一种中世纪的信念，它拒斥将任何纯粹政治性目的视为终极。而这一图景较为晦暗的一面是，宗教被赋予的重要性及其对国族统一体的助力有可能超越对宗教统一体（religious unity）的追求，转变为欲求宗教划一性（religious uniformity）的愿望。②

仅仅强调宗教的重要性是无法保证国族的统一体的。为了理顺人和人之间的关系并且维护共同的善好，就需要由权力（power）武装的权威（authority）。对这一权威正当性的论证就必然要求对社会本性和公共权力来源的考察。彼时，胡克写道：有三种处理权威问题的方式。首先，存在一种单纯的神学解释，它把所有的权力都追溯到上帝，并且主张国家是作为一种神圣的救济而存在的，其作用在于约束人的邪恶倾向。有趣的是，胡克的观念很少受到这种理论的影响。的确，胡克宣称，一旦君主的职位被建立起来，那么占据这一职位的人就成了上帝的代理人，不过，胡克此说的目的在于使人们产生敬畏之心，进而服从权威，而不是为了说明统治者权威的来源。我们即将看到，胡克的论证在很

---

① Hogg，《为保守主义声辩》，前揭，页23。
② 关于胡克的这一方面，参见 D'Entreves，《中世纪对政治思想的贡献》，前揭，页122及以后。

大程度上是世俗性的。①

第二种可能的方式是亚里士多德的进路,他在城邦(polis)中看到了人的自然使命,并且在城邦中找到了人的潜能实现的必要条件。第三种处理权威问题的方法则是在 16 和 17 世纪相当流行的契约论的方式。它试图将某种深思熟虑的正式行为(a formal act of deliberation)确立为政治社会的基础。对中世纪晚期的作家来说,政治社会同时具备自然主义(naturalistic)和唯意志论(voluntaristic)的起源,并不是一种十分罕见的观点。② 国家的基础是自然加上同意(nature plus consent)。胡克同样继承了这种模糊性:孤独生活的"不完美"自然而然地促使人们"追寻与他人的交流和伙伴关系"(卷 1,章 10,节 1)。然而,没有政府的社会是不完整的,政府在时间进程上紧随后者,但经过慎虑审议的同意(deliberate consent)这一事实又使之与社会有所分别。简言之:

> [人的不自足]是人们最初在各个政治社会中联合起来的原因,这些社会不能没有政府,而政府也不能没有某种独特类型的法律,这种法律的来源我已经说明过了。公共社会有两个基础:其一是自然的倾向……另一个就是在关于他们共同生活方式的问题上,对于某种秩序以或公开、或隐秘的方式表达的同意。后者就是……国家的法律(the Law of a Commonwealth),它是政治体的灵魂所在,政治体的各个部

---

① 或许我们应当注意到,胡克是在王权神圣权利理论成形之前进行写作的,见 Allen,《16 世纪政治思想》,前揭,页 122。

② 参见 J. W. Gough,《社会契约》(*The Social Contract*, Oxford, 1936),页 21-47。

分都是通过法律而被赋予了生命、整合在一起,并且在共同善要求的各种行动中运转、工作。(卷1,章10,节1)

值得注意的是,一方面,胡克的理论绕过了亚里士多德式的自然主义,后者宣称,在城邦范围内的生活是自足的。胡克承认,人们进入政治社会是为了活得好,但是他对这一目的进行了修正:活得好同时隐含了属灵事物(things spiritual)的优越性,"而在属灵事物当中,最主要的就是宗教"(卷8,章1,节4)。但在另一方面,对于早期基督教将政治社会的存在目的视为遏制人的罪恶本性(sinful nature)的观念,胡克并没有多加强调。

于是,同意使那种发号施令和颁布法律的权力获得了正当性。"所有的公共政权都是从人们之间深思熟虑的建议、商讨与协议中"产生的(卷1,章10,节4)。而在洛克和18世纪的自由派那里,通过契约正式获得形式的同意行为,则使政府在市民的面前陷入了岌岌可危的境地,这些市民们已经被不可侵害的自然权利(包括革命的权利)武装了起来。胡克却采用同意学说来为权威的那一方服务。那"原初的授予"(original conveyance)永远不能"充分地推导出[国王的]权力应当永远依赖于产生它的那个源头"(卷8,章2,节9)。恰恰相反,对权威的有效限制一定产生于其他的源头。它们必须通过实定法明确地表达出来,"或者通过默许来实现,众所周知,它们是从人们的记忆无法追溯的习俗当中体现出来的"(卷8,章2,节11)。

胡克的同意学说在发挥过它的构成性作用之后,沿着两条不同的路线得到了进一步发展。一方面,它变成了默许(tacit acceptance)的同义词。这一点最为明确地体现在一段被后世评论者严重忽略的文字当中,胡克在这一段落里与清教徒的观点展开争论,这种观点认为教堂会众应该自己选举他们的牧师。胡克承认,尽管选举制起初曾经被采用过,但是并没有什么可以禁止民众——作为教会的成员——为了便利的考虑而放弃这一权力,并把它交到主教们的手中。处于该制度中的民众的默许这一事实,就是他们同意的"证据",这同时表明,民众普选(popular election)的方式仍然延续着,只不过是通过代表来实现(卷7,章14,节12)。换言之,胡克的同意理论在这个方面是中世纪的,它并不具备任何以积极民意(active popular will)为中心的现代民主主义寓意。①

同意的另一种趋向在议会制度中得到了升华。当胡克将议会描述为"政府的本质所在"的时候,他只不过是在遵循都铎宪制理论的标准。他从未提及那个团体应当周而复始地不断承担共同体的责任,也不曾暗示议会要担当国王行动的监察者。这里的概念同样是中世纪的,而不是现代的。总而言之,在胡克的观念中,同意从来就没有承担过在洛克那里所扮演的角色,在洛克那里,同意就像一块地毯,市民们紧张兮兮的手指随时都准备把它从统治者的脚下抽走。

五

英国自由主义和保守主义在关注重点上的区别之一是他们对权

---

① 中世纪思想的这一面向,参见 E. Lewis,《中世纪政治思想中的有机论趋向》("Organic Tendencies in Mediaeval Political Thought"),见 *American Political Science Review*, 1938, Vol. XXXII, 页 866–868。

力的正当职能的看法。从17世纪的平等派、悉德尼（Sidney）和洛克，到19世纪的密尔，政治权力已经被看作一种人造的便利设施，其用处在于恢复那些扭曲的社会关系，或是重建被迷信和不公充盈的社会。始终如一的是，权力总是背负着侵犯者（intruder）的污名。而在另一方面，保守主义则反复申说权威和服从经久不易的必要性，因为正是它们保障了统一和共同善。① 而统一和共同善这两个概念，都无疑具有一种中世纪的风格。在中世纪思想中，统一是恰当的社会秩序的产物，它以一种柏拉图式的风尚安排不同的阶层和灵魂，从而使它们都能够各司其职。② 用胡克的话说：

> 没有秩序，就没有公共社会当中的生活，因为秩序的缺乏是混乱之母，随之降临的必然是分裂。从分裂之中，又一定会诞生出毁灭……而如果说事物和人处于秩序之中，那就意味着他们被逐级逐层地区分开来。因为秩序是一个循序渐进的安排……是的，上帝自己不仅始终维持着这个秩序，而且要求它以法则的形式被永远确立下来，在其中许多事物结合在一起，最低之物通过居间者和最高之物连接着，于是万物得以维持统一的状态。（卷8，章2，节2）

---

① 相关的例子见 Dr. Henry Ferne，《皮安·皮亚诺》（*Pian Piano*, London, 1656），页28-29，曼纳林（Roger Manwaring）的陈述，引自 F. D. Wormuch，《国王特权，1603—1649》（*The Royal Prerogative 1603—1649*, Ithaca, 1939），页94。克拉伦登意识到统一可以被推进到过分的程度：Wormald，《克拉伦登、政治、历史与宗教，1640—1660》，前揭，页305。

② 奥古斯丁，《上帝之城》，卷19，页11-13。阿奎那，《〈尼各马可伦理学〉义疏》，卷1，导言。对马西利乌斯的讨论，参见 Gewirth，《帕多瓦的马西利乌斯》，前揭，页115及以后。

这幅图景将社会描绘为一个伟大的等级秩序，它类似于上帝宇宙的一个微型复制品，从这一图景出发，胡克和后来的保守主义者敦促权力应同时支撑并召唤那种等级秩序，正是它为社会带来了秩序，不至于陷入由相互冲突的意志造成的混乱之中。"事物与人在公共社会中的秩序是政治体的作品。在各种意义上，权力都是合适的［制作］工具……"（卷8，章2，节2）

特权和不平等是等级制自然而然的伴生物。于是，表明特权与不平等非但不构成不公正感的义愤来源，反而能够促进产生于公民和谐（civil harmony）的多元融合，就成了保守主义者的任务。这种观点不把权力视为建立在平面上的两极关系——统治者处于一端，被统治者则处于另一端——而是将权力看作社会自身差别和主从关系中固有的东西：在其顶端，至高的或公共的权威引导着整体。相比之下，现代自由主义的态度则更加矛盾。因为它对社会关系做出了某种程度上的平等主义许诺，它满足于利用权力来消除或削弱差别；但在多数情况下，它在权力中看到了一种诱惑，这种诱惑使权力创造出新的不平等和特权。而对保守主义者而言，不平等的秩序本身就是有价值的，所以一个有效的指导性意志就必不可少。

权力的另一项职能是保障共同善。就像宇宙只有服从一个单一的统治神智（ruling intelligence）才能防止相互冲突的物体造成混乱，为了一个共同的目的而使人们的利益处于有序的状态，社会就需要一个 primum mobile ［第一推动者］。① 根据这种在本质上属于中世纪的观念，② 如果共同善要统摄无数由私人目的驱策

---

① 试比较阿奎那，《论君主政治》，章1。
② 阿奎那，《神学大全》，2a 2ae, q. lviii, a. 7；《论君主政治》，I, xiv。

的个体意志，那么就非得唤来权威不可（卷8，章2，节18）。引入这个中世纪概念之后，胡克又成功地在保守主义中植入了一种关于共同利益（common welfare）的有机体概念，它与洛克和边沁的自由主义意识形态之间存在着显著的差别，后者认为，启蒙了的个体的理性预见能够产生出共同的善，尽管所有人都无意追求这种善。①

"一定要有某个主导的推动者"，胡克的这一结论为他关于政府的恰当形式的讨论铺平了道路。他把问题明确限制在英国君主制的范围内，尽管他承认其他的政府形式也是合法的，这当中还包括了其他类型的君主制，比如建立在征服基础上的绝对君主制，或者是受到严格限制的选举君主制。英国君主的权力受到"原初赋予"的条款限制，习俗与更高的法律也对其形成约束。尽管他拥有广泛的权力和特权，凭靠它们，他"可以自己做出许多伟大的事来"，但仍然存在一个明确的事项范围，在此范围之内，国王只有经过议会的同意才能行动（卷8，章2，节17）。因此，君主被赋予了"普遍的统治权"，但他无权做出违背法律的行为：历史表明，"依赖一个人的意志生活，将导致所有人的不幸"（卷1，章10，节5）。

胡克的讨论清楚地反映了两种权力在宪制上的差别，第一种权力属于国王，而第二种权力则属于议会中的国王（the King in Parliament）。我们也能从中看到一种中世纪区分的痕迹，它区别了法的 vis directive［指导性权力］和它的 vis coactiva［强

---

① J. Bentham，《立法原则》（*Principles of Legislation*，London，1931），页53、63–64。

制性权力]。① 但最为明显的一点是，胡克继承了中世纪的左右为难。对秩序的呼唤指示我们必须有一个"不受命令的命令者"，但是关于法律和同意的论证又意在表明，对君主而言，"法律本身就是规则"。胡克的理念既包含了都铎时代对权威的强调，又含有法律的至高无上性这一中世纪观念："如果在某个共同体中，是国王引领着国家，而法律又指导着国王，这个共同体就会像一架竖琴或其他的悦耳乐器那样，它的琴弦都由一个人来调节和弹奏，而这个演奏者又遵循着音乐科学的法则和标准。"（卷8，章2，节12）这种理念在逻辑上排除了任何轮廓清晰的主权理论。在这里，胡克完全重复了都铎时代的"至高"王权概念，其意图在于用一种合乎权宜的模糊含混使权力的特性得到遮掩。②

无论这种宪制主义（constitutionalism）的理论是否处于一种左右为难的境地，在胡克手中，它都不单纯是一种被中世纪法律观念柔化的都铎式君主制。恰恰相反，正是对权威的都铎式强调，强化了这个中世纪理念。胡克的宪制主义理论对保守主义传统的重要性在于，它使宪制主义变成了一个两面的硬币：一面强调法律和习俗的限制，而另外一面则坚持"权威是一种强制性的

---

① 通过对阿奎那和16世纪西班牙作家索托（Soto）的阅读，胡克必定对这一概念心知肚明。关于前者，参见 D'Entreves，《中世纪对政治思想的贡献》，前揭，页38-39，关于后者，参看 R. W. and A. J. Carlyls，《西方中世纪政治理论史》（*A History of Mediaeval Political Theory in the West*，Edinburgh and London，1903—1936），第4册，页257。关于胡克，见《法则》卷8，章9，节3。

② 都铎王朝全神贯注地致力于使国家主权获得外部的独立，这或许是它缺乏成形的主权概念的原因。这也在胡克那里得到了反映，见《法则》卷8，章2，节3。

力量"(卷7,章18,节5)。从胡克到克拉伦登,从布莱克斯通到柏克,宪制主义的双重面向始终是英国保守主义思想史的核心。这并没有否认,在那些危机的年代,也有一些像菲尔默(Filmer)、索姆·杰宁斯(Soame Jenyns)和约翰逊博士(Dr. Johnson)①那样的保守主义者,他们曾将重点转移到对服从的需要上,而将法律贬低为一种纯粹的媒介,其作用仅在于记录权威的意志。然而,英国保守主义的主流已经走上了由胡克所勾勒的那个方向。那些着迷于不容置疑的主权之声的菲尔默们,却因为无法自拔,其所能造成的长远影响微乎其微。恰如胡克所言,这是因为,存在一种甚至连"那不朽者自己都要遵守"的法则(卷1,章1,节3)。独断的意志,无论是在宇宙还是属人的秩序中,都是无法获得制裁力的。

六

前文所述旨在说明一个问题,即胡克思想中的亚里士多德—中世纪影响是如何与来自英国宪制经验当中的元素结合起来,进而产生了一个容纳了许多后世保守主义观念的综合体的。英国保守主义仍然附着在由胡克所提供的宗教根基之上。胡克提供的这一面向,经常勒住保守主义的信条,使之避免沦为对 status quo [现状]本身的简单捍卫。因为,当属人的秩序被看成是一个更大计划的一部分,推动实现 civitas humana [人间之城]目的的种

---

① [译注]"约翰逊博士"即英国18世纪著名作家塞缪尔·约翰逊(Samuel Johnson)。

种发明就被提升到了纯粹的自然功能之上。在之后的时代,这一中世纪基督教的观念尽管以略微不同的形式出现,其指向却始终如一。在18世纪,它是一条"存在巨链",连接着整个宇宙——从禽兽到上帝,从善到恶——使万物作成于一种善好的和谐状态之中。对柏克而言,它是"不朽社会的一个伟大的原初契约,它将较低者和较高者的本性联系起来,连接起可见的和无形的世界,这不可侵犯的誓约,维持着万世万物的自然和道德本性,它将万物和那不变的协定捆束在一起,而万事万物正是根据这一协定,各得其所、各居其位"。①

这一宇宙学催生了对于权威的强调,正是这一点将保守主义和自由主义区别开来。秩序是权力的结果,权威是混乱的替代物。在保守主义中,我们也能发现早期教父观念的痕迹,他们认为,如果被玷污的人性应当受到约束,那么政府就必须是强制性的。社会的和谐就像天体之间的和谐一样,乃是权威自主的造物,而不仅仅是人们通过自我协调就可能实现的"应有之义"。胡克的坚实贡献在于,他将有效政府需要强制力这一观念保留了下来,并同时指出,政府最根本的基础在于同意而非单纯的强迫,从而使得前一种观念变得更加温和。英国保守主义仍然倒向宪制主义一边,但其与众不同之处也在于它坚持认为,政府不应由于一堆机械呆板的限制而变得虚弱无力。

权威与限制的结合、对宗教和政治必然联系的坚持,以及对自主理性(autonomous reason)的怀疑,还不足以将英国保守主

---

① 《法国革命论(普及版)》(*Reflections on the French Revolution*, Everyman edition),页93-94。

义同自由主义和极端信条区别开来。还有两个更深层次的要素，它们同样是胡克留下的遗产的一部分。首先是那种亚里士多德式的进路，它将政治看作一种实践活动，而不是一种理论科学，亦即它涉及的是处于不定情势中（contingent）的事物，而非绝对（absolute）的事物。在某种意义上，政治秩序对于人为的设计是开放的。但同时，变革必须顺从延续性的特殊要求，这就导致了那第二个要素：属人事务无论何时都受到两种超验价值秩序的包围，它既受到神创秩序的束缚，也受制于共同体的历史经验。从17世纪的克拉伦登至今，保守主义者们认定的正是这样一点：当下的时刻既没有永恒意义，也没有提出主张的权利，除非它们处于与神圣秩序或历史秩序的联系之中。与此同时，保守主义又为永恒的神圣秩序赋予了优越性，使其高于存在于历史时间中的秩序。这是因为，如果把历史当作一条自足独立的事件序列，那么它能提供的至多是一种相对主义的教导。唯有真的存在一种伫立于历史之外的理性，它才能在历史之中提供某种精挑细选的原则（selective principle），从而指导人类。倘若没有一个"神圣计划"在历史之中运转，那么所有变化都能从历史中获得正当性；有了一个指导性的计划，此刻的决定，才会立刻与那超历史之物和"真正的"历史之物同时发生联系。

图书在版编目（CIP）数据

胡克与英国保守主义/姚啸宇编.--北京:华夏出版社有限公司,2021.7

（西方传统：经典与解释）

ISBN 978-7-5080-9856-2

Ⅰ.①胡… Ⅱ.①姚… Ⅲ.①胡克(Hooker, Richard 1554-1600)—保守主义—研究 Ⅳ.①D095.613.31

中国版本图书馆CIP数据核字(2021)第046362号

胡克与英国保守主义

编　　者	姚啸宇
责任编辑	李安琴　郑芊蕙
责任印制	刘　洋
出版发行	华夏出版社有限公司
经　　销	新华书店
印　　刷	三河市少明印务有限公司
装　　订	三河市少明印务有限公司
版　　次	2021年7月北京第1版 2021年7月北京第1次印刷
开　　本	880×1230　1/32
印　　张	9.375
字　　数	174千字
定　　价	68.00元

华夏出版社有限公司　地址:北京市东直门外香河园北里4号　邮编:100028

网址:www.hxph.com.cn　电话:(010)64663331(转)

若发现本版图书有印装质量问题,请与我社营销中心联系调换。

西方传统：经典与解释
Classici et Commentarii
HERMES
刘小枫◎主编

古今丛编

克尔凯郭尔　[美]江思图 著
货币哲学　[德]西美尔 著
孟德斯鸠的自由主义哲学　[美]潘戈 著
莫尔及其乌托邦　[德]考茨基 著
试论古今革命　[法]夏多布里昂 著
但丁：皈依的诗学　[美]弗里切罗 著
在西方的目光下　[英]康拉德 著
大学与博雅教育　董成龙 编
探究哲学与信仰　[美]郝岚 著
民主的本性　[法]马南 著
梅尔维尔的政治哲学　李小均 编/译
席勒美学的哲学背景　[美]维塞尔 著
果戈里与鬼　[俄]梅列日科夫斯基 著
自传性反思　[美]沃格林 著
黑格尔与普世秩序　[美]希克斯 等著
新的方式与制度　[美]曼斯菲尔德 著
科耶夫的新拉丁帝国　[法]科耶夫 等著
《利维坦》附录　[英]霍布斯 著
或此或彼（上、下）　[丹麦]基尔克果 著
海德格尔式的现代神学　刘小枫 选编
双重束缚　[法]基拉尔 著
古今之争中的核心问题　[德]迈尔 著
论永恒的智慧　[德]苏索 著
宗教经验种种　[美]詹姆斯 著
尼采反卢梭　[美]凯尔·安塞尔-皮尔逊 著
舍勒思想评述　[美]弗林斯 著
诗与哲学之争　[美]罗森 著
神圣与世俗　[罗]伊利亚德 著
但丁的圣约书　[美]霍金斯 著

古典学丛编

赫西俄德的宇宙　[美]珍妮·施特劳斯·克莱 著
论王政　[古罗马]金嘴狄翁 著
论希罗多德　[古罗马]卢里叶 著
探究希腊人的灵魂　[美]戴维斯 著
尤利安文选　马勇 编/译
论月面　[古罗马]普鲁塔克
雅典谐剧与逻各斯　[美]奥里根 著
菜园哲人伊壁鸠鲁　罗晓颖 选编
《劳作与时日》笺释　吴雅凌 撰
希腊古风时期的真理大师　[法]德蒂安 著
古罗马的教育　[英]葛怀恩 著
古典学与现代性　刘小枫 编
表演文化与雅典民主政制
[英]戈尔德希尔、奥斯本 编
西方古典文献学发凡　刘小枫 编
古典语文学常谈　[德]克拉夫特 著
古希腊文学常谈　[英]多佛 等著
撒路斯特与政治史学　刘小枫 编
希罗多德的王霸之辨　吴小锋 编/译
第二代智术师　[英]安德森 著
英雄诗系笺释　[古希腊]荷马 著
统治的热望　[美]福特 著
论埃及神学与哲学　[古希腊]普鲁塔克 著
凯撒的剑与笔　李世祥 编/译
伊壁鸠鲁主义的政治哲学
[意]詹姆斯·尼古拉斯 著
修昔底德笔下的人性　[美]欧文 著
修昔底德笔下的演说　[美]斯塔特 著
古希腊政治理论　[美]格雷纳 著
神谱笺释　吴雅凌 撰
赫西俄德：神话之艺
[法]居代·德拉孔波 编
赫拉克勒斯之盾笺释　罗逍然 译笺
《埃涅阿斯纪》章义　王承教 选编
维吉尔的帝国　[美]阿德勒 著
塔西佗的政治史学　曾维术 编

古希腊诗歌丛编
古希腊早期诉歌诗人　[英]鲍勒 著
诗歌与城邦　[美]费拉格、纳吉 主编
阿尔戈英雄纪（上、下）
[古希腊]阿波罗尼俄斯 著
俄耳甫斯教祷歌　吴雅凌 编译
俄耳甫斯教辑语　吴雅凌 编译

古希腊肃剧注疏集
希腊肃剧与政治哲学　[美]阿伦斯多夫 著

古希腊礼法研究
宙斯的正义　[英]劳埃德-琼斯 著
希腊人的正义观　[英]哈夫洛克 著

廊下派集
剑桥廊下派指南　[加]英伍德 编
廊下派的苏格拉底　程志敏 徐健 选编
廊下派的神和宇宙　[墨]里卡多·萨勒斯 编
廊下派的城邦观　[英]斯科菲尔德 著

希伯莱圣经历代注疏
希腊化世界中的犹太人　[英]威廉逊 著
第一亚当和第二亚当　[德]朋霍费尔 著

新约历代经解
属灵的寓意　[古罗马]俄里根 著

基督教与古典传统
保罗与马克安　[德]文森 著
加尔文与现代政治的基础　[美]汉考克 著
无执之道　[德]文森 著
恐惧与战栗　[丹麦]基尔克果 著
托尔斯泰与陀思妥耶夫斯基
[俄]梅列日科夫斯基 著
论宗教大法官的传说　[俄]罗赞诺夫 著
海德格尔与有限性思想（重订版）
刘小枫 选编
上帝国的信息　[德]拉加茨 著
基督教理论与现代　[德]特洛尔奇 著
亚历山大的克雷芒　[意]塞尔瓦托·利拉 著
中世纪的心灵之旅　[意]圣·波纳文图拉 著

德意志古典传统丛编
论荷尔德林　[德]沃尔夫冈·宾德尔 著
彭忒西勒亚　[德]克莱斯特 著
穆佐书简　[奥]里尔克 著
纪念苏格拉底——哈曼文选　刘新利 选编
夜颂中的革命和宗教　[德]诺瓦利斯 著
大革命与诗化小说　[德]诺瓦利斯 著
黑格尔的观念论　[美]皮平 著
浪漫派风格——施勒格尔批评文集　[德]施勒格尔 著

美国宪政与古典传统
美国1787年宪法讲疏　[美]阿纳斯塔普罗 著

启蒙研究丛编
浪漫的律令　[美]拜泽尔 著
现实与理性　[法]科维纲 著
论古人的智慧　[英]培根 著
托兰德与激进启蒙　刘小枫 编
图书馆里的古今之战　[英]斯威夫特 著

政治史学丛编
克服历史主义　[德]特洛尔奇 等著
胡克与英国保守主义　姚啸宇 编
古希腊传记的嬗变　[意]莫米利亚诺 著
伊丽莎白时代的世界图景　[英]蒂利亚德 著
西方古代的天下观　刘小枫 编
从普遍历史到历史主义　刘小枫 编
自然科学史与玫瑰　[法]雷比瑟 著

地缘政治学丛编
克劳塞维茨之谜　[英]赫伯格-罗特 著
太平洋地缘政治学　[德]卡尔·豪斯霍弗 著

荷马注疏集
不为人知的奥德修斯　[美]诺特维克 著
模仿荷马　[美]丹尼斯·麦克唐纳 著

品达注疏集
幽暗的诱惑　[美]汉密尔顿 著

欧里庇得斯集
自由与僭越　罗峰 编译

阿里斯托芬集
《阿卡奈人》笺释　[古希腊]阿里斯托芬 著

色诺芬注疏集
居鲁士的教育　[古希腊]色诺芬 著
色诺芬的《会饮》　[古希腊]色诺芬 著

柏拉图注疏集
挑战戈尔戈　李致远 选编
论柏拉图《高尔吉亚》的统一性　[美]斯托弗 著
立法与德性——柏拉图《法义》发微　林志猛 编
柏拉图的灵魂学　[加]罗宾逊 著
柏拉图书简　彭磊 译注
克力同章句　程志敏 郑兴凤 撰
哲学的奥德赛——《王制》引论　[美]郝兰 著
爱欲与启蒙的迷醉　[美]贝尔格 著
为哲学的写作技艺一辩　[美]伯格 著
柏拉图式的迷宫——《斐多》义疏　[美]伯格 著
哲学如何成为苏格拉底式的　[美]朗佩特 著
苏格拉底与希琵阿斯　王江涛 编译
理想国　[古希腊]柏拉图 著
谁来教育老师　刘小枫 编
立法者的神学　林志猛 编
柏拉图对话中的神　[法]薇依 著
厄庇诺米斯　[古希腊]柏拉图 著
智慧与幸福　程志敏 选编
论柏拉图对话　[德]施莱尔马赫 著
柏拉图《美诺》疏证　[美]克莱因 著
政治哲学的悖论　[美]郝岚 著
神话诗人柏拉图　张文涛 选编
阿尔喀比亚德　[古希腊]柏拉图 著
叙拉古的雅典异乡人　彭磊 选编
阿威罗伊论《王制》　[阿拉伯]阿威罗伊 著
《王制》要义　刘小枫 选编
柏拉图的《会饮》　[古希腊]柏拉图 等著
苏格拉底的申辩（修订版）　[古希腊]柏拉图 著
苏格拉底与政治共同体　[美]尼柯尔斯 著
政制与美德——柏拉图《法义》疏解　[美]潘戈 著
《法义》导读　[法]卡斯代尔·布舒奇 著
论真理的本质　[德]海德格尔 著
哲人的无知　[德]费勃 著
米诺斯　[古希腊]柏拉图 著
情敌　[古希腊]柏拉图 著

亚里士多德注疏集
《诗术》译笺与通绎　陈明珠 撰
亚里士多德《政治学》中的教诲　[美]潘戈 著
品格的技艺　[美]加佛 著
亚里士多德哲学的基本概念　[德]海德格尔 著
《政治学》疏证　[意]托马斯·阿奎那 著
尼各马可伦理学义疏　[美]伯格 著
哲学之诗　[美]戴维斯 著
对亚里士多德的现象学解释　[德]海德格尔 著
城邦与自然——亚里士多德与现代性　刘小枫 编
论诗术中篇义疏　[阿拉伯]阿威罗伊 著
哲学的政治　[美]戴维斯 著

普鲁塔克集
普鲁塔克的《对比列传》　[英]达夫 著
普鲁塔克的实践伦理学　[比利时]胡芙 著

阿尔法拉比集
政治制度与政治箴言　阿尔法拉比 著

马基雅维利集
君主及其战争技艺　娄林 选编

莎士比亚经读
莎士比亚的政治智慧　[美]伯恩斯 著
脱节的时代　[匈]阿格尼斯·赫勒 著
莎士比亚的历史剧　[英]蒂利亚德 著
莎士比亚戏剧与政治哲学　彭磊 选编
莎士比亚的政治盛典　[美]阿鲁里斯/苏利文 编
丹麦王子与马基雅维利　罗峰 选编

洛克集
上帝、洛克与平等　[美]沃尔德伦 著

卢梭集

论哲学生活的幸福 [德]迈尔 著
致博蒙书 [法]卢梭 著
政治制度论 [法]卢梭 著
哲学的自传 [美]戴维斯 著
文学与道德杂篇 [法]卢梭 著
设计论证 [美]吉尔丁 著
卢梭的自然状态 [美]普拉特纳 等著
卢梭的榜样人生 [美]凯利 著

莱辛注疏集

汉堡剧评 [德]莱辛 著
关于悲剧的通信 [德]莱辛 著
《智者纳坦》（研究版） [德]莱辛 等著
启蒙运动的内在问题 [美]维塞尔 著
莱辛剧作七种 [德]莱辛 著
历史与启示——莱辛神学文选 [德]莱辛 著
论人类的教育 [德]莱辛 著

尼采注疏集

何为尼采的扎拉图斯特拉 [德]迈尔 著
尼采引论 [德]施特格迈尔 著
尼采与基督教 刘小枫 编
尼采眼中的苏格拉底 [美]丹豪瑟 著
尼采的使命 [美]朗佩特 著
尼采与现时代 [美]朗佩特 著
动物与超人之间的绳索 [德]A.彼珀 著

施特劳斯集

苏格拉底与阿里斯托芬
论僭政（重订本） [美]施特劳斯 [法]科耶夫 著
苏格拉底问题与现代性（增订本）
犹太哲人与启蒙（增订本）
霍布斯的宗教批判
斯宾诺莎的宗教批判
门德尔松与莱辛
哲学与律法——论迈蒙尼德及其先驱
迫害与写作艺术
柏拉图式政治哲学研究
论柏拉图的《会饮》
柏拉图《法义》的论辩与情节
什么是政治哲学
古典政治理性主义的重生（重订本）
回归古典政治哲学——施特劳斯通信集
***
施特劳斯的持久重要性 [美]朗佩特 著
论源初遗忘 [美]维克利 著
政治哲学与启示宗教的挑战 [德]迈尔 著
阅读施特劳斯 [美]斯密什 著
施特劳斯与流亡政治学 [美]谢帕德 著
隐匿的对话 [德]迈尔 著
驯服欲望 [法]科耶夫 等著

施米特集

宪法专政 [美]罗斯托 著
施米特对自由主义的批判 [美]约翰·麦考米克 著

伯纳德特集

古典诗学之路（第二版） [美]伯格 编
弓与琴（重订本） [美]伯纳德特 著
神圣的罪业 [美]伯纳德特 著

布鲁姆集

巨人与侏儒（1960-1990）
人应该如何生活——柏拉图《王制》释义
爱的设计——卢梭与浪漫派
爱的戏剧——莎士比亚与自然
爱的阶梯——柏拉图的《会饮》
伊索克拉底的政治哲学

沃格林集

自传体反思录 [美]沃格林 著

大学素质教育读本

古典诗文绎读 西学卷·古代编（上、下）
古典诗文绎读 西学卷·现代编（上、下）

柏拉图读本（刘小枫 主编）

吕西斯 贺方婴 译
苏格拉底的申辩 程志敏 译

中国传统：经典与解释
Classici et Commentarii

华夏传统

刘小枫 陈少明 ◎ 主编

知圣篇 / 廖平 著
《孔丛子》训读及研究 / 雷欣翰 撰
论语说义 / [清]宋翔凤 撰
周易古经注解考辨 / 李炳海 著
图象几表 / [明]方以智 编
浮山文集 / [明]方以智 著
药地炮庄 / [明]方以智 著
药地炮庄笺释·总论篇 / [明]方以智 著
青原志略 / [明]方以智 编
冬灰录 / [明]方以智 著
冬炼三时传旧火 / 邢益海 编
《毛诗》郑王比义发微 / 史应勇 著
宋人经筵诗讲义四种 / [宋]张纲 等撰
道德真经取善集 / [金]李霖 编撰
道德真经藏室纂微篇 / [宋]陈景元 撰
道德真经四子古道集解 / [金]寇才质 撰
皇清经解提要 / [清]沈豫 撰
经学通论 / [清]皮锡瑞 著
松阳讲义 / [清]陆陇其 著
起凤书院答问 / [清]姚永朴 撰
周礼疑义辨证 / 陈衍 撰
《铎书》校注 / 孙尚扬 肖清和 等校注
韩愈志 / 钱基博 著
论语辑释 / 陈大齐 著
《庄子·天下篇》注疏四种 / 张丰乾 编
荀子的辩说 / 陈文洁 著
古学经子 / 王锦民 著
经学以自治 / 刘少虎 著
从公羊学论《春秋》的性质 / 阮芝生 撰

刘小枫集

城邦人的自由向往
民主与政治德性
昭告幽微
以美为鉴
古典学与古今之争 [增订本]
这一代人的怕和爱 [第三版]
沉重的肉身 [珍藏版]
圣灵降临的叙事 [增订本]
罪与欠
儒教与民族国家
拣尽寒枝
施特劳斯的路标
重启古典诗学
设计共和
现代人及其敌人
海德格尔与中国
共和与经纶
现代性与现代中国
现代性社会理论绪论
诗化哲学 [重订本]
拯救与逍遥 [修订本]
走向十字架上的真
西学断章

编修 [博雅读本]

凯若斯：古希腊语文读本 [全二册]
古希腊语文学述要
雅努斯：古典拉丁语文读本
古典拉丁语文学述要
危微精一：政治法学原理九讲
琴瑟友之：钢琴与古典乐色十讲

译著

普罗塔戈拉（详注本）
柏拉图四书

经典与解释辑刊

1. 柏拉图的哲学戏剧
2. 经典与解释的张力
3. 康德与启蒙
4. 荷尔德林的新神话
5. 古典传统与自由教育
6. 卢梭的苏格拉底主义
7. 赫尔墨斯的计谋
8. 苏格拉底问题
9. 美德可教吗
10. 马基雅维利的喜剧
11. 回想托克维尔
12. 阅读的德性
13. 色诺芬的品味
14. 政治哲学中的摩西
15. 诗学解诂
16. 柏拉图的真伪
17. 修昔底德的春秋笔法
18. 血气与政治
19. 索福克勒斯与雅典启蒙
20. 犹太教中的柏拉图门徒
21. 莎士比亚笔下的王者
22. 政治哲学中的莎士比亚
23. 政治生活的限度与满足
24. 雅典民主的谐剧
25. 维柯与古今之争
26. 霍布斯的修辞
27. 埃斯库罗斯的神义论
28. 施莱尔马赫的柏拉图
29. 奥林匹亚的荣耀
30. 笛卡尔的精灵
31. 柏拉图与天人政治
32. 海德格尔的政治时刻
33. 荷马笔下的伦理
34. 格劳秀斯与国际正义
35. 西塞罗的苏格拉底
36. 基尔克果的苏格拉底
37. 《理想国》的内与外
38. 诗艺与政治
39. 律法与政治哲学
40. 古今之间的但丁
41. 拉伯雷与赫尔墨斯秘学
42. 柏拉图与古典乐教
43. 孟德斯鸠论政制衰败
44. 博丹论主权
45. 道伯与比较古典学
46. 伊索寓言中的伦理
47. 斯威夫特与启蒙
48. 赫西俄德的世界
49. 洛克的自然法辩难
50. 斯宾格勒与西方的没落
51. 地缘政治学的历史片段
52. 施米特论战争与政治
53. 普鲁塔克与罗马政治
54. 罗马的建国叙述
55. 亚历山大与西方的大一统
56. 马西利乌斯的帝国
57. 全球化在东亚的开端
58. 弥尔顿与现代政治